走讀魯迅

一代文學巨擘的十一個生命印記

陳光中 著

目錄

CONTENTS

目錄

CONTENTS

自序

回想這部書稿，延宕數年終得完成，其間本有許多感慨，原想留待寫這序言的時候發作。不料眞到了這一刻，思緒紊亂，竟不知該如何下筆了。

躊躇多日，仍無頭緒，唯一的出路，只有仍從魯迅說起。

在二十世紀的中國文壇，「魯迅」始終是一個熱門話題。他要麼被捧上雲端奉爲神靈，要麼被打入汙澤斥爲妖魔。不同的人出於不同的目的，把魯迅當成了政治鬥爭的工具。在這一片喧囂之中，魯迅的身影卻似乎更加模糊、更加神秘，讓人感到迷惑。

正是帶著這樣的迷惑，我才踏上「走讀」之旅。我對那些政治並無多大興趣，只希望能夠找到一個眞實的魯迅。

十幾年來，邊讀邊走，讀讀走走。書讀了不少，包括重新系統閱讀的《魯迅全集》在內，大約至少要有上千萬字吧；路也走了不少，僅乘火車旅行的路程，算來也有萬把公里了。沿循魯迅的人生軌跡，在實地尋覓往事的遺痕，隨著行程的延續，他的形象在我眼中漸顯清晰。

魯迅在國內居住和生活過的城市，主要有七座，即：紹興、南京、杭州、北京、廈門、廣州、上海；此外還去過西安，但只是短暫講學。至於國外，他只去過日本，在那裏生活的時間不算短，前後共有七年多的時間，由於條件所限，我無法前去考察，這是一個很大的遺憾。不過，我卻去了國內的另一處地方作爲彌補——儘管魯迅本人從來沒有去過，但在那裏發生的事情卻對他產生了莫大的影響，使他毅然決定改變自己的人生——那就是遼東半島的旅順港。

在旅順的那段時間，我的心情始終十分陰鬱易怒，尤其見不得一些遊客的輕佻。我不能理解，他們在參觀那些所謂「景點」的時候，居然能旁若無人地高聲喧嘩，居然能

日軍佔領旅順後，在白玉山修建“表忠塔”，用於存放陣亡日軍的骨灰。建塔的部分石料是從戰爭期間日軍閉塞旅順港口的17艘沉船上打撈上來的，其餘大部分自日本國內運來。該塔自1907年6月動工，於1909年11月建成，有一萬餘名中國勞工被驅使服役。這座以一枚巨型炮彈為顯要標誌的高塔現在是旅順的重要“景點”。

沒心沒肺地嬉笑打鬧，居然能搔首弄姿地拍照留影！

他們難道不知道這些「景點」到底是什麼？

——那是每個中國人心頭永遠不能癒合的血淋淋的傷疤！

一百多年前，日俄兩國爲了爭奪這個遠東地區著名的戰略要地，在這塊屬於中國的土地上打得昏天黑地，而腐敗無能的中國政府，居然宣佈「保持中立」。這是何等的恥辱！

不難想見，當時正在異國學習的魯迅，置身於成群愛國熱情高漲的日本學生之中，在與他們一起觀看課間放映的那些宣傳日軍英勇戰績的幻燈片時，顯得多麼尷尬和孤獨。如他所說：「有一回，我竟在畫片上忽然會見我久違的許多中國人了，一個綁在中間，許多站在左右，一樣是強壯的體格，而顯出麻木的神情。據解說，則綁著的是替俄國做了軍事上的偵探，正要被日軍砍下頭顱來示衆，而圍著的便是來賞鑒這示衆的盛舉的人們。」

任何一個稍有自尊的中國人，都無法忍受這樣的場景，更何況魯迅正是一個熱血青年。如此，我們完全可以理解，他爲什麼竟會就此棄醫從文。

然而，儘管魯迅後來被尊爲「戰士」，他卻並沒有選擇和他的同鄉秋瑾、徐錫麟那樣慷慨赴死的方式，他的戰鬥武器不是匕首、手槍和炸彈，而是筆墨與紙。

我不認爲魯迅懦弱。我只覺得，是因爲肩上和心頭有太重的負擔，使他難以擺脫束縛。這負擔，就是他的家庭。

不可否認，魯迅是至孝之人。恕我直言：他已近乎「愚孝」。

縱觀魯迅並不漫長的一生，可謂頗多坎坷，而最直接最沉重的挫折和打擊，卻大都來自他的家庭。祖父入獄、父親早亡造成家道中落，母親又固執而盲目地給他套上了婚姻的枷鎖，至親至愛的兄弟卻成爲對他傷害最深的人……而他只能默默地承受。儘管後來終於有勇氣掙脫枷鎖，但那些傷害已經成爲無法痊癒的隱痛，以致深深地影響了他的心態和性格。

所以，我在「走讀」那些舊居的過程中，時常會產生難以抑制的感慨：就個人經歷而言，魯迅的一輩子，活得眞不容易！

比如，紹興老屋那間獨處一隅的臥室，映射出他那悲劇婚姻中難言的隱秘；北京紹興會館補樹書屋的破敗小院，則是他自「沉默」至「爆發」、從而正式走上文壇的起點；北京八道灣舊宅，見證過他與周作人斷然絕交的場面，那「兄弟失和」的眞實內情，卻始終無人知曉；他在廈門的空曠大房間裏經歷了難耐的孤獨與苦悶，卻又在上海景雲里的石庫門中品味了愛情的甜蜜和家庭的溫暖；上海大陸新村的寓所，是他的人生終點，而那死因，竟成爲曾經引發劇烈爭論的「世紀之謎」。還有，他和高長虹的曲折恩怨、與顧頡剛的離奇「官司」，都有許多需要詮釋的內情……在那些老屋舊舍之中，隱藏著多少讓人唏歔感歎的故事啊！只有走進去、讀過去，才能品味魯迅那五味雜陳的內心世界。

然而，時光的塵沙、人爲的修飾、偏頗的理解……如此等等，往往會掩蓋許多重要的痕跡。

比如紹興的東昌坊口，百年前本是一條僻靜的普通街巷，如今已經成爲人流如織的旅遊景點；那被定爲「魯迅祖居」的老臺門和被定爲「魯迅祖居」的新臺門，張燈結綵，煥然一新，全然看不出當年破敗的景象。在這樣的環境中，如何想像魯迅幼時在百草園的荒草叢中自尋樂趣的場景？如何體會其家境敗落後的淒涼氛圍？如何感受他被族人逼迫甚至誣陷時的憤懣心情？許多參觀者可能無法理解，魯迅當年爲什麼要離開這奢華的豪門大宅，被迫外出求學——產生如此疑問的原因很簡單：現今展示的東西，已經遠離原貌。

還有北京八道灣和宮門口西三條的宅院。在魯迅的一生中，只有這兩處住所是由他親自勘選購訂、親自設計監造的。他是一個做事細心、感情細膩的人，這兩處住所的格局，明顯展示了他的個性，最有代表性的地方，便是那兩個「老虎尾巴」。

但是，一些專業人士始終不承認八道灣宅院中「老虎尾巴」的存在。我曾請教過相關的專家，回答是斬釘截鐵的：「『老虎尾巴』只有西三條那一處！」

但確有證據，說明八道灣「老虎尾巴」的眞實存在。

那不是一間普通的屋子——它的存在是魯迅對自己畸形婚姻的一種無奈的反抗。

在八道灣，魯迅寫出了著名的《阿Q正傳》。如果說，阿Q腦後那條鼠尾般難看的辮子隱喻著國人頭腦中難以割捨的封建思想，那麼八道灣的「老虎尾巴」則反映了長期無法擺脫的家庭枷鎖對魯迅所構成的精神禁錮。

在北京魯迅博物館中展出的八道灣舊宅模型，不僅遺漏了那不可忽視的「老虎尾巴」，還有一處失誤：它顯然是借鑒普通北京四合院的格局製作的，因此把後院做得太小了。許多年來我始終存有疑問：魯迅爲何只給兩個弟弟及其家人留下了那麼窄小的空間，作爲大哥，豈不是過於霸道了嗎？待到考察過實地，我才知道自己想錯了。那後院異常闊大，面積甚至超過正院

——魯迅是絕對不會虧待自己的弟弟們的！

所以，我根據模型和實物特地畫了兩幅白描，供讀者用作比較。那不僅是院落面積的問題，從中可以體悟魯迅內心深處許多難爲人知的情感。

許多事情，是要自己親眼看過之後才會大致明白的。

說這話的前提是：所看到的應當是眞實的東西。

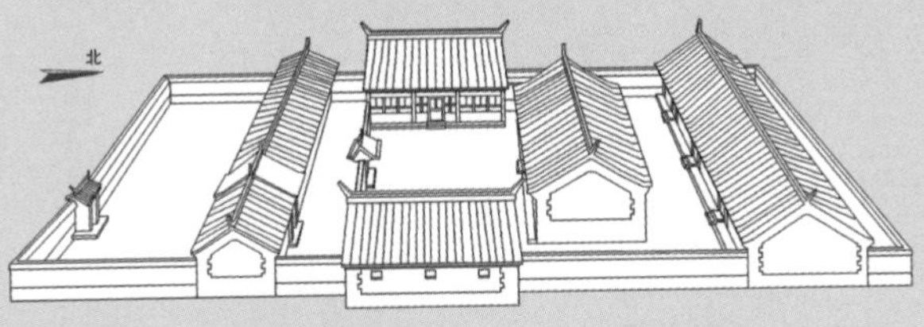

根據北京魯迅博物館的模型繪製的八道灣11號院落。

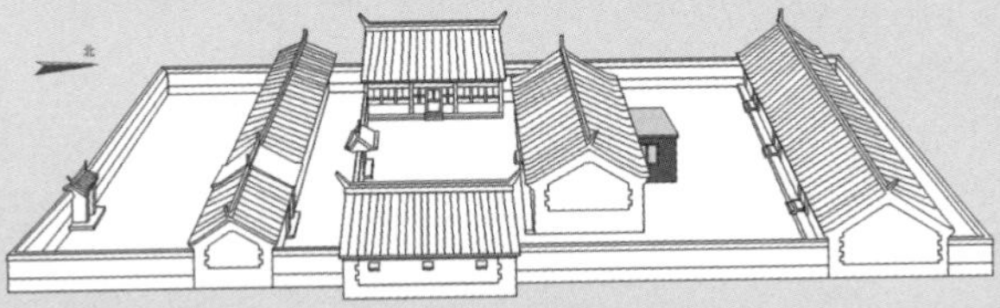

根據實地考察情況繪製的八道灣11號院落。不難看出模型與實際情況的差別。

可惜，由於種種原因，在相當長的時間裏，魯迅被五彩斑斕的眩光所籠罩，使得與他相關的許多事情和人物也同樣朦朧起來。

近年來，一些資料得以重新披露，人們發現，連似乎最能接近眞實的「照片」，居然也有作僞的可能。比如，魯迅在廈門的時候曾經在墳地裏拍過幾張照片，其中一張是單人的，一張是集體的。由於場景奇異，給人留下很深的印象。但那張廣為傳播的「集體照」，居然有兩個「版本」，畫面中一位或有或無、時有時無的人物，便是曾被魯迅稱為「老朋友」的林語堂。

魯迅與林語堂的關係，本來也是一段很有意思的故事，可惜限於篇幅，在這本書裏未能進行詳細的介紹。他們交往多年，原是很好的朋友，後來因見解不同而不再來往。林語堂曾說：「魯迅與我相得者二次，疏離者二次，其即其離，皆出自然，非吾與魯迅有輊軒於其間也。」而在魯迅去廈門大學任教這件事上，林語堂是幫了大忙的；不管魯迅本人對廈門有多少不堪的記憶，那畢竟是他生命旅程中一段不可或缺的經歷。以往由於政治的原因對照片進行了「處理」，是特殊歷史時期的特殊行為，只能讓人感到無聊與無奈，而近年有些書籍仍在使用那張「缺員」的照片，則讓人完全難以理解了。如今在廈門大

廈門大學魯迅紀念館中的照片。說明文字為：“……1927年1月2日。魯迅、林語堂(左三)與‘泱泱社’成員在南普陀的合影。”北京魯迅博物館如今展出的是同一幅照片。

學的魯迅紀念館以及北京的魯迅博物館裏，展出的都是那張人物齊全的照片——歷史的原貌本該如此，但人們所看到的往往是僞造的「史實」，這樣的情況，在有關魯迅的資料中俯拾即是。如何去僞存眞，居然成爲需要時刻當心的要務，這眞是一件可笑而又可悲的事情。假如魯迅在世看到這等奇事，只怕也會驚訝得連鬍子都要翹起來了。

還有一件小事，我也在正文中提到。我曾發現，魯迅當年在廈門時寄給許廣平一張明信片，上面所寫的有關他住所位置的說明文字，與實際地形不符。經請教專家，對方認爲，魯迅是在敘述的時候變換了一下方位。我覺得，這解釋頗爲牽強。其實，原因可能很簡單：那不過是魯迅一時筆誤而已。

1976年8月出版的《魯迅》畫冊中的照片。說明文字為："……1927年1月2日攝於廈門；左起第三人為魯迅。"通過對比可以明顯看到，原先圖中"左三"的林語堂被加工成了三塊石頭。真難為了當時的作偽者——在尚無電腦技術可以利用的情況下，居然能做得如此天衣無縫！

所以我才有所感歎：「雖是小事，卻反映了一個事實：魯迅的形象被樹立得太高大，竟使得人們不敢承認他也會有出錯的時候。」

這種思想上的束縛不僅在許多專家的身上常有反映，普通人也往往難以擺脫——當然包括我本人。

在說到魯迅性格的另一面時，起初我也不免戰戰兢兢。看到學界經常為一些具體問題爭得硝煙彌漫甚至「上綱上線」，作為一個普通讀者，哪有貿然置喙的資格呢！

但是，通過反覆閱讀魯迅，讓我陡然增加勇氣。畢竟魯迅對自己也進行過相當嚴厲的自我剖析，作為後人，又有什麼必要故作遮掩！

我堅信一點：事實就是事實。

比如，他與顧頡剛那場有頭無尾的「官司」，儘管有許多複雜的背景，卻明顯地暴露出魯迅性格中難以掩飾的缺陷。因憎惡一個人，而憎惡其學問，甚至憎惡其生理缺陷，甚至憎惡與其有同樣生理缺陷的人——當時中山大學另有一位教授，據說與顧頡剛類似，也有講話結巴的毛病，魯迅譏之：「廣東中大，似乎專愛口吃的人。」

這種情狀，無論如何也算不得優點。

然而，正是如此，才像魯迅、才是魯迅。

多少年來，人們對魯迅的評價如冰火兩端。有說他光明磊落，有說他心胸狹隘；有說他激情似焰，有說他心冷如霜；有說他疾惡如仇，有說他睚眥必報；有說他筆鋒犀利，有說他尖酸刻薄……如此等等，看似互不相容，其實都沒有錯。

褪去光環洗清濁泥，不難發現，他只是一個普通人——一個身世坎坷心境落寞性格冷峻且又看重感情渴望愛情深懷柔情的普通人。

作爲一個普通人，魯迅自然也要有脾氣、自然也應有缺點、自然也會在性格中充滿矛盾。只有當你眞正瞭解了魯迅那特有的人生、瞭解了他所經受過的那些恥辱和艱辛，你才能眞正讀懂他的內心，才能明白他在生命接近終點的時候爲什麼會說出那樣驚世駭俗的話：「讓他們怨恨去，我也一個都不寬恕。」

捫心自問，我們自己是否有這般勇氣？

我的回答是：有也難。

所以他才讓我傾心敬佩。

所以他才讓我深懷同情。

所以我才會寫這樣一本書。

這本書記錄了十幾年來我的行走過程。它涉及上面所提到的那些城市中魯迅生活過的十一處故居。另有各地九處與魯迅當年的生活工作有直接關係的紀念館所，作爲附錄列出，以供讀者參考。

這本書依然保持了我以往的習慣：除了少量必不可少的歷史圖片取自有關的展覽或資料，其他的景物照片均屬實地拍攝；書中的那些畫像、速寫、地圖等等，也由我執筆繪製——儘管水準粗拙，畢竟浸潤著自己的一番心血。

書中使用了不少引文，對於一些詞句及標點的用法，大多未予修改，比如：「擁腫」、「含糊」、「豫備」、「費話」等，以保留一些特殊的歷史痕跡。

需要說明的是，各地的魯迅故居，由於種種原因，命運各不相同。有的仍在不斷擴建——如紹興的魯迅故里，有的卻日趨敗落——如北京的紹興會館，有的則前途莫明——如北京磚塔胡同……所以，書中有些照片特地標明了具體的拍攝日期。若是將來情況有變，這些照片也可留作眞實的歷史資料。

二〇一一年四月於北京會城門

人生的第一個輪迴

紹興的魯迅故居

周家臺門

人生的第一個輪迴——紹興的魯迅故居

魯迅一生屢經浮沉，而最慘痛的影響或傷害，卻往往來自至親至愛的家人！

在我的希望當中，紹興東昌坊口的魯迅故里，應當依然保持著普通江南水鄉小鎮的模樣：小橋流水，烏瓦泥牆，柳蔭下是含飴弄孫閒坐的老翁，淺溪旁有捶衣洗菜忙碌著的村婦，牽著水牛的農夫在石板路上慢慢地走過，遠處隱隱傳來小販悠長的叫賣聲……就連那空氣中，也充盈著一種在時間流逝過程中自然積澱下來的古樸的寧靜。

希望終歸只是希望，現實情況自然在意料之中。作爲「紹興的名片」，魯迅故里如今已經成了繁華的旅遊景點，摩肩接踵的遊客形成喧鬧而流動的長龍，讓人幾乎疑心自己置身於北京的王府井或是上海的南京路，只能被無奈地挾裹在擁擠的人

紹興魯迅故居。

這裡每天的遊客摩肩接踵。

周家新台門的大門，應當算是有代表性的“臺門”格局了。

流中蹣跚前行，難以靜下心來慢慢地走，慢慢地看，慢慢地想。

即便如此，我仍然懷有一絲激動。因爲這裏畢竟眞的是魯迅曾經生活過的地方。

「魯迅故居」自然是這片區域的中心，看去很有些氣派。按照當地人的習慣，這種建築格局比較特殊的老宅應當是被稱爲「臺門」的——聽上去頗有些神秘，其實紹興的「臺門」和北京的「四合院」類似，都不過是富有地方建築特色的民居而已。當然，能被稱爲「臺門」的人家，一般都是當地的大戶。既然突出了一個「門」字，那宅院的大門顯然是相當考究的。

與魯迅有關的臺門原有幾處。

魯迅本姓周，先輩中過舉人做過官，發達過也敗落過。周家後人屢經繁衍，後來分爲「致、中、和」三房，其居處各稱爲「新臺門」、「過橋臺門」和「老臺門」。

至魯迅問世，是第十四代，周氏的族系已經演繹

德壽堂俗稱“大堂前”，是周家老台門最氣派的地方，它原稱“寧壽堂”，為避清代道光皇帝的名字“旻寧”中的一個字“寧”讀，而改為此名。

得很爲複雜。致房後來分爲「智、仁、勇」三支；「智」房再分爲「興、立、誠」三支。魯迅屬於「新臺門」中「興」房的一支。如今修復後的「魯迅祖居」，是原先的老臺門；過橋臺門現已不存，而那新臺門，則作爲了「魯迅故居」。其實，到魯迅父親那一代，新臺門裏共有周家的六個房族居住。在臨街的巍峨大門西側，有一個不大的門面，那才是屬於魯迅自家的院門。當年，他家還有幾十畝水田，家境尙屬小康水準。

新台門據說建於清朝嘉慶年間，共有六進、八十餘間房子，比始建於乾隆年間的老臺門大了不少，但在當地還算不得名門豪宅，若與紹興城裏那擁有十三座獨立院落的著名「呂府」相比，顯然遜色許多。

然而，當年誰會想到，就在這座「臺門」裏面，竟會出現一位了不得的人物，居然成爲紹興乃至全中國的名人呢？

魯迅生於一八八一年九月二十五日。

若說名人出生的第一聲啼哭也是與衆不同的，實屬誇張。起碼魯迅的出生與一個尋常孩童沒有什麼兩樣。當然那時他不叫「魯迅」，家裏人誰也不知道這孩子日後會成爲舉世聞名的「魯迅」。他的名字是祖父起的，小名叫「阿張」，大名「樟壽」，字「豫山」。這名字倒是有些說頭的：西曆的九月二十五日是農曆的八月初三，按中國民間傳說，那天應當是灶王爺的生日，而灶王爺姓張；說來也巧，當時祖父正在京城，得到長孫誕生的消息時，恰與一位姓張的官員晤談，所以給孫子起的名字便與「張」有關了。

不過，後來入家塾讀書的時候，卻發現「豫山」這個字很不好：「豫山」諧音「雨傘」，豈不成了供同學取樂的綽號！所以祖父將其改爲「豫亭」，後又改爲「豫才」，這才持續使用

魯迅的祖父周福清。（攝自紹興魯迅紀念館）

紹興周家老台門的翰林匾，是"巡撫浙江等處地方提督軍務治水隊各鎮兼管兩浙監政楊昌浚"為"欽點翰林院庶吉士"周福清而立的。

了下去。

因此，在說到這一時期的魯迅時，我們還是稱他爲「樟壽」比較恰當。

從「樟壽」到「魯迅」，經歷了十分漫長的歷程。應當說，祖父是第一個影響他命運的人。

祖父名周福清，字介孚，是同治年間的進士，被欽點「翰林院庶起士」，應算是一位封建高級知識份子了。在周家臺門的「儀門」上，掛著「翰林」大匾，以彰顯那與衆不同的榮耀。周福清當過知縣，繼而進京任內閣中書，官位雖不算顯赫，但畢竟是「京官」，在家裏享有絕對的威嚴。對於長孫，他自然寄予厚望。這孩子一生的命運，無非是苦讀寒窗、入仕爲官、光宗耀祖、傳承前輩基業。因此，祖父管得很細，連這孩子該如何啓蒙、如何讀書、讀些什麼書，都做出具體的規定。

鲁迅故宅的院門是這個很小的邊門。周家的老僕王鶴照曾說：“1913年，鲁迅先生在紹興教書時，為了出入方便，自己家中開了一個雙扇黑油石庫門的台門斗當作邊門”，說的就是這個門。

“我家後面有一個很大的園，相傳叫做百草園。”——魯迅

樟壽六歲開蒙、十一歲進「三味書屋」，每一步學習的進程幾乎都是祖父安排好的。

不過，祖父畢竟遠在京城，無法親自監督教誨，而父親又是個性情寬厚的人，對孩子並不嚴厲。因此，樟壽的童年是自由而快樂的，這從他日後成爲「魯迅」時所寫的許多回憶文章中可以得到深切的感受。

像那令人嚮往的百草園：

不必說碧綠的菜畦，光滑的石井欄，高大的皂莢樹，紫紅的桑椹；也不必說鳴蟬在樹葉裏長吟，肥胖的黃蜂伏在菜花上，輕捷的叫天子（雲雀）忽然從草間直竄向雲霄裏去了。單是周圍的短短的泥牆根一帶，就有無限趣味。油蛉在這裏低唱，蟋蟀們在這裏彈琴。翻開斷磚來，有時會遇見蜈蚣；還有斑蝥，倘若用手指按住牠的脊樑，便會拍的一聲，從後竅噴出一陣煙霧。何首烏藤和木蓮藤纏絡著，木蓮有蓮房一般的果實，何首烏有擁腫的根。有人說，何首烏根是有像人形的，吃了便可以成仙，我於是常常拔它起來，牽連不斷地拔起來，也曾因此弄壞了泥牆，卻從來沒有見過有一塊根像人樣。如果不怕刺，還可以摘到覆盆子，像小珊瑚珠攢成的小球，又酸又甜，色味都比桑椹要好得遠……

這百草園就在新臺門的後面，比我想像的要大得多。對於一個孩童來說，這菜園眞可以當作整個天堂了！

然而隨著年齒漸長，天堂的日子終有結束的時候：「我不知道爲什麼家裏的人要將我送進書塾裏去了，而且還是全城中稱爲最嚴厲的書塾。也許是因爲拔何首烏毀了泥牆罷，也許是因爲將磚頭拋到間壁的梁家去了罷，也許是因爲站在石井欄上跳了下來罷，……都無從知道。總而言之：我將不能常到百草園了。Ａｄｅ，我的蟋蟀們！Ａｄｅ，我的覆盆子們和木蓮們！……」

如他所寫：「出門向東，不上半里，走過一道石橋，便是我的先生的家了。從一扇黑油的竹門進去，第三間是書房。中間掛著一塊扁道：三味書屋；扁下面是一幅畫，畫著一隻很肥大的梅花鹿伏在古樹下。」若是實地走走，

單是周圍的短短的泥牆根一帶，就有無限的趣味。——魯迅

會發現那書塾的確不遠。出家門入書塾，對他來說是人生的第一步，難怪許多年後還記得那樣清楚。

先生名壽鏡吾，「是本城中極方正，質樸，博學的人」，貌似嚴厲，實則寬厚：「他有一條戒尺，但是不常用，也有罰跪的規矩，但也不常用，普通總不過瞪幾眼，大聲道：『讀書！』於是大家放開喉嚨讀一陣書，眞是人聲鼎沸。」

因此，三味書屋的日子，同樣是幸福而快樂的。孩子們可以乘老師自己讀書入迷的時候溜到書屋後面的小園裏折梅花、尋蟬蛻、捉了蒼蠅餵螞蟻，也會用紙糊的盔甲套在指甲上做戲。樟壽的特殊愛好是自顧自地畫畫兒，很細心地把《蕩寇志》、《西遊記》等小說中的繡像一幅一幅地描下來。他讀了不少雜書，也描了不少成套的繡像，後來居然還能賣給一個同學，那也許是樟壽第一次靠自己的一技之長賺取的收入呢！

如果不是發生了一個極其可怕的突然事件，樟壽的人生道路將會平穩地按照祖父的安排發展下去。也許有朝一日會像祖父一樣進京做官，甚至有更大的出息。那又有誰能說得準呢？

"扁下面是一幅畫，畫著一只很肥大的梅花鹿伏在古樹下。沒有孔子牌位，我們便對著那扁和鹿行禮。"——魯迅

“三味書屋後面也有一個園，雖然小，但在那裡也可以爬上花壇去折臘梅花，在地上或桂花樹上尋蟬。”——魯迅

三味書屋裡魯迅的座位是在牆角上，可以讓他避開先生的視線，靜靜的描繡像。

然而，大禍突降。周家——當然也包括年幼的樟壽——的命運立時經歷了天翻地覆的變化。

那大禍的起因，居然出自祖父周福清！

周福清在京城做了十多年不大不小的官，日子過得清閒自在，甚至連續娶了兩房小妾，還生了個兒子。儘管家鄉的族人對此多有微詞，他本人倒是滿不在乎。一八九三年，周福清的母親（也就是樟壽的曾祖母）病逝，周福清返鄉奔喪。按舊時規矩，守喪期很長。這位「介孚公」是個壞脾氣，待在家裏無事生非天天罵人，搞得雞犬不寧。當年恰逢鄉試，有人聽說主考官員是周福清的舊識，便湊了一萬兩銀子，攛掇他賄賂考官。那年周福清的兒子（即樟壽的父親）也要參加鄉試，周福清特地前往蘇州迎候南下的考官，並遣人暗送銀票，企圖爲自己的兒子及親友子弟買通關節。不料事情敗露，周福清自首入獄，判爲「斬監候」。

按清朝的成例，死刑犯都是在秋後問斬。不過，這所謂的「斬監候」，並不是當年必處死刑的意思。按照《大清律例》，每年秋天還要進行秋審，根據案件性質、情節等具體情況，罪犯尚有僥倖暫緩一死的機會。有一種說法是，在「秋決」之前，刑部照例要把犯人的名單分省謄抄在一張紙上，排成一個圓形的圖案，如此呈報皇上；皇上

用硃筆圈點，點到誰的名字，那就是當年必遭砍頭的倒楣鬼，其他人則獲得了暫時逃脫的機會，僥倖再活一年，待來年重新參加那個「死亡圓圈」的排隊；如果連續三年運氣好都未被皇上圈中，這條命就算讓老天爺給留下了，自此改爲「牢固監候」，也就是無期徒刑了。

這種說法未必可信，據說秋審的過程還是很嚴格的，並非如傳說這般形同兒戲。但周福清命大，居然躲過了秋決，保住一條性命，而牢獄之災總是難以避免的了。儘管他後來獲赦釋放得以還家，周氏家族則已經徹底敗落了。

祖父出事的時候，周家爲了避免株連，把年幼的孩子們送到親戚家避難。樟壽被暫時寄養在大舅父家中，直到風頭過後方得返回。

寄養他人家中的滋味是不好受的，即使是自己的親戚。從「小康人家」的子弟突然變身爲「罪犯眷屬」，難免遭白眼、受歧視，甚至被人罵作要飯的。這是年幼的樟壽在人生道路上經受的第一次沉重打擊，對於他性格的形成造成了極大的影響。

說來讓人嗟歎，他一生屢經浮沉，而最慘痛的影響或傷害，卻往往來自至親至愛的家人：他的祖父、父親、母親，還有親如手足的兄弟！當然，那許多都是後話了。

三味書屋的外窗。

家境敗落

人生的第一個輪迴——紹興的魯迅故居

在「周福清賄賂考官案」中，樟壽的父親周鳳儀受到最直接的牽連：不僅原有的秀才功名遭斥革，還被取消了鄉試的資格，從此仕途無望！這一沉重打擊的結果，是父親一病不起。

爲了給父親治病，家中財產幾乎變賣殆盡。他後來曾寫道：「我有四年多，曾經常常，——幾乎是每天，出入於當鋪和藥店裏，年紀可是忘卻了，總之是藥店的櫃檯正和我一樣高，當鋪的是比我高一倍，我從一倍高的櫃檯外送上衣服或首飾去，在侮蔑裏接了錢，再到一樣高的櫃檯上給我久病的父親去買藥。」

這段記述有誤。據他的弟弟周作人回憶，周鳳儀自患病至逝世，只有近兩年的時間；而樟壽也不應「忘卻」自己的年紀：父親得病那年，他只有十三歲。家庭的重擔，陡然壓在一個未成年的孩子身上，日子自然顯得格外漫長！至於那些在無奈之中經受的侮辱，則在樟壽心中留下了畢生難以抹殺的陰影。

周家所請的中醫，儘管都是些所謂「最有名的醫生」，醫術卻實在有限，所開出的藥方往往稀奇古怪，比如冬天的蘆根，經霜三年的甘蔗，還有原配的蟋蟀，「似乎昆蟲也要貞節，續弦或再醮，連做藥資格也喪失了」。這些「名醫」治療水腫的靈藥，居然是打破的鼓皮。其「理論根據」是，水腫也被稱爲「鼓脹」，所以打破的鼓皮自然應當是治服水腫的妙方！

經過如此堅持不懈的荒唐治療，父親的病日重一日。多年以後，他痛楚地寫道：「父親的喘氣頗長久，連我也聽得很吃力，然而誰也不能幫助他。我有時竟至於電光一閃似的想道：『還是快一點喘完了罷……』立刻覺得這思想就不該，就是犯了罪；但同時又覺得這思想實在是正當的，我很愛我的父親。便是現在，也還是這樣想。」

我不知道，這世上還有誰敢於像他那樣大膽披露自己的眞實思想！一個兒子，居然盼著父親快些死掉，豈不是大逆不道的賊子嗎？！然而，誰又有資格懷疑，他不是在眞正地深愛著自己的父親呢？！

我寫下上面這段文字的時間，是二〇〇八年九月的一天。我那年逾九旬的父親，正獨自躺在醫院的重症病房裏面，蒼白的面孔淹沒在氧氣罩的陰影下，僵硬的身上插了許多管子，時時陷入昏迷之中。作爲兒子，我不僅不能親自前去護理，而且只能在每天一個小時的規定探視時間裏進入病房與他匆匆相見。讓我最爲痛苦的是，病榻上的父親儘管無法睜眼、難以發聲，有時卻還能恢復清醒的意識，隨著我的呼喚用盡力氣握一握我的手——這是我和他之間唯一能夠進行的感情交流。經過長期無休止地折騰，他的手已經瘦成了皮包骨，但還顯得格外溫暖！在那樣的瞬間，我也不止一次電光一閃地想：「還不如讓他毫無知覺地睡去，早些結束這煎熬

恒濟當鋪是少年時的魯迅經常去的地方。

吧！」

在父親最後的時刻，我感覺到他的手指在我的掌中一點一點涼去，心如刀絞。那一刻，我覺得自己與百多年前紹興城裏那個十多歲的孩子的心靈是相通的：「我很愛我的父親。便是現在，也還是這樣想。」

一八九六年十月十二日，樟壽的父親終於亡故了。

喪父的悲憤對樟壽的影響是如此之強烈，以至於他從此認爲「中醫不過是一種有意的或無意的騙子」，繼而一輩子不信中醫、不看中醫！

父親去世，只餘孤兒寡母。

母親那年三十八歲。她曾育有四子一女，除一女幼年夭折，膝下尚有四子：老大樟壽，剛剛十五周歲；老二櫆壽（即後來的周作人），時年十一歲；老三松壽（即後來的周建人），僅有八歲；老四椿壽三歲，兩年後也不幸病亡。

作爲長子，樟壽自然成爲家中的頂樑柱。然而，這樣一個敗落之家，難免受到來自各方的擠兌。樟壽「當家」不久，曾經作爲家庭代表參加周氏本家的會議。衆長輩欺他年幼，不僅做出了損害他家利益的決議，還要強迫他簽字。樟壽堅決不肯從命。這是父親去世後他所經歷的又一次強烈刺激。後來他說：「有誰從小康人家而墜入困頓的麼，我以爲在這途路中，大概可以看見世人的眞面目。」

從容貌上看，樟壽顯然最像母親；在性格上，他也繼承了母親剛毅倔強的特點。

看夠了別人的冷眼，樟壽一心只想離開紹興這個讓他難以忍受的環境。出於青春期的逆反心理，越是別人說去不得的地方，他偏偏越是想要試試；越是周圍的人們所攻擊的人，他偏偏越是想要結識，哪怕是「畜牲和魔鬼」！比如紹興城裏有個帶洋味的學堂，被人罵得一塌糊塗，而樟壽還嫌它「各色」得不夠呢！杭州那所求是書院還算有些特點，可昂貴的學費又讓人難以承受。

這種躊躇難決的狀態持續了一年多的時間，一件「小事」卻讓他終於得以離開紹興——儘管是被迫的，而且近乎於逃跑。

事情的起因源自一位本家的叔祖母。這位被稱爲「衍太太」的婦人頗有些搬弄是非的功夫。父親去世後，樟壽面臨的最大困難，便是經濟上的窘迫。衍太太攛掇他可以偷拿母親的首飾去變賣。說得多了，樟壽甚至眞的有些動心，但畢竟拘於家教，知道那是不道德的行爲，因此也僅是限於「動心」而已。不料，沒有多久，就有流言傳播開來，似乎樟壽眞的做了那樣見不得人的事情！

後來他寫道：「這實在使我覺得有如掉在冷水裏。流言的來源，我是明白的，倘是現在，只要有地方發表，我總要罵出流言家的狐狸尾巴來，但那時太年輕，一遇流言，便連自己也彷佛覺得眞是犯了罪，怕遇見人們的眼睛，怕受到母親的愛撫。」

這種無處分辯的恥辱對他造成的強烈傷害，影響極爲久遠，以致日後在他性格之中難免積澱了一種敏感多疑的成分，那起始的誘因，應當是這件事

周家老宅經多年變遷，格局有相當大的改動。唯有魯迅自家的老屋得以倖存。

情。

年輕的樟壽畢竟缺乏生活經驗，他唯一的選擇，只有帶著這恥辱出走。

母親攔不住他，只得籌措了八元錢路費送他出行——錢雖不多，但已經很不容易了。樟壽帶著小小的行李捲，逃出了自己的故鄉。

那年他十七周歲。

老屋的廚房。魯迅就是在這裏與農民家的孩子章運水成為朋友，並讓他成為自己小說中的人物“閏土”；有一日，母親告訴我，閏土來了，我便飛跑去看。他正在廚房裏，紫色的圓臉，頸上套一個明顯晃晃的銀項圈......”

從南京到日本

人生的第一個輪迴——紹興的魯迅故居

樟壽去了南京江南水師學堂。那是一所公費學校，不但無需交納學費，每月還有不多的一點點津貼；更重要的是，樟壽的一位堂叔祖在這學堂裏當監督，可以給些照應。不過，這位堂叔祖有些「老派」，認爲本家子弟進這種培養水兵的學堂似乎有礙家族名聲——那年頭「當兵的」並不是什麼讓人尊重的職業，於是便將樟壽的名字改爲「樹人」。

那麼，從這時開始，我們應當把他稱爲「周樹人」了。

我們應當記住，「周樟壽」變爲「周樹人」，恰在一八九八年，那是中國近代史上具有特殊意義的一年：在康有爲、梁啓超等維新派人士的鼓動下，光緒皇帝毅然實行政治改革，史稱「戊戌變法」。

戊戌變法僅僅持續了百日，便遭到以慈禧太后爲代表的頑固派殘酷鎭壓，一批維新人士慘遭殺害，就連光緒皇帝也被囚禁瀛台。所以這次變法也叫「百日維新」，或乾脆稱爲「戊戌政變」。

戊戌變法對當時的中國社會產生了十分巨大的影響，許多有識之士自此對腐敗的清廷徹底失去信心，不再幻想以改良的手法變革社會，開始尋求以暴力革命的方式推翻這專制的封建制度。

不過，戊戌變法成敗與否，對周樹人並沒有產生太大的影響。他畢竟還是一個初涉世間的懵懂青年。如果有人說，他從那時就開始關心國家大事並萌發了革命思想，實屬虛妄的「拔高」。對他來說，個人的前途和命運才是最需要考慮的實際問題。

江南水師學堂的學制很長，居然需要整整九年！周樹人被分在管輪班，即使熬過九年苦

南京江南水師學堂的大門

“無需學費的學校在南京，自然只好往南京去。第一個進去的學校，自下不知道稱為什麼了。光復以後，似乎有一時稱為雷電學堂。像《封神榜》上“太極陣”“混元陣”一類的名目。——魯迅

南京礦物鐵路學堂宿舍日照。（攝自南京魯迅紀念館）

訓，出來也不過是個輪機兵而已。那崗位是在船艙裏面，由於學堂記憶體在著嚴重的派系之分，沒有政治後臺的人，大概永遠只能像蟑螂一樣待在黑暗酷熱的機艙裏，很難得到上甲板的機會。此外，學堂裏的風氣不正，也讓他感到難以適應。因此，在水師學堂僅僅學習了半年，周樹人就決心退學，改考同在南京而剛剛創辦不久、隸屬於江南陸師學堂的礦路學堂。

應當說，當時的周樹人，對自己的人生道路並沒有什麼明確的目標，改考礦路學堂，不過是想換換環境而已。在等待開學的日子裏，他甚至還回紹興參加了一次縣考。對於像他這樣出身書香門第的人來說，科舉道路似乎更爲現實。但他本人似乎並無太大興趣，只參加了一次初試，便赴南京的礦路學堂報到去了。

周樹人很適應礦路學堂的學習生活。他已經是個十八歲的青年，朝氣蓬勃、活潑好動，頗有些尚武精神。他自號「戎馬書生」、「戛劍生」，喜歡騎馬，「每天總要跑它一兩點鐘的」。當然，他最喜歡的還是讀書，尤其是許多來自西方的科學書籍使他大開眼界。正如他寫得十分風趣的那段文字，眞實而幽默：

看新書的風氣便流行起來，我也知道了中國有一部書叫《天演論》。星期日跑到城南去買了來，白紙石印的一厚本，價五百文正。翻開一看，是寫得很好的字，開首便道：

「赫胥黎獨處一室之中，在英倫之南，背山而面野，檻外諸境，歷歷如在機下。乃懸想二千年前，當羅馬大將愷徹未到時，此間有何景物？計惟有天造草昧……」

哦，原來世界上竟還有一個赫胥黎坐在書房裏那麼想，而且想得那麼新鮮？一口氣讀下去，「物競」「天擇」也出來了，蘇格拉底、柏拉圖也出來了，斯多噶也出來了。學堂裏又設立了一個閱報處，《時務報》不待言，還有《譯學彙編》，那書面上的張廉卿一流的四個字，就藍得很可愛。

「你這孩子有點不對了，拿這篇文章去看去，抄下來去看去。」一位本家的老輩嚴肅地對我說，而且遞過一張報紙來。接來看時，「臣許應騤跪奏……，」那文章現在是一句也不記得了，總之是參康有為變法的，也不記得可曾抄了沒有。

仍然自己不覺得有什麼「不對」，一有閒空，就照例地吃侉餅、花生米、辣椒，看《天演論》。

每逢假期，周樹人總要回家探親。儘管故鄉給他留下的記憶往往是酸楚多於溫情，卻依然讓他眷戀。身處異地，常有思鄉之情：「行人於斜日將墮之時，暝色逼人，四顧滿目非故鄉之人，細聆滿耳皆異鄉之語，一念及家鄉萬里，老親弱弟必時時相語，謂今當至某處矣，此時眞覺柔腸欲斷，涕不可仰……」如此愁緒，哪裏像一個初出家門的讀書少年，簡直就是多年在外飄零的孤獨老翁呢！

從水師學堂到礦路學堂，周樹人在南京求學歷時四年。一九〇二年一月，他以一等第三名的優異成績從礦路學堂畢業了，而人生的目標似乎仍然渺茫：「畢業，自然大家都盼望的，但一到畢業，卻又有些爽然若失。爬了幾次桅，不消說不配做半個水兵；聽了幾年講，下了幾回礦洞，就能掘出金銀銅鐵錫來麼？實在連自己也茫無把握，沒有做《工欲善其事必先利其器論》的那麼容易。爬上天空二十丈和鑽下地面二十丈，結果還是一無所能，學問是『上窮碧落下黃泉，兩處茫茫皆不見』了。所餘的還只有一條路：到外國去。」

兩個月後，周樹人以「南洋礦路學堂畢業奏獎五品頂戴」的資格，獲取了公費派往日本留學的機會。

一九〇二年三月二十四日，當他踏著顫巍巍的跳板登上日本「大貞丸」號輪船甲板的時候，也許並未意識到，這是他人生道路上極為重要的一刻。命運註定，世界上再也不會出現一個名叫「周樹人」的優秀輪機手或是什麼礦山技師，而一位孕育中的文壇巨匠卻終將誕生。

在當時的日本留學生中，雖然不乏守舊頹廢之人，但革命情緒異常活躍，周樹人也受到很大影響。一年後他毅然剪掉了腦後那象徵種族壓迫的辮子，並特地拍了「斷髮」照片分贈友人。

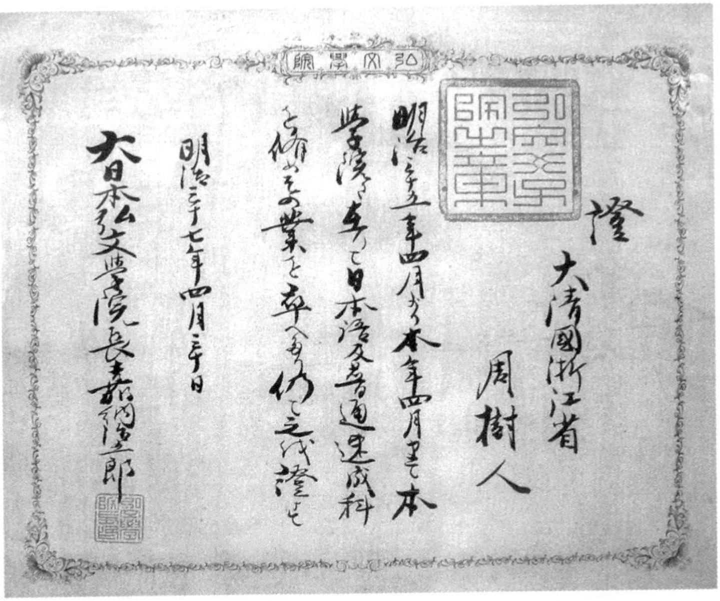

魯迅在日本弘文學院畢業時的證書。（攝自南京魯迅紀念館）

不過，如果據此便認爲周樹人已經成爲一個激進的革命者了，其實也未必客觀。當時許多留學生爲了掩飾那根時常招致異樣眼光的「豬尾巴」，想了不少法子，只是往往弄巧成拙：「上野的櫻花爛熳的時節，望去確也像緋紅的輕雲，但花下也缺不了成群結隊的『清國留學生』的速成班，頭頂上盤著大辮子，頂得學生制帽的頂上高高聳起，形成一座富士山。也有解散辮子，盤得平的，除下帽來，油光可鑑，宛如小姑娘的髮髻一般，還要將脖子扭幾扭。實在標緻極了。」所以許多人——包括周樹人——的「斷髮」，更多的原因其實是恥於與此等人爲伍。

斷髮容易蓄發難，那年暑假周樹人回國探親，一個光禿禿的後腦勺在滿街大辮子中顯得十分突兀，他也不得不「返鄉隨俗」，在途經上海時買了一條假辮子戴上。豈料鄉里人儘管看不慣沒辮子的「假洋鬼子」，卻更厭惡戴假辮子的傢伙：光頭又要「作假」，肯定有不良居心！如此左也不是右也不是，實覺尷尬；更何況那假玩意兒緊箍在頭上很不舒服，不小心戴歪了反而會露出破綻。所以周樹人呆在家裏的時候很少戴假辮子，等到返回日本的途中，一到杭州就索性以光頭示人了。

周樹人在東京弘文學院經過兩年進修後，於一九○四年四月結業。按照規定，應當進入日本東京帝國大學工科的採礦冶金科繼續學

魯迅在東京時與許壽裳、周作人等5人住過的地方，故名“伍舍”。它曾是日本作家夏目漱石的故居。（攝自南京魯迅紀念館）

習。但是他卻做出了一個驚人的決定：棄工學醫，並選擇了一所地處偏僻小鎮的學校——仙臺醫學專門學校。

關於他決定學醫的目的，後人曾給以極高的評價，說是「青年魯迅決心以醫學救國，促進祖國的富強和人民的健康」。此言不虛。周樹人的確是因爲看到了科學技術——當然也包括醫學——對一個國家的發展具有至關重要的作用，才決心改行。不過，促使他學醫的原因，還有一些更爲個人化的因素：當年父親死於庸醫之手，是他心中永遠無法癒合的創痛，所以他說：「我的夢很美滿，預備卒業回來，救治像我父親似的被誤的病人的疾苦，戰爭的時候便去當軍醫，一面又促進了國人對於維新的信仰。」此外，他的牙齒從小就不好，曾經多次經中醫診療而從未治癒，所以，從醫也應能夠解決自身的疾病問題。

幸運的是，當時清政府的駐外官員似乎尚能尊重留學生的個人意願，經駐日公使以照會的形式向仙臺醫專予以介紹，周樹人被接納爲該校有史以來的第一個外國留學生。

棄醫從文

人生的第一個輪迴——紹興的魯迅故居

作爲一個接受了國內外許多進步思想影響的熱血青年，周樹人與當時的許多同齡人一樣，滿懷救國之心。他曾參加了「浙學會」等組織的革命活動，還寫作和翻譯了許多介紹先進科學技術的文章與著作。不過，也許是由於少年時期的特殊經歷使然，在同齡的中國留學生中間，周樹人似乎顯得更爲成熟、更爲冷靜一些。在仙台醫專期間，他的主要精力還是放在孜孜不倦的學習上，對一些愛國學生組織的激進行動總有些不以爲然。

比如，一九〇五年日本文部省頒佈了一個所謂的「清國留學生取締規則」，強迫中國留學生必須遵守清政府的法令，禁止進行反對清政府的愛國活動，甚至不許集會結社，還要對留學生的書信進行檢查。如此等等，在中國留學生中間引發了大規模的抗議活動，有八千多人參加了總罷課，中國留學生陳天華甚至蹈海自殺，以死抗爭。然而，在一次大會上，產生了兩種不同的意見，一種是以秋瑾女士爲代表的激進派，主張全體留學生一起回國；另一些人則很不贊成，認爲還是應當繼續留在日本學習。魯迅便屬於後者。當時爭執相當激烈，主持大會的秋瑾甚至拔刀擊桌，十分衝動。後來秋瑾果然與數百留學生回國，兩年後與徐錫麟共謀發動反清起義，因機密洩露被捕。秋瑾被殺於紹興軒亭口；徐錫麟在安慶就義，竟遭到剖腹剜心的酷刑！

秋瑾與徐錫麟都是周樹人的紹興同鄉，秋瑾的故居與周樹人家所在的東昌坊口，只有數里之遙。儘管在反對「取締規則」的活動中意見不合，但秋瑾的命運顯然對周樹人產生了很大的震動，以致在十多年後，他將這位「鑒湖女俠」的故事寫進了自己的小說中。

那幾年，國際國內的形勢均處於劇烈的動盪之中。即使是一個普通的青年學生，也不可避免地受到極大的影響。周樹人的命運再一次發生了重大變化：他突然決定終止學業了！

促成他做出這一決定的直接原因，是剛剛結束的日俄戰爭。

日俄戰爭的背景很複雜。

在一八九四年的中日甲午戰爭中，旅順作爲遠東重要軍事港口，是日寇重點進犯的地區。當年十一月二十一日，享有「固若金湯」美譽的旅順口被攻陷。此後，持續四天三夜，日寇將全城近兩萬名中國百姓屠殺殆盡，只留三十六人組成「抬屍隊」，以集中死者遺骸，焚屍滅跡！

一八九五年四月，清政府與日本簽訂了恥辱的《馬關條約》。

矗立於紹興軒亭口的秋瑾塑像照。塑像對面是立於1930年的“秋瑾烈士紀念碑”。

條約規定，遼東半島、臺灣全島及所有附屬各島嶼和澎湖列島的「管理權」，「以及該地方所有堡壘軍器工廠及一切屬公物件，永遠讓與日本」。

日本強佔遼東半島，使遠東局勢受到極大影響，其他外國列強豈能容忍。在《馬關條約》簽訂的當天，沙俄便聯合德、法兩國共同干涉。日本雖然最終被迫宣佈放棄佔領，卻又要求中國以三千萬兩白銀的代價作爲賠償——強佔了中國的土地，還要中國以高價贖回，這不是強盜是什麼？

旅順是一個全年不凍的天然良港，沙俄早想霸佔。一八九七年十二月，沙俄以「幫助清政府保護旅順、大連不受外國侵略」爲幌子，派出艦隊，武裝侵佔了旅順口和大連灣。一八九八年三月二十七日，沙俄強迫清政府簽訂了《中俄旅大租地條約》，後來又簽訂《中俄旅大租地續約》，強行「租借」遼東半島的大片地區。

吃到嘴裏的肥肉被人家硬摳了出來，日本豈能甘心！一九〇四年二月八日，日本不宣而戰，派出艦隊突襲停泊在旅順口外錨地的沙俄艦艇。可笑的是，當時沙俄在旅順的太平洋分艦隊司令的夫人正在慶祝她的「命名日」，大批海軍軍官聚集在將校俱樂部裏跳舞狂歡。當日軍的襲擊開始時，他們還以爲那爆炸聲是自己的艦隊在爲司令夫人鳴禮炮！

二月九日，沙俄對日宣戰；二月十日，日本對沙俄宣戰。日俄戰爭就此拉開帷幕。

這場兩隻瘋狗之間的廝咬，是在中國的領土上進行的，目的是爲了爭奪中國的土地。而堂堂「大清政府」居然在日俄戰爭剛剛爆發時就宣佈「局外中立」，並照會兩國，把遼東劃爲「交戰區」！

俯瞰旅順港。當年日俄為了爭奪這塊屬於中國的“肥肉”在這裡打得昏天暗地想起讓人憤恨難平。

當兩個流氓闖入鄰居家中爲了爭奪這家人的財產而打架的時候，主人居然只能擺出一副「中立」的姿態眼睜睜地看著，還嚴令家人「不得干預戰爭」。這是何等的荒唐、何等的恥辱！

這場戰爭進行了三百多天，到一九〇五年一月，最終以沙俄守軍投降而宣告結束。一九〇五年九月五日，日俄簽訂《樸茨茅斯條約》。這次是沙俄戀戀不捨地吐出了嘴裏的肥肉，旅順及大連又淪爲日本的殖民地。

作爲在戰爭中大佔便宜的一方，日本自然要利用一切手段宣傳勝利成果，就連其國內學校課間休息的時間，也要放映一些電影或幻燈片。有一次，在放映的片子中居然展示了日本兵砍殺中國人的場面：一個中國人因爲「俄國間諜」的罪名，正要被日軍殺了示衆，而圍著來賞鑑這「盛舉」的人們，竟然也是同樣的中國人！這使周樹人受到極大的刺激，覺得「醫學並非一件緊要事，凡是愚弱的國民，即使體格如何健全，如何茁壯，也只能做毫無意義的示衆的材料和看客，病死多少是不必以爲不幸的。所以我們的第一要著，是改變他們的精神。而善於改變精神的是，我那時以爲當然要推文藝，於是想提倡文藝運動了。」

棄醫從文，是周樹人的重大命運抉擇。

他將學籍列入東京的一所德語學校，在學習的同時，開始大量收集、閱讀、翻譯國外的進步文學作品。多年來作爲一個中國人所經歷的恥辱、悲哀與憤怒，猶如積聚在心頭的熾熱岩漿，正在尋找一個爆發的出口！

誰能料到，還未容他爆發，兜頭傾來的一注冰水卻讓他的心立時涼到了極點。

被迫成婚

人生的第一個輪迴——紹興的魯迅故居

一九〇六年六月，就在周樹人剛剛放棄仙台醫專學籍之後不久，突然接到紹興老家來電：

母病速歸！

母親始終是周樹人心頭最大的牽掛，得此消息，他不禁大驚，匆匆起程返回國內。他何曾想到，老家新台門裏已經策劃了一個至大至深的陷阱，正等著他自投羅網呢！

而這陷阱和羅網的編織者，居然是他摯愛的母親！

母親魯瑞也是大家閨秀，雖然未曾入學讀書，卻自己學會了識字看書，而且很有接受新事物的興趣。她早年大膽放腳，曾招致族人攻擊，說放了大腳是「要去嫁給外國鬼子了！」魯瑞反唇相譏：「那倒眞是很難說呀！」這樣一來，反而讓對方無話可講。如此性格，很讓人敬佩。周樹人曾說：「我的母親如果年輕二三十歲，也許要成爲女英雄呢。」周作人也說，僅放腳的這一件事情，「就很足以代表她的戰鬥性」。

魯瑞的確了不得。若是一般婦道人家，只怕是難以承受公公獲罪下獄、丈夫中年早逝、幼子不幸夭折、家境日漸敗落這一連串的沉重打擊，但她全都咬牙堅持著挺過來了。她不僅把

周家老僕王鶴照曾說“魯迅先生結婚是在樓上過了一夜，第二夜魯迅先生就睡到書房去了，聽說印花被的靛青把魯迅先生的臉也染青了，他很不高興。”也有人說，新婚當夜，魯迅的淚水浸濕了枕巾，臉上竟被染上枕巾的靛青顏色；第三天魯迅沒有上樓，就睡在母親房間裡的這張床上。

母親魯瑞的房間。周家老僕王鶴照曾說“魯老太太的眠床現在還完好無缺……魯迅先生就誕生在這張床上”。

幾個兒子撫養成人送出家門，更指望他們早日成才重振家業。在她心目中期望最重的，自然是早熟並且沉穩的大兒子周樹人了。

因此，兒子的婚姻，便成為她最為關注的頭等大事。還是在周樹人剛去南京讀書的時候，魯瑞就開始張羅著給兒子說門親事了。親屬中有位遠房妯娌，主動給魯瑞介紹了自己族中的一位適齡女子，據她說，那女孩子名叫朱安，人稱「安姑」，「模樣好，脾氣更好」。這位妯娌精明強幹且為人熱情，魯瑞素來對她十分信任，有此好事自然喜出望外。

周樹人畢竟是個已經接受了新思想影響的青年，聽說對方是個守舊的女子，纏小腳、不識字，心中大不樂意，但又不能違背母親的意願，只敢提出一個「小小」的要求：希望對方放腳、讀書。不料女方回答：腳已纏小，無法放大；女子讀書，不成體統！看來對方也是個性格固執的人，這第一個印象，便是很不理想的。

一九〇一年，傳來消息說，祖父獲赦將被釋放回家，這是一件喜事；而周樹人已經二十歲，到了應當成婚的年齡。為了喜上加喜，魯瑞尚未征得兒子同意，便自作主張前往朱家「請庚」。這時她才發現，那位安姑的年齡居然大過自己的兒子。魯瑞本人的年齡便大過丈夫三歲，因此在這方面倒沒有什麼挑剔，俗語說「女大三，抱金磚」嘛！親事順利地定了下來，魯瑞在興奮之中卻疏忽了一個重要的細節：她居然完全相信那位妯娌巧說善辯的嘴巴，自己竟沒有親自看看那位安姑究竟是個什麼模樣！

而周樹人所選擇的辦法，則是消極的逃避：能拖一天是一天。一九〇二年他從礦路學堂畢業後立即選擇出國，其中的一個重要原因，便是想躲避這樁婚姻。

一九〇三年暑期，周樹人回國探親，在家裏待了一個多月的時間，與母親朝夕相處，不可避免地要談及婚事。據說，他曾嘗試著提出解除婚約的要求，卻被母親斷然拒絕了。魯瑞的剛毅性格，在兒子的婚姻問題上表現得淋漓盡致。周樹人只能帶著一腔愁苦慘然離鄉。

魯迅結婚的新房在老家二樓東側。

他曾寫過一首著名的七絕，即書贈好友許壽裳的《自題小像》：

靈台無計逃神矢，
風雨如磐暗故園。
寄意寒星荃不察，
我以我血薦軒轅。

關於這首詩題目中所說的「小像」，有人認爲是周樹人在一九〇三年「斷髮」後所拍的照片。後人解釋說：「這首詩表達了他身在異國，無法擺脫對災難深重的祖國的深切懷念；感歎同胞尚未覺醒，發出了決心爲祖國貢獻一切的戰鬥誓言。這是他在民族危機嚴重的時刻，在革命思潮的激盪下，發出的時代強音。」對於一個年方二十出頭的青年來說，能有如此崇高的精神境界，實屬難得。不過，人們對於這首《自題小像》，卻存在許多不同的理解。且不說有關於它的產生時間便有多種說法——有說在斷髮前已有詩、有說是斷髮後方成詩，僅就詩句的內容而言，也有多種解釋。有一種說法認爲，詩中所表現的，正是周樹人對母親強加於己的婚姻深覺無奈與反感：母親猶如羅馬神話裏的愛神丘比特，胡發愛箭、亂點鴛鴦；自己只能被迫接受，全無反抗的可能！「寄意寒星荃不察」的「荃」，原意爲香草，借指「君王」或「國民」，但也可借指「高堂」及母親；「我以我血薦軒轅」中的「軒轅」，以往傳統的說法，曾斬釘截鐵地認爲是「祖國」，但結合作者當時的處境及心態分析，又爲何不可解釋爲「祖宗」、「祖先」？這兩句可以釋讀爲「儘管我的愛國之心不能得到國人的理解，我仍願意以我

透過後窗的木格，可以看見通往二樓的樓梯。新婚之夜，魯迅上樓的腳步想必異常沉重。

的生命報效祖國」，又爲何不可以釋讀爲「可歎我的心情不能爲母親所理解，我只能以我的生命作爲延續祖先香火的供品」！

儘管前者是激昂而革命的，後者是消沉且悲憤的，但如此理解，似乎也並非全無道理。因爲，在接下來的幾年裏，他所有的寒暑假都是在日本度過的，一九〇四年七月祖父去世，他甚至也不回國奔喪。作爲長孫，如此行爲實在反常，只有一個理由可以解釋，那就是避婚。

轉眼到了一九〇六年，周樹人已經二十五歲了。而安姑本來就比他的年齡大——有人說要大一歲，還有人則說是大三歲，若是後者，那她眼看虛歲就快三十了。對於一個未曾出嫁的姑娘來說，這年齡很有些可怕。最著急的是母親魯瑞：這樁婚事無論如何也不能再拖下去了。她身上那股子「英雄性」和「戰鬥性」終於迸發出來，促使她果敢地決定：以自己病重爲由，招兒子速歸。魯迅是個孝子，決然不會違命不遵。

周樹人終於歸來了。

行至新台門，巨大的變化讓他瞠目結舌：在母親的操持下，家裏居然面貌一新，讓他幾乎認不出來了。

當年周氏先祖建好這個大宅院之後，在分配房屋的時候有意讓各房名下的房屋樓下樓上交叉分佈，這樣即便後人敗家，也無法打賣房子的主意。不過，如果命中註定要敗家，那是什麼法子都攔不住的。

周樹人家原先所住的房子是新台門大宅中靠西面的一排，後因家境不濟，其中的幾間典了出去。其他房屋經多年風雨侵蝕，已經相當破敗。族內各房的情形也大致類似，像周樹人家後邊那排房子，本來分屬「興、立、誠」各房所有，後來有的倒塌，有的空置，「立」房一脈甚至斷絕後人，慘況更甚。然而，不能不佩服母親魯瑞，在經濟拮据的情況下，她居然能說服其他族人，獲取了那排房子的使用權；然後自己出資，徹底翻修了一遍。當周樹人風塵僕僕自日本趕回紹興的時候，所看到的已經是一個全新的家了。

這宅子的南端，是一個類似天井的小院，當地人稱「明堂」，有兩棵枝葉繁茂的桂花樹，所以家人稱其爲「桂花明堂」。據說，周樹人小的時候，經常在這樹下聽繼祖母蔣氏講述一些民間傳說故事。桂花明堂北面的房屋爲一室一廳；再北面，隔著一個明堂，那座兩樓兩底的樓房，就是周樹人的新家了。東面一廳，被稱爲「小堂前」，是客廳兼飯廳；西首一間，爲繼祖母蔣氏的臥室；再往西，則是一個很長的過道，通向另一個更小的明堂，在這裏可以看到這樓房背面的格局：東面——也就是小堂前的後面，是母親魯瑞的臥室；西面，也就是繼祖母蔣氏臥室的後面，是一間雜房，有樓梯可登二層。而那二層的兩個房間，就是母親爲周樹人準備的新房。

家中張燈結綵，一派喜慶氣氛。

不管周樹人願不願意，這新郎

如今周家新台門的後院，有舊時婚禮場面的模型。那段經歷，是纏繞魯迅一生的噩夢。

官的帽子是必然要戴到頭上了！

事已至此，一向孝順的周樹人，無論如何也沒有抗拒母親意願的勇氣。至於那依照鄉間習俗舉行的婚禮程序是如何進行的，他也毫無概念，只是任人擺佈。然而，當揭去新娘蓋頭的那一刻，他與母親的心不約而同地往下一沉：且不說新娘的容貌毫無「出色」可言，單看那極其矮小瘦弱的身材，便如發育不全似的；還有一雙小腳，步履蹣跚，不似青春女子，倒像年邁老婦……

母親知道，自己不能流露出絲毫不悅，爲了兒子，她必須把這場面撐到底。

兒子也知道，自己不能有任何猶疑，爲了母親，他也必須把這場面撐到底。

一切似乎都很順利。出乎意料地順利。

無人知曉，周樹人與他的妻子是如何在樓上那間新房裏度過新婚之夜的。婚後第四天，他便離開家鄉，前往日本。

兄弟之間

人生的第一個輪迴——紹興的魯迅故居

此後幾年，周樹人始終不曾返鄉。

他致力於實現自己推進文藝運動的理想，翻譯國外作品、發表著作文章、籌辦文藝刊物……至於那枯守紹興家中的妻子，他不願想，也不敢想，那是他人生永遠無法邁過的一道坎，眞是「靈台無計」啊！

可是，人生必過的坡坎，是無論如何也迴避不了的。一九〇九年，周樹人終於決定回國了。

這一次，是爲了自己的弟弟、自己的母親、自己那「風雨如磐」的「故園」。

現在，需要說說他的二弟周作人了。

周作人小周樹人四歲，原名櫆壽。那名字也是祖父隨意起的：得知第二個孫子出生那天，恰有一個在旗的京官造訪，那人姓魁，便成了孫子的小名；再加個木字，與長孫相應，名爲櫆壽。

從幼時直至成年，他似乎總是哥哥的影子，就連名字也是如此。周樹人在陸師學堂畢業前不久，把弟弟也帶到南京，進了水師學堂，依然是根據那位當監督的堂叔祖的意見，改名爲「作人」，將原先祖父起的號「星杓」改爲「樸士」。作人對於這個號不太滿意，想到哥哥的別號爲「弧孟」，便自號「起孟」（也作啓孟）；後來又改爲「啓明」。

不知是有意所爲還是無意而致，「啓明」二字起得湊巧。原先周樹人小的時候，家裏爲保其長壽，曾把他送到長慶寺去拜了一個和尚爲師，得到一個法名「長庚」。

長庚與啓明都是天上的明星，前者在傍晚出現，後者在黎明升空；其實它們本是同一顆星，即太陽系幾大行星中的金星，只是由於季節不同，出現的方位也有所差別。古人不知其中道理，當成了兩顆星星，方成「東有啓明、西有長庚」一說——其實它們永遠也不會同時在天上出現。周作人自號啓明，起初也許是想與哥哥相呼相應，卻不料爲多年後兄弟參商埋下了一個神秘的伏筆！

樹人猶如一把遮陽傘，作人常爲乘涼人。家中的大事總有兄長出頭，這位弟弟是從來不管的，因此養成了依賴的習慣。對於哥哥的婚事，他既不瞭解原委，也無多大興趣，只顧在南京讀書，連婚禮也沒有參加。在他筆下，倒像是周樹人自己情願娶親似的。按他所說，周樹人是「決心於醫校退學之後回家一轉，解決多年延擱的結婚問題，再行捲土重來，作『新生』的文學運動」。他還說：「魯迅是在那一年裏預備回家，就此完姻的。樓上兩間乃是新房，這也是在我回家之後才知道的。當初重修房屋與魯迅結婚的事情，我在南京彷彿事前並不得知，那時或者也會信裏說及，不知怎的現在卻完全不記得了。總之魯迅的結婚儀式是怎麼樣的，我不在場，故完全不清楚，想必一切都照舊式的吧。頭上沒有辮子，怎麼戴得紅纓大帽，想當然只好戴上一條假辮吧？我到家的時候，魯迅已是光頭大衫，也不好再打聽他當時的情形了。」

就客觀情況而言，周作人當時剛從水師學堂畢業，正在辦理官費留學的手續，難以及時返鄉以參加哥哥的婚禮，也可理解。但從他事後寫的那些回憶可見，這位弟弟對於兄長的事情並不十分關心。而周樹人仍一如既往，把弟弟的事情完全當作自己的事情，在婚後離鄉的時候，攜弟弟同去日本。如此，徹底改變了周作人的命運。

兄弟二人在日本的生活，是十分忙碌的。一起學習、一起譯書、一起寫文章，就連文章的署名，也不分你我。兄弟諸事合作，渾然如同一人。不過，開展這些工作，收入是十分有限的，兄弟倆還得想方設法靠賣文掙錢，有時甚至要同出版商斤斤計較。一次他們翻譯了一部外國小說，終於順利賣出，不料出版商在付稿酬的時候卻少算了一萬多字的款額。周樹人不動聲色照單收下，等到正式出版，特地買回一本，逐字計算清楚後，毫不客氣地去信追討，對方還算講信用，居然補寄了十幾元錢。

生活儘管清貧，他們過得還是很充實。尤其是周作人，似乎比哥哥更適應日本的環境，如他自己所說：「我在東京的這幾年留學生活，是過得頗愉快的，既然沒有遇見公寓老闆或是員警的欺侮，或有更大的國際事件，如魯迅所碰到的日俄戰爭中殺中國偵探的刺激，而且向初的幾年差不多對外交涉都是由魯迅替我代辦的，所以更是平穩無事。這是我對於日本生活所以印象很好的理由了。」

其實，對周作人來說，豈止是「印象很好」而已，還有意外的收穫在等著他呢。由於偶然的機會，他結識了一位名叫羽太信子的日本姑娘，很快就決定結婚了——在發展愛情方面，周作人顯然比哥哥的能力要強得多。

然而，結婚要涉及一個很重要的事情，就是經濟問題。羽太信子出身於貧苦人家，當時自己還要打工糊口呢；周氏兄弟作爲留學生，每人每月只有三十多元「官費」，維持生活尚屬不易；更何況紹興老家除了母親和朱安婆媳二人，還有正在讀書的三弟周建人，經濟上只出不入，早已難以支撐。

這是一九〇九年夏天的事情。

周樹人後來說，自己本來還想去德國學習的，但是「因爲我的母親和幾個別的人很希望我有經濟上的幫助，我便回到中國來」了。

要想解決經濟問題，首先得有職業，這也不是很容易的事情。幸好那年周樹人的好友許壽裳先期回國，到杭州的浙江兩級師範學堂當了教務長，經他推薦，剛剛就任監督的沈鈞儒同意聘請周樹人爲該校的化學和生理學教員。

在杭州教書至少有一點好處，可以與紹興的老家拉開距離。周樹人很少回家，只是第二年五月繼祖母去世，他作爲長孫，必須返鄉主持全部的喪儀。讓親友們大感意外的是，這個留過洋的新派人物，居然完全服從長輩們的指揮，就連繼祖母大殮穿衣也由他親自進行。多年後，他曾寫過一篇題爲《孤獨者》的小說，其中的主人公魏連殳處理祖母喪事的那段描述，幾乎就是他當年自己的親身經歷和具體心境。

不過，由於師範學堂的人際環境很不理想，第二年暑期周樹人便辭職還鄉，去紹興府中學堂擔任博物學教員；不久，又當了監學。令人尷尬的是，這份工作「所入甚微，不足自養」，更談不上支撐整個家庭的開支。而周氏家族的衰敗已呈無法挽救之勢，正如他在給許壽裳的信中所寫：「賣田之舉去年已實行，資亦早罄，邇方析分公田。」無奈之中，周樹人不能不想到遠在日本的二弟，極希望他能早日回國工作，以分擔自己肩頭的沉重壓力。

六年間連一次家也沒回過的周作人，用他自己的話說，此時正在日本「過著遊惰的生活」呢。所謂「遊惰」，無非是看看書、釣釣魚，有暇時攜妻外出小遊一番，興致來了便譯點東西掙點錢。至於他所掙的那點錢，只怕連零花都未必夠，所以還得哥哥每月從國內給他寄生活費。

他曾經在一篇文章中饒有興致地記述了當時遇到的一件小事：鄰居的女兒是個「不良少女」，常從家裏溜出去和一些不三不四的人聚會，回來自然要被父親怒罵甚至痛打一番，如此往復，總是難改。鄰居有時勸她收斂一些，免得父親生氣，那女孩子卻笑嘻嘻地回答道：「你不知道在外面玩耍是多麼有趣哩！」

寫到這裏的時候，周作人不禁發了一句議論，那

1912年周作人等攝於紹興。前排右為羽太信子（嬰兒為周作人的長子周豐一）、中為魯瑞、左為羽太芳子；後排右為周作人、中為族叔周鳳岐、左為周建人。（攝自北京魯迅博物館）

倒是他當時的眞實思想：「這是很有意義的一句話，很値得人去思索玩味的。」

因此，當哥哥要求他不能再「在外面玩耍」、而要給他套上掙錢養家的「枷鎖」時，他自然是一百個不願意。他說，他還想在日本繼續學法語呢！

面對樂不思蜀的弟弟，周樹人在無奈之下已經有些憤怒了。這位弟弟兩年前曾感歎說「法文不能變米肉」，如今卻又突發奇想要學法文了，豈不是打自己的嘴巴！

周樹人終於按捺不住，獨自登船東行，親赴日本，當面催促弟弟立即回國。

周作人不敢違抗，只得帶著羽太信子乖乖返鄉。後來他作了一首詩，以抒當時心態，道是：

遠遊不思歸，
久可戀異鄉。
寂寂三田道，
衰柳徒蒼黃。
舊夢不可道，
但令心暗傷。

我不知道，在周作人原本充溢著對哥哥敬佩依賴之情的內心深處，是否從這時開始便悄悄地埋下了一顆怨恨的種子，以至於十幾年後突然萌發爆炸，從而造成兄弟之間無法挽回的決裂！

無可流連的故鄉

人生的第一個輪迴——紹興的魯迅故居

周樹人所任教的紹興府中學堂，在當地頗有一些名氣，據說是當時山陰、會稽等八縣的最高學府，後來擔任監督（相當於校長）的陳子英，又是他在日本留學時的朋友，工作環境應當強於杭州兩級師範學堂。然而，時至清末，社會局勢動盪，校內也不平靜，常有學潮發生。周樹人雖然只是一個未滿三十歲的青年教員，畢竟經歷了許多事情，對於學生中間一些過激行爲，既不想勸阻，也不便支持，往往陷於很爲難的境地。比如在革命思潮的影響下，許多學生呼籲剪辮，風潮擴大，甚至波及其他學校。周樹人試圖勸告學生不要貿然從事，不料反而招致學生的質疑，因爲他本人就是不留辮子的。學生要求他明確回答：到底是有辮子好還是沒辮子好？面對這

紹興府中學堂遺存的辦公樓保存依然完好。

紹興府中學堂的原魯迅辦公室現為“魯迅紀念室”。大概很久沒有開放了，窗戶玻璃上已經積滿了灰塵，我好不容易擦出一點乾淨的地方，才勉強拍了這麼一張照片。

些天眞幼稚的孩子，周樹人心情十分矛盾：這些年來，他飽嘗了有辮子的恥辱和沒辮子的痛苦，在經歷諸多坎坷之後，已經明白世間事物何等複雜，僅一個辮子問題，也不是剪與不剪這般可以簡單說清的。比如他當年剪辮何等痛快，如今作爲監學，在祭孔的時候，也不得不戴上假辮子應付。所以，他只能回答：「沒有辮子好，然而我勸你們不要剪。」學生哪裏理解他的苦心，反而認爲他是虛僞，一時衝動，還是剪了辮子，結果引起與學校及官府的衝突，周樹人還要設法保護那些學生。

儘管當時革命浪潮風起雲湧，而承受著沉重家庭壓力的周樹人似乎並無多大熱情，對於學校內外的種種矛盾，也有「心力頹瘁」之感。表面看來，他好像活得很充實，作爲博物學教員，經常組織學生開展一些有趣的課餘活動，比如赴外地參觀博物展覽，到鄰近的城市旅行遊覽，春天親自率隊郊遊、採集植物製作標本；空閒的時間，則流覽一些古籍、整理一些資料……

這些只是表象，實際上，他的內心是十分苦悶的。不過他習慣於把苦悶壓在心底，只有實在難以忍受的時候，偶爾才向知心的朋友傾訴些許。比如，一九一〇年十一月十五日，周樹人在給許壽裳的信中如此寫道：「僕荒落殆盡，手不觸書，惟搜採植物，不殊囊日，又翻類書，薈集古逸書數種，此非求學，以代醇酒婦人也。」

魯迅故宅前房的過廳。左邊便是魯迅的房門。

搜集植物也好，薈集古書也好，周樹人並不是眞的有什麼學習的興趣，只不過聊以度日而已。其實，「醇酒」不缺——紹興黃酒本是天下聞名，然而好歹是個教員，總不能借酗酒以發洩，讓學生恥笑；「婦人」也是有的，家裏便放著一位，不過那是「母親的媳婦」，自己毫無興趣。他實在是不知自己該做什麼，也實在沒有興趣做什麼。且看他信末這幾句：「欲言者似多，而欲寫則又無有，故止於此，容後更譚。倘有暇，甚望與我簡畢。」想說卻又不知該說什麼，不想說什麼卻又盼著朋友多來信——那種苦悶無奈百無聊賴的心情，躍然紙上！

紹興魯迅故宅的"小堂前"。左當年魯迅常在此與好友范愛農飲酒暢談。

早在日本的時候，周樹人就常以其落拓不羈的形象令他人側目。在仙台醫專退學之前，他主要是穿學生制服，後來則常穿和服，腳下是一雙木屐，那模樣很像當地的窮學生——倒不是爲了冒充日本人，而是圖個方便。冬天穿棉的和服，一般人都要在裏面穿絨布長襯褲的，周樹人卻只是一件襯衣加條短褲，頂多外面再加一件外衣，再冷的天，也是如此對付過去。至於鋪蓋，則只有兩條棉被，一鋪一蓋，不管厚薄，冬夏一樣使用。

日常生活，更是隨意。反正不去上課，他總是睡到十點以後才「自然醒」，第一件事情是趴在枕頭上抽一兩支煙，然後起來洗臉，看一會兒報紙，不管有什麼吃的，亂七八糟塞飽肚皮就行，這就算是午餐了；下午如果沒有朋友來訪，照例是去逛書攤；晚上才是最重要的工作時間。對於他的作息時間，周作人曾說：「要到什麼時候睡覺，別人不大曉得，因爲大抵都先睡了，到了明天早晨，房東來拿洋燈，整理炭盆，只見盆裏插滿了煙蒂頭，像是一個大馬蜂窠，就這上面估計起來，也約略可以想見那夜是相當深了。」

回國以後，在很長的時間裏，周樹人依然習慣於穿著那件舊學生制服上班；後來倒是置了一件外套，卻是他自己設計的樣式，很有些獨出心裁的味道。他最懶於做的一件事情，就是理髮，一頭硬髮總是支稜著，像個刺蝟。有同事與他開玩笑說：「你這頭髮也該理理了，要不很難看的！」他答道：「噢，我出鈔票，你們好看？」他特有的這種「冷幽默」，讓對方得琢磨片刻方能理解呢。他在小說《孤獨者》中刻畫的那位主人公魏連殳的模樣，倒很像對鏡而作的「自畫像」：「原來他是一個短小瘦削的人，長方臉，蓬鬆的頭髮和濃黑的鬚眉占了一臉的小半，只見兩眼在黑氣裏發光。」

對於學校裏的那份工作，周樹人並無多大興趣。他對朋友傾訴：「今年在校，卒卒鮮暇，事皆瑣末猥雜，足濁腦海。然以飯故，不能立時絕去，思之所及，輒起歎喟……」

說來的確可歎：爲謀生計，他只能把工作當作棄之不捨的飯碗！不過，到了一九一一年暑假期間，他已忍無可忍，終於決定辭職了。

雖然紹興府中學堂距新台門不算太遠，周樹人也是不常回家的。他把自己在學校裏的辦公室一隔爲二，半間當作臥室。但是到了週末，沒有任何理由還不回家——起碼一周末見母親，總是有些掛念的，他只能硬起頭皮回新台門的老宅去。可那過門已經幾年了的妻子，始終是他最不願意看見的一個人，至於勉強住在一個房間裏，那是萬萬不可能的事情。他終於想出了一個辦法，把前房的一間屋子打掃出來，作爲自己的臥室兼書房。辭職以後，一時難以找到合適的工作，這間屋子就成了他的工作室，整天忙於《古小說鉤沉》和《會稽郡故書雜集》的輯錄。

魯迅獨居的房間。周家老僕王鶴照曾說："晚上，他睡得很遲。一個人在房間裏點盞煤油燈看書、改簿本、寫文章，常常到晚上一、二點才困覺。……早上七、八點鐘起床，在小堂前洗臉，有時在老太太房裏洗，我打洗臉水去，魯迅先生總說：'鶴照，隨便點，我自來。'"

如今，母親已經不能再強迫他與朱安同房了。這樁不稱心的婚事害了兒子也害了媳婦，早已讓她後悔不迭，能維持這樣一個表面平安的局面已經十分難得，哪裏還敢有什麼奢求。如今她也想開了，兒子的事情，還是由他們自己做主吧！所以，當周作人居然給她領回來了一個年輕的日本媳婦，她也沒多說什麼。

至於這位閒散慣了的二弟，一時也沒有找工作掙錢養家的計畫。他自己說：「我在家裏閒住，所做的事情大約只是每月抄書。」當然，有許多書是幫周樹人抄的，爲《古小說鉤沉》和《會稽郡故書雜集》整理資料。如此持續了不長的時間，終於發生了一件大事：革命黨人在武昌成功發動起義，那就是後來所說的「辛亥革命」。

辛亥革命對周樹人的直接影響，就是他得以回紹興府中學堂復職：由於管事人員辭職離校，學生推舉代表，請周樹人與陳子英回校主持工作。

面對巨大的社會變革，周樹人十分激動，不僅組織群眾開大會、散傳單、成立講演隊到四鄉宣傳，還帶領學生武裝上街巡邏，準備抵禦敗退的清兵進城騷擾。應當說，在魯迅一生當中，難得有過這樣的興奮。

不久，同盟會員王金髮率領部隊進駐紹興。周樹人與王金髮在日本便已相識，因此專程去城外迎接。此後，王金髮自任紹興軍政府都督，採取了一系列改革措施，還委任周樹人爲浙江山會初級師範學堂的監督，由范愛農任監學，並給了二百元的辦學經費，雖不多，總聊勝於無。

范愛農與周樹人不僅是紹興同鄉，還是在東京時結識的摯友，二人有此共事的機會，自然分外高興。那也許是周樹人多年以來度過的最愉快的一個冬天了。范愛農經常到周樹人家裏來喝酒聊天，他們在小堂前的廳堂裏喝得面紅耳赤，借著酒勁說些傻話呆話，就連後面房間裏的母親隔著板壁聽了也忍不住偷偷發笑。往往喝到時近午夜，范愛農才自己打著燈籠回學校去。

過了元旦，便是「民國元年」了。當地青年借用周樹人和陳子英等人的名字創辦了一份《越鐸日報》，又請周樹人擔任名譽總編輯，他欣然同意，還持筆撰寫了「《越鐸》出世辭」

在這張書桌上，魯迅寫過他的第一篇文言小說《懷舊》。

在創刊號上發表。那篇文章語句鏗鏘，格調昂揚，可見其按捺不住的激情：

……爰立斯報，就商同胞，舉文宣義，希冀治化。紓自由之言議，盡個人之天權，促共和之進行，尺政治之得失，發社會之蒙覆，振勇毅之精神。灌輸真知，揚表方物，凡有知是，貢其顓愚，力小願宏，企於改進。不欲守口，任華土更歸寂寞，復自負無量罪惡，以續前塵；庶幾聞者戒勉，收效毫釐，而吾人公民之責，亦藉以盡其什一。……

未曾料到，那些辦報的青年開首便從軍政府罵起，接著是罵都督，罵都督的親戚、同鄉、姨太太……一罵而不可收！

要說那位王金髮也許的確該罵，剛進城的時候，還保留著質樸的本性，但很快就抵擋不住舊時官場陋俗的影響：「被許多閒漢和新進的革命黨所包圍，大做王都督。在衙門裏的人物，穿布衣來的，不上十天也大概換上皮袍子了，天氣還並不冷。」他自己「也忘其所以，結果是漸漸變成老官僚一樣，動手刮地皮」。

罵來罵去，就有傳言說都督怒了，要派人來殺這些拿了他的錢卻還要罵他的傢伙。聽到消息，最擔心著急的是周樹人的母親，再三叮囑他不要輕易出門。周樹人則不在乎，認爲那不過是謠言：王金髮給過錢不假，但那是校款，與報紙無關。他反而大膽地寫信給王金髮，再次索要辦校經費，對方倒也痛快，又給了二百元，但同時又顯得十分不耐煩，「傳令道：再來要，沒有了！」

魯迅房間這張鐵梨木床，據說是當年的舊物。床上那個長條竹籠似的物件，俗稱“竹夫人”，是江南特有的產物，夏季睡時抱臥，可減暑熱。《紅樓夢》第22回中曾經提到：衆人為寶釵過生日，她自出燈謎曰：“有眼無珠腹内空，荷花出水喜相逢。梧桐葉落分離別，恩愛夫妻不到冬。——打一用物。”賈政看了，認為“看來皆非福壽之輩”，以致“甚覺煩悶，大有悲戚之狀”。說的便是此物。想到魯迅的身世，這床上的“竹夫人”似乎有一種特殊的象徵意義。

可是，不久之後，周樹人得知，當初報紙開罵的時候，王金髮曾派人到報社送來五百元，顯然是賄賂討好的意思。「於是乎我們的少年們便開起會議來，第一個問題是：收不收？決議曰：收。第二個問題是：收了之後罵不罵？決議曰：罵。理由是：收錢之後，他是股東；股東不好，自然要罵。」

這般行爲，實在太荒唐了。周樹人十分惱怒，與那些「少年」爭執起來，不但未曾說服對方，反而被搶白了一頓。他的心涼了，明白再說下去的話連自己也要成爲被罵的對象了。

「革命」以後的情形，遠非先前想像的那般光明。社會依然黑暗，風氣依然污濁，辦學日益艱難，就連那些讓人寄予無限希望的青年也變得如此不識好歹，周樹人曾經燃起的熱情在一點點消失。

恰在此時，他收到了好友許壽裳的來信

南京臨時政府成立後，應當時擔任教育總長的蔡元培所邀，許壽裳到教育部工作，他向蔡元培推薦了周樹人。蔡元培也是紹興人，對周樹人有所瞭解，當即同意。一九一二年二月，周樹人辭去學校的職務，赴南京就職；後因臨時政府遷往北京，於五月隨教育部一同北上。

這是周樹人一生中最重要的命運轉折。

此後，周樹人只在一九一三年和一九一六年兩次短暫返鄉探親。一九一九年，紹興周家已經徹底敗落，族人協商，將整個新台門連同後面的百草園一起賣掉。當年十二月，周樹人獨自返鄉，將母親及朱安、還有三弟周建人一家接至北京——其時，周建人已經娶了二嫂羽太信子的妹妹羽太芳子爲妻，並有了自己的孩子。

這是周樹人最後一次來紹興。那時，他已成爲了魯迅。

九〇多年以後，我追尋魯迅的足跡，走進紹興東昌坊口周家新台門。當年，是東鄰的朱家買下這座老宅，此後進行了徹底的翻建；再經多年變遷，周家的幾座台門連同四外的街巷建築早已舊貌難尋。從二〇〇二年開始，當地有關部門對這一帶進行了大規模的復建，但畢竟已非原物，這是很讓人感到遺憾的事情。幸運的是，唯獨那年母親魯瑞爲了準備兒子結婚而翻修的舊屋尚得以保存。前面說過，這座兩樓兩底的建築，底層東面是小堂前，魯迅經常在這裏

從魯迅房間的書桌前，舉頭可見朱安房間的窗戶。但他可能從來都沒有抬過頭。

與范愛農飲酒暢談；後面隔著一層板壁，是母親的臥室，西面則是繼祖母的臥室。樓上東側，是朱安的臥室，也是她當年與丈夫新婚的洞房。至一九一九年隨魯迅遷往北京，她在這屋子裏獨守空房已經十三年有餘了。

那年十二月四日，魯迅抵達家中，二十三日售去老宅，第二天便舉家登程北上，前後只待了二十天。他的住處，應當是原先前房那間歸他使用的舊屋。從朱安的臥室俯瞰，明堂對面，就是魯迅臥室的後窗，他習慣於在窗前的書桌上看書寫字。三年未見丈夫，如今突然要隨他離鄉，前途莫測，喜憂難辨，朱安的內心，想必是很有些不安的。借暮色的掩護，她難免會不時透過密密的窗欞偷眼瞧瞧對面屋內書桌上的燈光……而魯迅呢？我想，在那二十天的時間裏，他也許一次也沒有抬眼看過對面樓上的窗戶。那幾扇緊閉的窗扉，永遠是他心頭不癒的瘡疤；而那窗內的人兒，像是掙不開的藤蔓、甩不掉的影子，只怕是一生一世也無法脫逃了。

今後的希望在哪裏？他和她，都無法知曉。

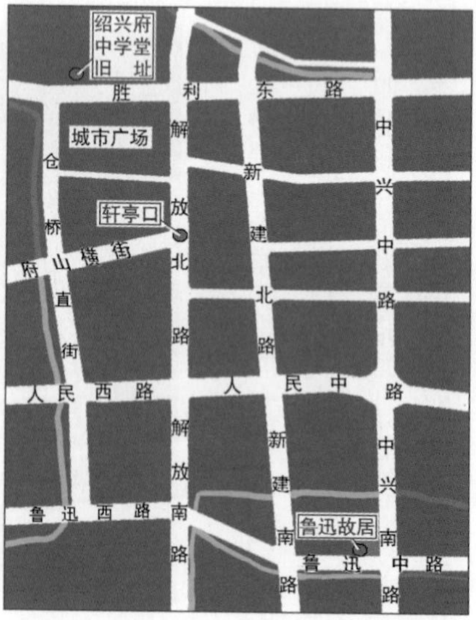

紹興魯迅故居位置圖。（繪於2009年1月）

魯迅
誕生的地方

北京紹興會館

紹興會館

「魯迅」誕生的地方——北京紹興會館

猶如一隻被繭殼束縛多年的蛾子，一旦破殼而出，它就會義無反顧地振翅奔向光明。

衆所周知，「周樹人」和「魯迅」是同一個人，但是，從某種意義上說，又有很大的區別。因爲從「周樹人」變爲「魯迅」，其間有一個複雜的過程，而這個過程，是他在初到北京的那幾年裏完成的。實際上，在他的一生當中，有四分之一的時間是在北京度過的。

周樹人離開紹興到南京教育部就職後不久，南京臨時政府與袁世凱達成妥協，孫中山辭去臨時大總統職務而由袁世凱接任，政府地點被定爲北京，因此，南京臨時政府教育部的許多工作人員需轉往北京工作，周樹人也是其中之一。

有意思的是，《魯迅全集》中收入的魯迅日記，是從一九一二年五月五日開始的。儘管他的日記往往十分簡略，但卻相當準確地記述了他的具體行蹤乃至細微的心態，是難得而可靠的資料。

一九一二年五月五日上午十一時左右，周樹人所乘的輪船抵達天津，然後換乘下午三時半開行的火車，晚上七時左右才到北京的前門火車站，一百三十來公里的路程，居然走了差不多四個小時。春季的北方平原，並沒有給他留下任何令人愉悅的印象：一片死氣沉沉的黃土，間雜著稀疏的幾棵樹木，「無可觀覽」。

已是入夜時分，他只能暫時在騾馬市附近的一個小店住下，但還是抓緊時間去了一趟紹興會館，一方面拜訪同鄉故舊，另一方面也是爲了聯繫落實一個長久的住處。明清時期，各地在北京城裏設有許多會館，以便爲在京謀事的同籍鄉人提供一個居住及聚會的場所，城南宣武門外一帶是會館較爲集中的地方，紹興會館便是其中之一。這裏原來是浙江山陰、會稽兩縣共有的會館，於清朝道光年間由這兩個縣在京城供職的官員出資修建，起初稱爲「山會邑館」，後來山陰、會稽合併爲紹興縣，因此改稱「紹興會館」。會館裏住的畢竟都是同鄉，總是要方便得多。因此，第二天上午周樹人就遷到了會館裏。

南半截胡同是北京宣南一條極為普通的胡同。（攝於2003年）

南半截胡同是南北走向，會館在胡同北端，大門朝東，早先門兩旁臥著一對鼓狀門墩，門額上懸著寫有「紹興會館」四個大字的木匾，那字出自魏龍常筆下，據說這魏龍常還是周樹人父親的朋友呢。會館門面雖不算大，但進去後便可發現規模不小，縱橫數進院落，大大小小的房屋有八十多間。進大門繞過影壁，正對著的前廳是供奉先賢牌位的仰蕺堂，後廳是供奉文昌魁星的晞賢閣，院內其他的大部分房間則是供鄉人居住的。周樹人被安排住在會館西北側名爲「藤花館」的第二進院子，坐西朝東的一排屋子裏。安排好住處以後，他才搭騾車前往位於西單南大街的教育部去報到——那時騾車似乎是北京城裏比較方便的交通工具。

周樹人搬進紹興會館的那天是一九一二年五月六日，一個很普通的日子。他對這一天最深的記憶是徹夜不得安眠，因爲床上饑渴多日的臭蟲終於有了飲食來源，難免蜂擁而至，「夜臥未半小時即見蜰蟲三四十」，以致他不得不趕緊逃到桌子上「以避之」。第二天讓會館的雜工換了床板，才得安睡。

那雜工被稱爲「長班」，六十來歲，資格已經很老了，對會館裏的事情了若指掌。當年，周樹人的祖父周福清在京任內閣中書，也曾在這裏住過，後來娶了姨太太，便另尋住處搬出去了。

紹興會館速寫。（繪於2000年）

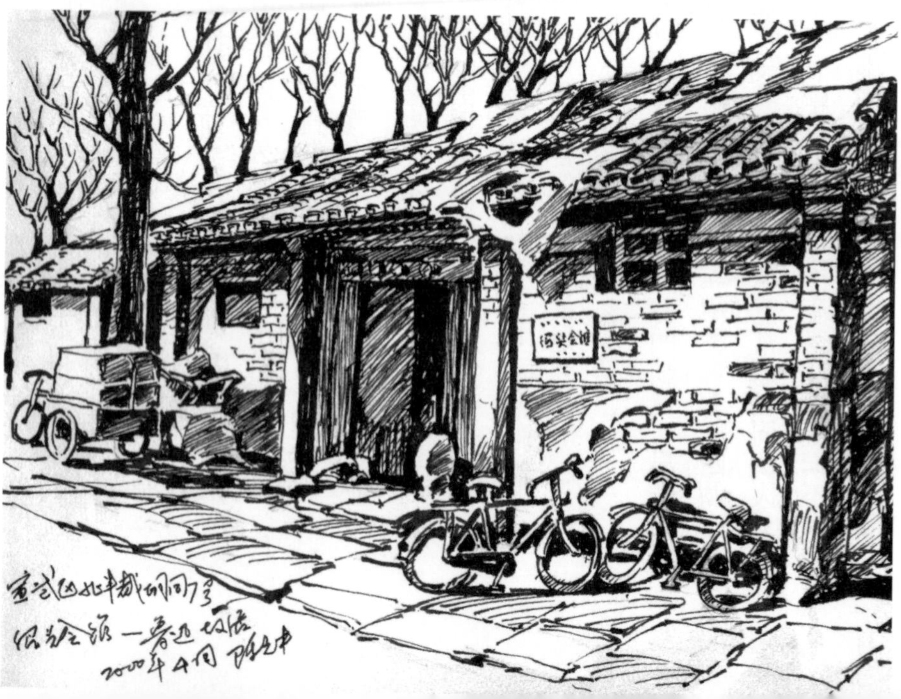

老長班有些饒舌，常對周樹人說些有關老太爺跟姨太太打架的故事逗趣，但在周樹人聽來卻很不受用，只能有意拉開些距離，以求耳根清靜。

初到北京，部內工作尚未安排就緒，加上複雜的政治因素影響，往往無「公」可辦，每天只是閒坐而已。剛上了三天班，周樹人就有些煩了，他在日記中寫道：「晨九時至下午四時半至教育部視事，枯坐終日，極無聊賴。」好在有時可以外出考察，看看新劇、走走公園、視察一些古蹟，也算是奉公辦事了。然而，時間剛剛過去了兩個來月，政局就發生許多變化。僅以教育部而言，總長蔡元培因痛惡袁世凱的勃勃野心而斷然辭職。周樹人深爲惋惜，數次前往蔡元培家中探訪，挽留無效，只能含痛作別。恰在這時，他收到弟弟周作人從老家的來信，說范愛農不愼落水身亡。得此消息，周樹人極爲震驚。幾個月前他離鄉前往南京的時候，范愛農的處境已經十分艱難，後來又被排擠出學校，只能在熟人家寄食。周樹人到京不久便接到他托求謀職的來信，但一時難有機會，沒想到他

位於西單南面的原教育部所在地。

竟會突然辭世！周樹人不能不想到，范愛農也許是因絕望而自殺的。

在為蔡元培餞行的酒席上，百感交集的周樹人忍不住借酒消愁。夜歸會館後，他遲遲難以入睡，徘徊於斗室之中，緩緩吟就數行詩句，既為悼念亡友、惜別摯交，更是為宣洩鬱悶的心情：

……

故里寒雲惡，炎天凜夜長。獨沉清冷水，能否滌愁腸？

把酒論當世，先生小酒人。大圜猶酩酊，微醉自沉淪。

此別成終古，從茲絕緒言。故人雲散盡，我亦等輕塵！

時值炎夏，他卻心寒如冰。是隨蔡元培一同辭職，還是忍氣吞聲繼續留任？思前想後，他最終還是留下了。

時隔近百年，當籠罩於魯迅頭頂的光環逐漸消失之後，此事曾為後人詬病，認為魯迅依附袁世凱苟且偷生，實屬「軟骨頭」。如此批評，未免有失公允。且不說當時的周樹人正處於意志消沉的狀態之中，無心參與複雜的政治鬥爭，即使他立場鮮明地毅然選擇辭職，結果又能怎樣？就連蔡元培離京後也為生計所迫，竟不得不申請出國留學——卸任的教育部長要求外派公費留學，讓教育部實在為難，最後同意為蔡元培撥用留學生費，但名義上不叫「留學生」。如此，蔡元培才得以攜眷前往歐洲，入德國的萊比錫大學學習。蔡元培其時已是四十五歲的「高齡青年」，這般「留洋」經歷，可算是中國近現代教育史上的一件奇事！

周樹人沒有蔡元培那樣的資歷和魄力，因爲還有一大家子人眼巴巴地等著他養活，一旦辭職便立即失業，如何承擔資助兄弟、贍養老母的重任？范愛農的遭遇是前車之鑒，他怎敢貿然行事！

蔡元培爲官廉潔儉樸，他在南京擔任總長的時候，教育部全體人員，不分等級，每月一律只給三十元的津貼；到北京後，周樹人每月的津貼僅爲六十元。雖不多，但起碼可以據此貼補家用了。所以，儘管世事濁惡，他卻無法像蔡元培那樣一走了之。

可見，我們在評價前人的時候，不應過於苛刻——畢竟「生存」是最重要的前提。

紹興會館中院北側。（攝於2003年）

蔡元培走後，新部長上任。八月二十一日，周樹人被「臨時大總統」任命爲教育部「僉事」，二十六日，又被任命爲「社會教育司第一科科長」。

教育部有所改組，風氣未見顯著變化，「俸銀」卻陡然增加了不少，每月居然有二百多元，雖然難以獲取全額，時常僅得半俸，也已經相當不錯了。周樹人每次拿到俸銀，首先要做的一件事情就是去郵局。他要給二弟在日本的岳父家寄錢——周作人雖然去杭州的教育部門工作了一個多月、掙了九十元錢的薪水，卻又因爲妻子分娩而返回家中，自己無法養家，只能依賴哥哥；他還要給紹興的老家寄錢——他是老大，奉養老母及「家眷」的開銷自然主要靠他承擔。此外，他還不忘給弟弟們寄去他們需要的書籍、資料等物品，還時常給家裏買些蘑菇、果脯之類的北方特產。

當了「部老爺」以後的周樹人對「做官」談不上毫無興趣，也談不上很有興趣，只是認眞地做那些似乎應當做的事情。正式「做官」之後的第一件工作，就是與幾位同事一起設計「國徽」，他負責撰寫文字說明，也做得很認眞，那「說明」的內容有十二章之多。

根據分工職責，周樹人所在的社會教育司主要負責博物館、圖書館等文化設施的籌建，美術、文藝、音樂戲劇方面的指導，古物的調查與搜集，動、植物園的管理指導等等。他白天或到部裏上班，或在教育部爲普及社會教育而舉辦的「夏期講演會」上講授《美術略

通往藤花館的夾道門。（攝於2003年）

論》，或爲籌辦博物館、圖書館而視察館址，或參加一些會議等等。除去這些，業餘時間還算是比較空閒的。晚上則是會會朋友，時常到距會館不遠的廣和居飯館聚餐。廣和居是北京城裏有名的老店，就在南半截胡同北端，是一座以南方風味爲主的飯館，雖蝸居陋巷，卻盛名遠揚，由於四周會館林立，因而成爲文人學士會友宴客的理想地點，當年周樹人的祖父就曾在這裏設宴待客。

藤花館院裏的房屋基本都已翻建，完全看不出當年的模樣了。（攝於2003年）

若逢周日，周樹人則走得遠一些，或去西郊的萬牲園，或遊南城的陶然亭。最常去的還是琉璃廠的書店，他差不多每個星期天都要在那裏盤桓半日，有時下班早一些也去逛逛，在那裏，經常可以購到幾本喜歡的書。還有的時候，他到前門外觀音寺街的青雲閣去理髮，或到在同一條街上的升平園浴池洗澡。但從日記上看，他大概兩個多月才理一次髮，而洗澡則更是敷衍，有時三個多月才洗一次澡。如此疏於洗理，在外表上一定會給人以不修邊幅的印象，他那短髮如戟的「刺蝟式」髮型，從在紹興的時候就保持了下來，想必就是爲了免去需要經常理髮的麻煩。

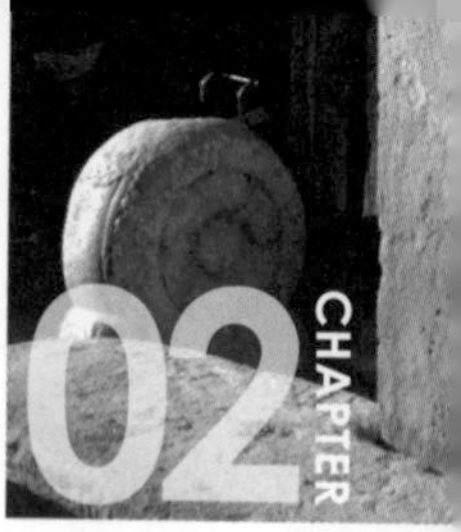

苦悶中的消沉

「魯迅」誕生的地方——北京紹興會館

獨居京城，難抑思鄉之情。中秋之夜，周樹人與幾個朋友喝了些酒，至夜深方才返寓，仰望晴空，「見圓月寒光皎然，如故鄉焉，未知吾家仍以月餅祀之不。」那一絲痛楚的惦念纏綿於心，讓他無法入眠。

一九一二年的冬天似乎來得格外早，剛進十月，一場風接一場雨，日漸寒冷。對於來自江南的周樹人而言，這種陰冷的天氣實在難以忍受。在他的日記裏不時可以見到「午後雨止而風，益冷」，「今日特冷」，「下午微雪」，「夜微風，已而稍大，窗前棗葉簌簌亂落如雨」……到了十一月，愈加難耐：「大風，冷甚，水凍，入夜尤甚。」會館住舍裏那薄薄的窗紙，擋不住如刀似劍的寒風。一向疏於衣著的周樹人趕緊置辦了一些禦寒的衣物，並把門上的竹簾換成棉布幔子。另外還特地買了一個小小的白泥炭爐，拾幾塊木炭燃著，屋中總算稍許有些熱氣。

藤花館的北房中，原先住著幾位福建的客人，始終喧鬧得很，時常徹夜嘈雜，「至夜半猶大嗥如野犬」。有時周樹人實在忍無可忍，大聲怒斥，方稍有收斂，但隔不多時又依然如故，

通往補樹書屋的夾道。魯迅1916年5月6日日記載："下午以避喧移入補樹書屋住。"（攝於2003年）

讓他毫無辦法。所幸進入冬季後他們居然搬走了，不僅使院裏大爲清靜，更重要的是把朝向較好的房間騰了出來。周樹人與會館的長班商量了一下，請工人稍加糊裱，自己便遷了進去。這裏陽光較爲充足，又很背風，要比原來的住處暖和了不少。晚上燃起白泥炭爐，沏一杯熱茶，伴著溫紅的炭火，在搖曳的油燈下翻翻從琉璃廠買來的古書，抄寫一些碑帖，靜下心來做些學問，倒也安然怡然，暫時得以忘卻旅人之苦。

作爲習慣了單身生活的周樹人來說，吃飯依然有些敷衍。部裏的工作時間很鬆散，按照他的老習慣，早飯仍是不吃的；午餐一般都是與三兩同事在附近的小飯館裏對付過去。晚上若有朋友來訪，便去外面的飯館「改善」一頓，去得最多的還是那「廣和居」，但也並不敢奢侈，常叫些價錢便宜的小菜，再來壺濁酒，也就可以了。其他時間則多在會館裏托長班代辦，那粗糙的飯食實在難以下嚥，以致時常腹痛，徹夜不止。獨身在外，最怕的就是生病，他只得硬

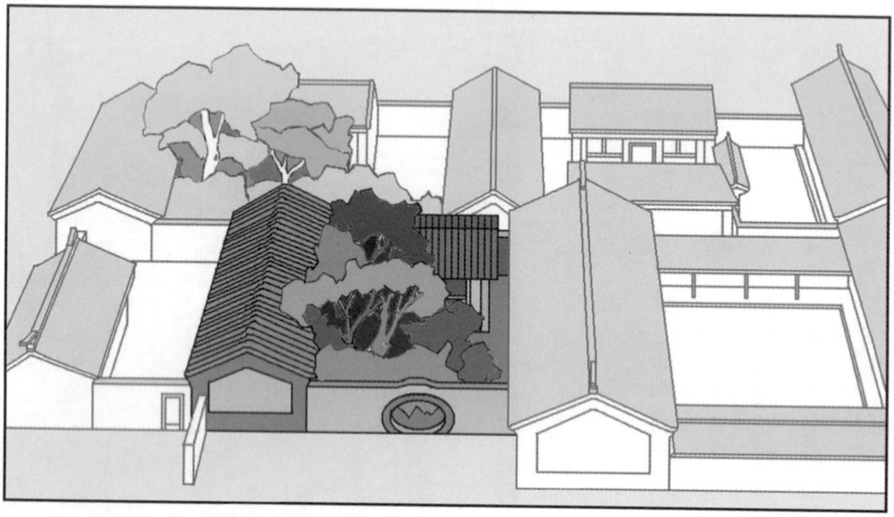

補樹書屋（圖中深影部分）在紹興會館中的位置。

撐著無力的身子去一家日本人開的醫院看病——自從父親被庸醫治死後，他再不相信那神而又玄卻難見醫效的中醫，有病總是去看西醫的。經檢查才知道，不僅胃病又犯了，還得了氣管炎。於是一連數日，他只能喝些稀粥；實在饑苦難耐，便去買些不傷胃的山藥蒸食。過不多日，又患感冒，頭痛鼻塞，體虛身寒，也只有躺在床上捂著棉被硬挺過去。

那個冬天的確是十分難熬的。孤獨，寂寞，苦悶，像無法擺脫的幽靈一樣始終伴隨著周樹人，使他的心情日漸壓抑。

元旦到了。他獨自枯坐房中。環顧四周，到處都是散亂堆放著的書籍。一年來唯一的收穫是買了不少喜歡的書，他有年終清點書賬的習慣，那也是百無聊賴之中難得的一絲樂趣。到北京八個月，書竟買了三百多冊，連他自己也有些吃驚，不禁感慨不已。處於如此濁世，眞不知讀書還有什麼用！有錢有權者要麼視書如糞土，要麼當作古董供起來以備誇耀。只有像他這樣的書呆子才會把這些破書當寶貝，實在是可笑可歎！

周樹人在紹興會館居住的那幾年，中國社會處於劇烈的動盪之中。

一九一二年初，以孫中山爲代表的南方革命政權與袁世凱議和。清帝退位，袁世凱就任臨時大總統，南京政府北移，因此周樹人才隨教育部赴京。八月，宋教仁聯合若干小黨組成國民黨，在首屆議會中占多數。

一九一三年，袁世凱派人暗殺宋教仁，孫中山發動「討袁」的「二次革命」遭失敗。

一九一四年，流亡日本的孫中山組建中華革命黨，而黃興等人因政見不同拒絕入黨，造成革命黨的組織分裂。

一九一五年，袁世凱稱帝，蔡鍔等發動護國戰爭。

一九一六年，護國戰爭節節勝利，袁世凱於憂鬱絕望中病亡，各路軍閥依然混戰不已……

剛剛推翻封建君主制度的中國，就是這樣又陷入連年的動亂之中。

剛過「而立之年」的周樹人，當時正處於一生中情緒最爲低沉的時期。

又是一個夏天來了。寂寞而炎熱的夜晚，周樹人默坐於院中的大槐樹下，輕搖著蒲扇，從密密的葉縫中看那一點一點的青天。當年初到北京時，同行的幾位同事本也在會館居住，但以後陸續接來家眷，便搬了出去，只有他一個人仍留在會館，居然成了這裏的老住客。因爲藤花館客人較雜，時常喧嘩，他便於一九一六年五月六日搬到了這個院子裏。這裏名爲「補樹書屋」，與他的名字倒是很相投的。據說多年前在院中的這棵樹上曾經縊死過一個女人，所以西房那幾間屋子始終沒人住；而會館也由此特地規定，不准家眷及女人入住。周樹人是學過醫的，鬼神不懼，倒正好借此獲得一份難得的清靜。然而，長夜寂寂之時，他也難免覺得那屋子如同一座古墓，靜寂陰暗，與世隔絕，死氣沉沉。

獨坐樹下，往事難免浮上心頭。十二歲時祖父下獄，十五歲時父親病逝，十七歲離家求學，二十一歲東渡日本……這些年他所經歷的事情，大多讓人沮喪、絕望。辛亥革命勝利的時候，他也曾歡欣若狂；隨蔡元培的教育部來京，也曾想做一番事業。然而，幾千年封建制度禁錮下造就中國人的那種愚昧、麻木與冷漠，豈是靠幾個人微弱的吶喊所能喚醒的！滿清政權雖然被推翻，終年戰亂仍使百姓不得安寧，腐朽的官場更令人窒息。爲了謀生，他不得不在這腐朽中掙扎下去，但那悲涼的情緒如巨石般壓在心頭，使他始終沉浸於無法擺脫的痛苦之中……

「這是怎樣的悲哀呵，我於是以我所感到者爲寂寞。」

而讓他最無法忍受的，還是二十五歲時被迫成婚！

對於那個始終陌生的女子，他在內心深處也懷有一絲無奈的同情。與自己相比，把命運維繫在他人身上的她更爲不幸。可同情畢竟不能代替感情，因此他只能消極地逃避。然而，儘管乾坤蕩蕩，他又能逃到哪裏去呢？這毫無感情的婚姻也許會永遠像枷鎖一樣套在脖子上，使他終生無法擺脫！他曾經以筆爲戟、振臂吶喊，試圖喚醒國人去摧毀那萬惡的舊制度，何曾想到自己也無法衝破這舊制度的壓迫而不得不默默屈服。他不知道自己究竟應當感到愧疚還是憤怒！

夜色深沉，漸感涼意，周樹人立起身，緩緩踱回屋子。昏暗的燈光下，屋裏頗顯零亂。書架上堆放著一些古董文物，他下意識地拿起那只小小的明代石刺蝟，自嘲地想：這些年，自己也許像它一樣，身上、頭上的刺都快磨平了吧？還有那尊漢代的陶製貓頭鷹，本也是自己最喜歡的，看它那憤憤不平睜一隻眼閉一隻眼的模樣，倒不如把兩隻眼睛都閉上，再不看見那些世間的污濁，也算圖個眼前乾淨。回首桌上，擺滿了佛學典籍、古碑拓片、線裝古籍……幾年來，他就是靠抄錄、研究這些東西來麻醉自己的靈魂，甚至在舊曆除夕，他也是獨坐於煤油燈下，抄錄碑帖，對窗外的爆竹聲置若罔聞，全然沒有一絲過年的感覺。才三十多歲的周樹人，覺得自己的心似乎已經死了。

一九一六年竊國大盜袁世凱死後，黎元洪繼任總統，國內政局有一定變化。在諸多社會名人的極力推薦下，剛由國外歸來不久的蔡元培正式就任北京大學校長。上任之始，他便立即開展大刀闊斧的整頓與改革，首舉之措，就是果斷吸收進步學者，大力充實教員陣容。到校僅十

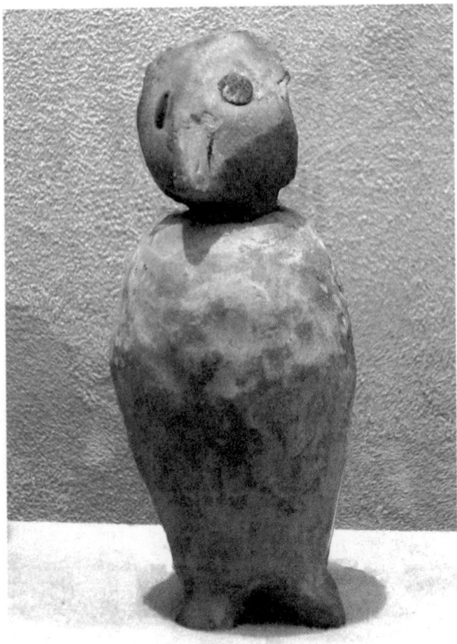

魯迅收藏的古代陶製貓頭鷹，雖然造型簡陋，仍可依稀看出那副一眼睜一眼閉的傲然形態。（攝自北京魯迅博物館）

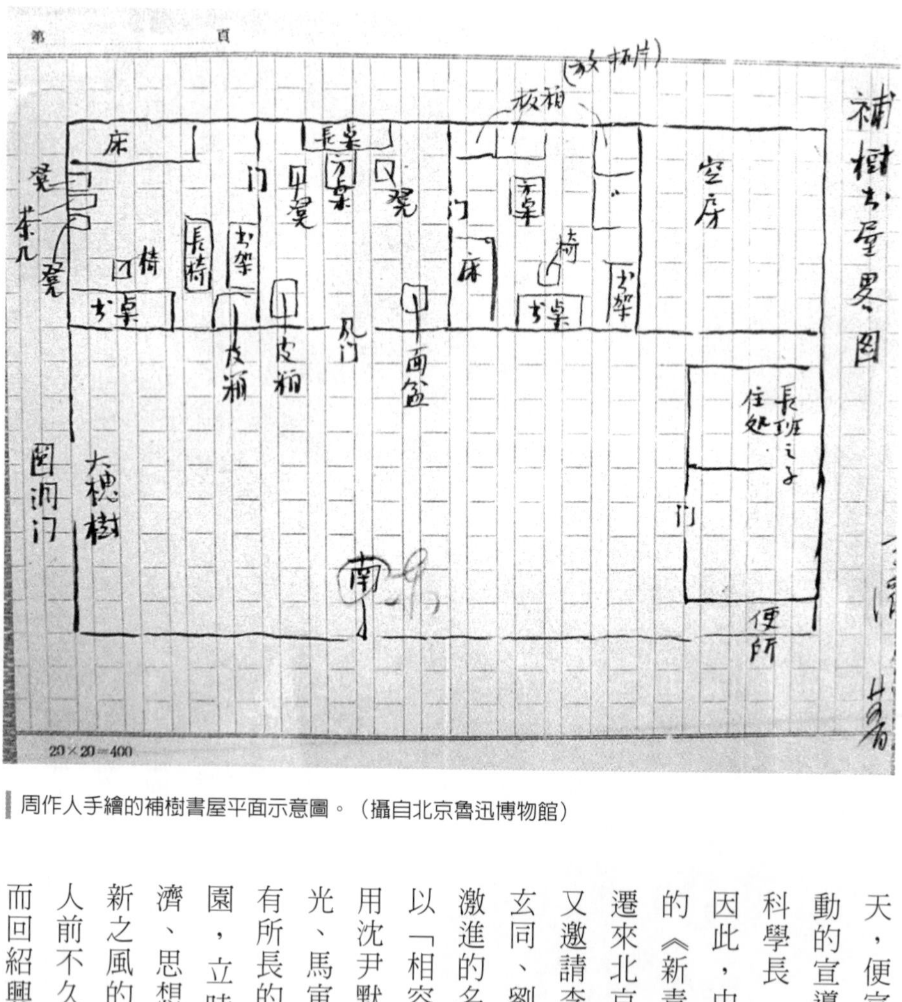

周作人手繪的補樹書屋平面示意圖。（攝自北京魯迅博物館）

天，便宣佈聘請新文化運動的宣導者陳獨秀擔任文科學長（即文學院長）。因此，由陳獨秀擔任主編的《新青年》雜誌也隨之遷來北京。接著，蔡元培又邀請李大釗、胡適、錢玄同、劉半農等諸多思想激進的名人進入北大，並以「相容並包」的原則聘用沈尹默、沈兼士、李四光、馬寅初、辜鴻銘等各有所長的學者。北大的校園，立時便成爲人才濟濟、思想活躍、充溢著革新之風的理想之地。周樹人前不久因母親六十壽辰而回紹興探親，剛回到北京便立即前去蔡元培住所拜訪。有時兩人不及見面，便通過書信交談。周樹人受蔡元培委託，親自設計了北京大學的校徽圖案；同時，還介紹自己的弟弟周作人到北大教書。一九一七年四月一日，周作人抵達北京，也住進了補樹書屋。

補樹書屋小院北面的兩間屋子是長班及其兒子的住處，西房本有四間，最靠北的一間由於被前面長班的房子擋住陽光，很是陰暗，所以空置未用，其餘三間歸周樹人居住。周作人來後，他將南側光線稍好一些的房間讓給弟弟居住，自己則住北屋，中間的一間權當會客室。兩個人的房間佈置得都很簡單：書桌臨窗，書架靠牆；作人的床沿牆橫置，樹人的床挨著書桌；作人屋裏較爲整齊，有茶几、長椅，樹人的房間裏則多了幾只大板箱，專門用來擱置碑帖拓片、古董文物等物品。

幾年來，兄弟二人天各一方，如今在異鄉相聚，自然興奮異常。當夜翻書談說，至凌晨方睡。接下來的幾天，樹人陪弟弟逛琉璃廠書肆，去廣和居飲酒，赴青雲閣品茗，至好友家夜訪，甚是忙碌。

「魯迅」誕生

「魯迅」誕生的地方——北京紹興會館

蔡元培的復出、弟弟的到來，使周樹人的心情有所好轉，但仍不能徹底改變他的情緒。那散發著淡淡黴味的泛黃古籍書頁，那年代久遠鏽跡斑斑的銅鼎陶俑，那字跡模糊晦澀難辨的墓誌碑帖，仍使他沉溺其中。似乎只有通過這些東西，才能排遣他那無法述說的苦悶，才能品味別人無法體會的情趣。他把精力集中於寫什麼《會稽禹廟窆石考》、《口肱墓誌考》、《徐法智墓誌考》、《鄭季宣殘碑考》……

一九一七年七月一日，軍閥張勳擁立溥儀復辟，終於使周樹人憤然而起、斷然去職。張勳的復辟之舉遭到全國上下通力反對，七月三日，段祺瑞以擁護共和爲名在馬廠誓師起兵，討伐張勳。七月七日，還出動了飛機轟炸皇宮，城內居民紛紛逃難。爲避戰禍，周樹人與弟弟在朋友的幫助下離開紹興會館，暫時住到東城船板胡同的新華旅館。十二日，段祺瑞的軍隊攻進張宅，張勳逃往外國使館避難，局勢得以平靜，周樹人兄弟才重新回到會館。而「復辟」與「反復辟」最終演變成一場鬧劇，野心勃勃的段祺瑞趁機掌握政權，拒絕恢復《臨時約法》和國會；孫中山發動「護法戰爭」討伐段祺瑞，卻連遭敗績……

如此動亂，使周樹人更加迷惘失望，他對所謂的「革命」實在不能再抱任何幻想，對中國的前途愈加失去信心。他又重新躲進自己的小屋，深埋進故紙堆中，「使我沉於國民中，使我

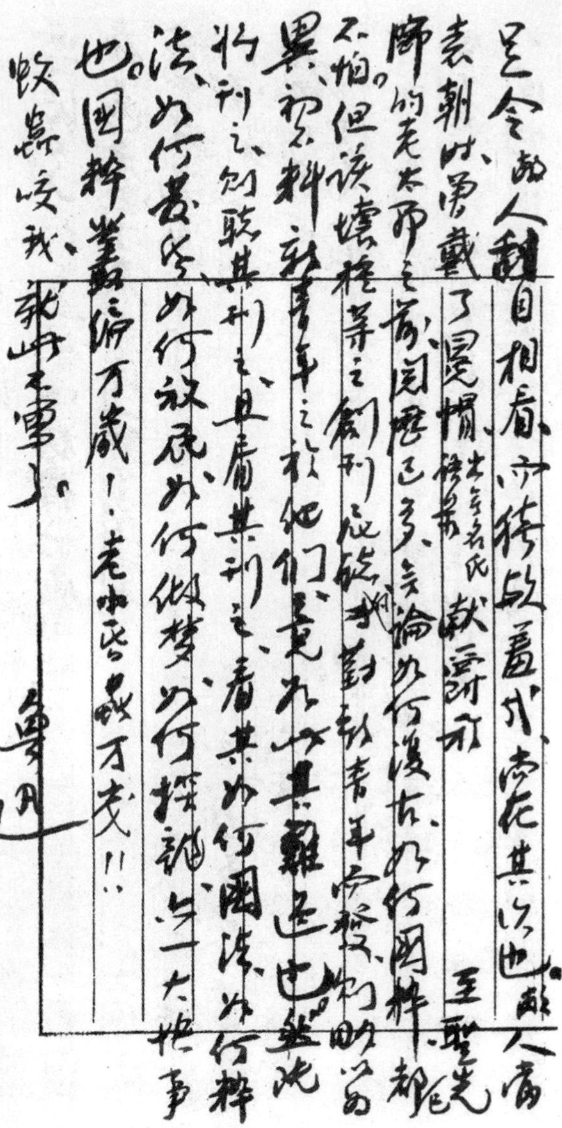

魯迅在1918年7月5日寫給錢玄同的信中，首次署其筆名——“魯迅”。

回到古代去……」他希望這種自我麻醉能夠有效，他認爲自己已經再也不會有青年時代的那種慷慨激昂了！

然而，他畢竟不是生活在眞空裏。有一些老朋友來了，他們不能容許周樹人沉溺於這樣一種狀態中。他們懷著強烈的救國之心要求他應當爲國家、爲大衆做些事情。

在這些朋友當中，有一位是錢玄同。

錢玄同是浙江湖州人，早年在日本的時候就與周樹人相識；後來到北京教書，一九一七年九月被蔡元培聘爲北大教授。他是新文化運動的積極宣導者之一，也是《新青年》雜誌的編輯。錢玄同與周樹人是多年的老朋友了，同在北京，交往更是密切，幾乎每週都要到紹興會館來聊天，時常聊到半夜。有時聊得興起，還要到廣和居小酌一番，至微醉方休。

對於周樹人消極遁世的生活態度，錢玄同是很不贊成的。某日，他專程前來，與周樹人進行了一次認眞而嚴肅的長談。這次談話，對周樹人的思想產生了極大的震撼，數年後仍記憶猶新，因此他把這次談話的過程記在了《吶喊》的「自序」裏。

那時偶或來談的是一個老朋友金心異（即錢玄同），將手提的大皮夾放在破桌上，脱下長衫，對面坐下了，因為怕狗，似乎心房還在怦怦的跳動。

「你抄了這些有什麼用？」有一夜，他翻著我那古碑的鈔本，發了研究的質問了。

「沒有什麼用。」

「那麼，你抄它是什麼意思呢？」

「沒有什麼意思。」

「我想，你可以做點文章……」

我懂得他的意思了，他們正辦《新青年》，然而那時彷彿不特沒有人來贊同，並且也還沒有人來反對，我想，他們許是感到寂寞了，但是說：

「假如一間鐵屋子，是絕無窗戶而萬難破毀的，裏面有許多熟睡的人們，不久都要悶死了，而且是從昏睡死滅，並不感到就死的悲哀。現在你大嚷起來，驚起了較為清醒的幾個人，使這不幸的少數者來受無可挽救的臨終的苦楚，你倒以為對得起他們麼？」

「然而幾個人既然起來，你不能說絕沒有毀壞這鐵屋的希望。」

錢玄同的話使周樹人震驚了。是的，所謂希望與絕望，是相對而言。任何時候、任何人也無法抹殺希望的存在。「因爲希望是在於將來，絕不能以我之必無的證明，來折服了他之所謂可有。」

周樹人終於對自己基於絕望而形成的苦悶與消沉產生了懷疑。

他想到了一些細微的小事。像那個經常拉車送他上班的黃包車夫，因誤輾了路上的橡皮水管，竟招致巡警的毆打，自己只能略表憤慨而已；而一次將錢夾遺落車上，那淳樸的車夫當即送還，使自己又十分感動。這些在社會底層掙扎的善良大衆，像牛馬一樣被奴役，像豬羊一般被榨食，像泥土似的被踐踏，難道他們眞的甘於在「熟睡」中死滅嗎？難道那些「較爲清醒的人」不應當努力去喚醒這些無奈地掙扎著的人們，而任其被鐵屋子所悶死嗎？

「較爲清醒的人」，似乎不像他所認爲的那樣少；而「熟睡的人們」也未必眞的「並不感到死的悲哀」。更何況「萬難破毀」，並不等於絕無可能破毀。再堅固的鐵屋子，只要有人醒來，怎能斷言它必然沒有破毀的希望呢？！

他感到自己的確有責任爲打破這鐵屋子做些什麼。「或者也還未能忘懷於當日自己的寂寞的悲哀罷，所以有時仍不免吶喊幾聲，聊以慰藉那在寂寞裏奔馳的猛士，使他不憚於前驅。」

他拿起筆，開始寫：「……我翻開歷史一查，……滿本都寫著兩個字是『吃人』！」

他充滿希望地仰天長問：「沒有吃過人的孩子，或者還有？」

他滿懷悲憤地大聲呼喊：「救救孩子……」

那篇小說發表於陳獨秀主持的《新青年》一九一八年第四卷第五號。它像一聲驚雷，震動了中國文壇。那小說的名字叫《狂人日記》，是中國現代文學史上第一篇猛烈抨擊「吃人」的封建禮教的白話小說。在小說發表的時候，周樹人第一次使用了「魯迅」這個筆名。

作爲後人，我們應當記住，眞正的「魯迅」，誕生於一九一八年那個特殊的年代，誕生於「五四」運動的前夜，誕生於紹興會館補樹書屋那普通的西房北屋中。

我曾經有過一個十分荒誕的念頭：如果周樹人當年寧可保持沉默，而再也沒有外界的因素能夠激發他，又將如何？

就他那種對於任何事情都要以一種一絲不苟的認眞態度去對待的處世原則而言，周樹人也許會成爲現代中國一位有名的金石專家、碑帖專家、古文專家……，而且完全可能作爲一代名士而聲播海內外。對於這一點，似乎沒有任何必要懷疑。

但是，那樣一來，中國的文壇上，就永遠不會出現「魯迅」這個名字。

那將是多大的遺憾啊！

所幸，歷史不存在「如果」。

猶如一隻被繭殼束縛多年的蛾子，一旦破殼而出，它就會義無反顧地振翅奔向光明。哪怕面對的是一團能置其於死地的熊熊烈火，它也不會回頭。

周樹人終於下定決心選擇了一條荊棘叢生、充滿危險的道路。

他就是這樣由周樹人變成了「魯迅」。

魯迅有句名言：「不是在沉默中爆發，就是在沉默中滅亡！」

他再也不能沉默。

由此開始，魯迅如爆發的火山，噴湧出無盡的熾熱岩漿。小說、隨感、新詩、評論……什麼都寫。他有太多的情感需要宣洩，他有太多的話要說。

時至今日，我們很難想像，在補樹書屋昏暗的煤油燈下，魯迅是懷著何等的激情寫出了那樣多的文字。有時，《新青年》一期之中居然就有他一個人所寫的七篇稿子。他筆下湧出的文字，如箭如戟，直接射向那罪惡的封建制度，直接射向那貌似堅固的「鐵屋子」！

如《孔乙己》。

那迂腐落魄「滿口之乎者也」的老夫子，活脫脫一個舊時代沒落文人的縮影；那「……竊書！……讀書人的事，能算偷麼？」那「多乎哉，不多也。」堪稱經典名句。在孔乙己的身上，難道不是隱隱地也顯露出魯迅內心深處隱藏著的憤懣與悲哀？

還有《藥》。

自紹興會館沿胡同北行不遠，就是著名的清朝刑場菜市口，這裏的寸寸土地，都曾被鮮血所浸染。當年，譚嗣同等「戊戌六君子」就是在這裏爲變革中國而被砍下頭顱。魯迅每行至此，不能不想到，就在自己的故鄉紹興，也有一個舊時的刑場——軒亭口，當年秋瑾女士就是在那裏慘遭殺害的。而那血腥的殺人場面，竟往往被愚昧的民眾視爲富有刺激性的鬧

北半截胡同的瀏陽會館，原是譚嗣同故居，距紹興會館咫尺之遙；由此向北百餘步，便是譚嗣同當年英勇就義的菜市口刑場。魯迅每天去教育部上班，必經這兩處地方。（攝於2011年1月）

劇！一個麻木至如此地步的民族，怎不讓人絕望！要想中國出現光明，唯有首先打掉這可怕的麻木！

因此，魯迅寫下了《藥》：一位爲解放民衆而被砍頭的革命青年，頸上的鮮血竟被他所欲解放的人蘸了當作治病的藥！

作爲哲人與先知是痛苦的，因爲他立於遠高於常人的地方，能看到其他人所看不到的東西，卻又常常不被他人理解和接受。而魯迅於痛苦中已經開始體味到了一絲欣慰，因爲無數革命志士的鮮血已經將那鐵屋子浸蝕出些許裂縫，它必然會被甦醒了的人們所打破！

因此，在《藥》中，魯迅爲被害的革命者墳上「平添上一個花環」，儘管他認爲那也許只是一個「夢」。

那犧牲的青年叫「夏瑜」，顯然是暗寓秋瑾的名字。

就在《藥》於《新青年》第六卷第五號上發表的當月，爆發了舉世震驚的「五四運動」！

「夢」已經在開始變爲現實……

走出會館

「魯迅」誕生的地方——北京紹興會館

一九一九年，紹興的周氏家族經多年的風雨飄零，各房名下的土地已變賣殆盡，此時又要賣掉僅存的房產。這個時候，周氏兄弟已經積累了一些錢款：魯迅在教育部供職，月薪三百元左右；周作人在北大任教，月薪二百多元。因此兄弟二人決定將紹興的老母及家眷接來北京，闔家團聚，解除相互牽掛之苦。於是，他們開始籌措資金，尋找合適的房屋，以謀求有一個屬於自己的家。

找房子是一件十分麻煩的事情，而周作人在三月底即返紹興，攜妻子兒女去日本探親，至五月中旬回京一趟，只待了一個來月，又於七月再去日本。八月十日，周作人把包括妻子、妻弟、一個兒子、兩個女兒在內的一大家子人浩浩蕩蕩接到了北京，暫時借宿在會館隔壁的一個院子裏，那是魯迅在半個月前特地爲他們租下的。對於魯迅來說，安排全家人的新居已是迫切需要解決的問題。

周作人忙著安頓自己的家小，尋房、買房的任務全得由魯迅來完成。從二月至八月，魯迅四處覓屋十數次，最後選中西城八道灣胡同一處院落，於八月十九日晚在廣和居與羅姓房主

紹興會館的大門。（攝於2011年1月）

見面，交定金一千七百五十元，並付中間作保的人一百七十五元保金，由此正式買下了那處房屋。此後，魯迅忙於四處籌錢，除了需要付清所欠的購房餘款一千三百五十元，還要辦理各種手續、修理改造房屋、安裝上下水管道、購置傢俱等等，整整忙了三個月。十一月二十一日，魯迅與周作人一家遷至八道灣新宅，就此離開了紹興會館。

自一九一二年五月六日至一九一九年十一月二十一日，魯迅在紹興會館居住了七年半時間。自十七歲離家外出求學至五十五歲逝世，這裏是他一生中居住時間最長的地方。

紹興會館在宣武區南半截胡同七號，現在是居民甚多的普通大雜院。十幾年來，我曾數次前去，希望尋找魯迅當年的行跡。

第一次去，是在二〇〇〇年。

會館在胡同西側，門板上尚留有斑斑漆痕，兩側的石礅經百年風雨侵蝕，花紋已殘缺不全。正對大門的應當是影壁，但也不見蹤影。臨街一排破敗不堪的房子似乎還是原先的老屋，而院內大部分房屋均已經翻建，根本無法看出以前的模樣。「藤花館」應當是在會館的西北角，然而在雜亂無章的夾道裏左拐右彎，卻始終難以確定它的具體位置。

「補樹書屋」本在會館的南側，也極難尋找。橫不成排、豎不成行的小屋，把院落分割得七零八落，簡直如同迷宮一般。好不容

補樹書屋的大槐樹早已不存，代替它的是這棵長勢茂盛的棗樹。

易繞到了南端的牆根兒下，眼前出現的那個極小的院子使我根本不敢相信這裏居然就是著名的「補樹書屋」。正在躊躇之間，院中走出一個中年男子，上前詢問，才知道這小院正是我要尋找的地方。巧的是這位名爲李亞華的男子，如今就住在當初魯迅的那間北屋裏！

然而，眼下這院子的變化實在太大了。房前牆下搭起許多高低參差的小房，使院子變得十分狹小，以致面目全非。

西房住了幾戶人家。李亞華十分熱情，邀我進他家裏觀看。令人感慨的是，這屋子十分窄小，僅十餘平方米而已。由於窗外被當年長班那排住房擋住了一部分，因此屋內頗顯陰暗。想當年《狂人日記》就是寫成於這窗下的書桌上，而「魯迅」的筆名，也就是誕生在這間普通到極點的屋子裏！

與李亞華攀談良久，他很爲自己能住在魯迅住過的地方而感到自豪。據他說，這些年曾有許多人——包括許多外國人——帶著對魯迅的無限仰慕費盡周折找到這裏，那種執著令人感動。

此後這些年，我每次路過，都會到附近一帶胡同和這院子裏轉轉。宣南一帶，曾會館林立。距紹興會館不遠的北半截胡同，有瀏陽會館，即譚嗣同故居；東面米市胡同，有南海會館，即康有爲故居，其南側的珠朝街有孫中山住過的中山會館；西面爛漫胡同的湖南會館，是毛澤東一九一九年組織「驅張運動」時來過的地方……然而，隨時事變遷，街巷舊貌已多不存。像那曾留下魯迅無數足跡的廣和居，早在二十世紀三〇年代便告倒閉。前些年由於修建菜市口南大街及擴建「兩廣大道」，拆除了相當多的胡同和房屋，原先的菜市口丁字路口成了十字路口，北半截胡同已經全部

紹興會館的門墩。（攝於2008年）

消失，南半截胡同北面出現了一條新的馬路……如今走到這裏，眞是無法想像當年的模樣了。所幸這紹興會館和補樹書屋雖然日漸敗落，居然奇蹟般地一直保留至今而未受觸動。

遺憾的是，院中那棵大槐樹早在一九四九年便毀於雷擊。但在院子的西南角長有一棵頗大的棗樹，至少也有幾十年的樹齡，枝葉茂密，也已經是「高不可攀」。據說這樹上每年要結不少棗子，大約是未經嫁接的緣故，棗子的皮較厚、核較大，算不上好品種。但那棗子極甜極脆，有一種特別的味道。

我想，能長在這個院子裏的棗樹，就算品種再不好，也必然應當有一種與衆不同的味道吧？

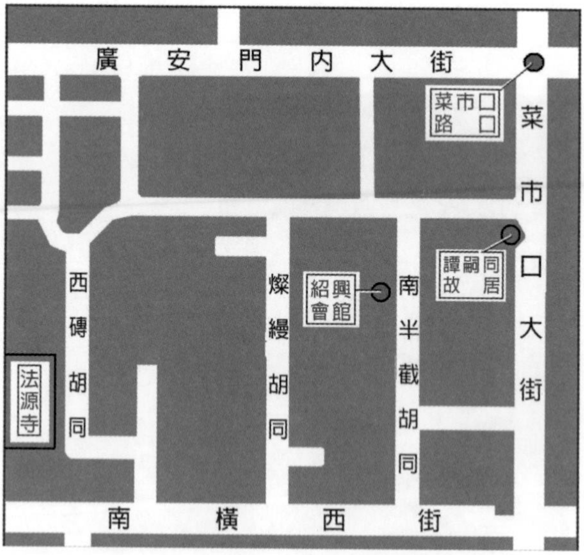

北京紹興會館位置圖，繪於2011年1月，當時西磚胡同北側一帶仍在拆遷。2011年3月，北京市第八批市級文物保護單位名單公佈，紹興會館名列其中。希望此舉能使這會館及周邊的建築一起得到必要的保護，免遭“拆遷”的噩運。

老宅中的待解之謎

北京八道灣胡同的魯迅故居

八道灣曾經的故事

老宅中的待解之謎——北京八道灣胡同的魯迅故居

這次衝突對魯迅的打擊是如此巨大，在他心中留下了畢生難以癒合的傷痕……

北京城裏有一些叫「灣」的地方，往往會讓人產生誤解，以爲是什麼「溝灣」、「河灣」的意思，其實它們未必與水有關。比如西城的「八道灣」，便是一條挺老的胡同。實際上，它應當稱作「八道彎」才對——因爲胡同裏的拐彎實在太多了。

這八道灣胡同的西口在趙登禹路（早年叫北溝沿，倒是與水有關），很小、很窄、很不起眼兒。進胡同沒多遠就開始拐彎，左拐右轉，時寬時窄，有的地方突然分岔，大胡同裏還藏著小胡同。走到底才發現，它的南口居然繞到前公用胡同裏面去了。

粗略算來，若是把每一次轉換方向作爲一道「彎」，這條胡同（包括分岔的地方）至少有十五個彎！

冥冥之中似乎眞有定數，「八道彎」就像是一個奇特的隱喻，因爲魯迅和周作人兄弟二人的命運在這裏也各自狠狠地拐了個大彎。

北京八道灣胡同11號的門牌號，90年來居然未曾變化。可惜，在後來的拆遷過程中，這一很有紀念意義的門牌無端消失了。（攝於2007年12月）

一九一九年十一月二十一日，魯迅與周作人一家遷至八道灣胡同十一號的新宅。十天後，魯迅獨自返回紹興，料理老家的後事，於十二月十九日將母親、朱安以及弟弟周建人一家接到北京。

這是個很大的院落，它的格局大部分出自魯迅的設計，很能展示他的一些獨特思路。比如進入院門繞過影壁，首先看到的是一個很大的院子，這與北京傳統的四合院大有不同——一般四合院極少會在這個位置留出大面積的空地。周家的第二代人丁興旺，當時周作人有一子二女、周建人也已經有了一女一子，五個孩子中間，大的七歲多，小的剛剛五六個月，嘰嘰喳喳，很是熱鬧。魯迅自己沒有兒女，卻很喜歡孩子，也許是爲了紀念童年記憶中那難忘的百草園，他才設計了這麼一個大院子，可供孩子們自由地玩耍。

從外院進入前院，有一排坐南朝北的前罩房，是作爲客廳、書房或客房使用的，魯迅有時也住在這裏。再穿過一道隔牆上的木門，便是正院。正院的東房是廚房和傭人的住處，三間西房是兄弟共用的書房，他們主要的書籍都收藏在這裏，魯迅也常在這裏居住；正院的正房是全宅的中心，母親住在東面，朱安住在西面，中間的堂屋是吃飯的地方。有意思的是，在堂屋北面，有一間接出去的屋子，關於它，還有些神秘的疑團，此處賣個關子，待後面再敘。

再向北是後院，有九間坐北朝南的後罩房，除東面三間用做客房外，周作人與周建人兩家各用三間。這是個有十多口人的大家庭，家務內政由周作人的妻子羽太信子管理。在飄泊分離多年以後，一家人終於團聚在一起，魯迅也可以安心地將全部精力都投入到工作上了。他的寫作欲望空前旺盛，在短短幾年的時間裏，便寫出了《風波》、《故鄉》等著名小說及大量雜文，出版了小說集《吶喊》，編寫了《中國小說史略》上卷等等。在這些作品中，當數自一九二一年十二月四日開始在《晨報副刊》連載的《阿Q正傳》最爲著名。魯迅筆下所塑造的「阿Q」，堪稱世界文學史上的經典人物形象，這部小說後來被翻譯成多種外國文字，在國際上享有很高的聲譽。而「阿Q」誕生的地方，就在八道灣胡同十一號前罩房中間的那間屋子裏。

當時，魯迅除了在北京大學、師範大學等學校兼開課程，還忙於參加各種社會活動。各界

八道灣胡同11號的正房，原是母親魯瑞和朱安的住房。（攝於2003年4月）

人士也時常來訪，給八道灣增添了許多熱鬧，如蔡元培、胡適、鄭振鐸、許地山、郁達夫等人都曾到過這裏。一九二〇年，還是一個湖南青年學生的毛澤東也曾上門拜訪，但不巧未能見到魯迅。俄國著名盲詩人愛羅先珂甚至在這裏住過一段時間，魯迅還根據愛羅先珂的生活情況寫出了一篇很有名氣的短篇小說《鴨的喜劇》。魯迅與周作人密切合作，爲推動新文化運動的發展做出了很大貢獻。那的確是一段十分輝煌的時期。

然而，這個大家庭的和睦氣氛僅僅持續了三年多的時間。一九二三年七月，突然發生了什麼嚴重的事情，打破了院中的安寧。魯迅在七月十四日的日記中寫道：「是夜改在自室吃飯，自具一肴，此可記也。」也就是說，由於某種特殊原因，這天晚上他不再與周作人等家人共同進餐，而是簡單整了點菜飯，躲到自己的房間裏去吃了。幾天後，也即十九日上午，周作人拿著一封信走進魯迅的屋子，一言不發地放在桌上，轉身就走。那封信開頭的稱呼就顯出一種冷漠與隔閡：

後院搭建了大量“臨建”，顯得十分擁擠。其實，它原先是十分寬敞的。（攝於2003年4月）

魯迅先生：

我昨日才知道，——但過去的事不必再說了。我不是基督徒，卻幸而尚能擔受得起，也不想責誰，——大家都是可憐的人間。我以前的薔薇的夢原來都是虛幻，現在所見的或者才是真的人生。我想訂正我的思想，重新入新的生活。以後請不要再到後邊院子裏來，沒有別的話。願你安心，自重。七月十八日，作人。

八道灣胡同的魯迅故居正房速寫。（繪於2001年6月）

周作人這種斷然絕情的舉止，來得十分突然；尤其是那貌似克制實則傷人極深的「自重」二字，更使魯迅感到憤怒。他立即讓傭人請周作人過來，要當面說個清楚。豈料對方竟全然不予理睬。

那麼，到底發生了什麼奇怪的事情，居然使原本情同手足的親兄弟竟至反目成仇呢？魯迅的日記向來十分簡略，關於此事的記述僅有寥寥十五個字：「上午啓孟自持信來，後邀欲問之，不至。」也許是「家醜不宜外揚」吧，此後魯迅從來也沒有在任何公開場合談到過這件事的緣由。只是許廣平在自己的回憶裏曾經側面說了一些情況，但也有些不甚了了。不過，有一點好像是比較清楚的，問題的起因在於周作人的妻子羽太信子。

許多人認爲，矛盾的發生似乎是因爲家庭瑣事，主要還是經濟問題。信子家境貧寒，多年來魯迅就一直在經濟上予以接濟。從他的日記裏可以看到，從一九一二年來北京教育部供職時開始，魯迅定期往信子在日本東京的家裏寄錢，極少間斷。全家搬來北京後，魯迅在錢財方面向來不很計較，每月的薪水都交給信子支配。魯迅兄弟收入不薄，月收入合計至少有六七百元，但信子天性奢侈，從不節儉，有時甚至要靠借債度日。魯迅是大哥，難免會在弟弟面前責備幾句，不料竟釀成不可調和的矛盾。信子反目成仇，居然說他有「非禮」行爲，以此挑唆兄弟失和！

當然，這些只是推測而已。俗話說：「清官難斷家務事。」此間是非，唯有當事人自己明白。無論事實如何，這都是一件說不清道不明難以分辯的事情，魯迅只能「牙齒打落咽進自己肚子裏」，唯一的辦法就是躲避。八月二日，他攜妻子朱安暫時遷至磚塔胡同六十一號居住，就此離開了八道灣。魯迅後來曾經使用過一些筆名如「宴之敖」、「宴敖」等等，以隱喻這次家庭變故。他曾對許廣平解釋說；「宴從（家），從日，從女；敖從出，從放……我是被家裏的日本女人逐出的。」

這次衝突對魯迅的打擊是如此巨大，在他心中留下了畢生難以癒合的傷痕，以至於他在逝世前不久寫給母親的信中還充滿酸楚地說，自己的肺病早在多年前「被八道灣趕出後」便發作過了。

然而，爲何被「趕出」，他至死也沒有對人講過。那種恥辱，是無法用語言述說的。

兄名「長庚」、弟稱「啓明」，原本情義交融，眞如蒼天之上的同一星辰，卻不料數十載手足之情朝夕間便化爲煙塵，從此各奔東西背向而行，再無相逢的可能。想來難免讓人扼腕！

至於這曲折過程中的是是非非，還隱藏著許多謎團，有待後文細述。

魯迅被「逐出」以後，八道灣的住宅一直由周作人居住。一九二七年四月，李大釗被奉系軍閥張作霖殺害，周作人讓李大釗的兒子李葆華在自己家裏躲藏了一個多月，就住在後院東面愛羅先珂曾經住過的屋子裏。後來他與朋友掩護李葆華逃出北京，送往日本留學。這應算是周作人所做的一件善事。

一九三七年七月

後院的東房當年是作為客房使用的，愛羅先珂、許羨蘇等人都在這裏住過。後來則是張大媽的家。由圖中可以看到，進屋有四層臺階，可見後院的房屋地基是很高的。（攝於2003年4月）

日本全面發動侵華戰爭，周作人沒有像許多文化界人士那樣撤向大後方，而是繼續留在淪陷的北平。一九三八年二月，他參加了日本人召開的一個「座談會」，引起全國文化界的一片強烈譴責。一九三九年元旦，有人闖進八道灣胡同十一號的客廳，向周作人及他的一位來訪的學生開槍射擊。由於一粒紐扣阻擋，周作人雖中彈卻僥倖未傷，倒是那位學生被打中左肩。門房裏的一些人前來捉拿兇手，一名車夫被打死，兇手倒逃走了。這一暗殺事件始終未能搞清是何人所爲，卻促使周作人接受了僞北京大學文學院籌備員的職務，接著又當了僞北京大學教授、文學院院長。此後，周作人被汪精衛的僞南京政府委任爲「華北政務委員會委員」、「教育總署督辦」，還擔任了僞東亞文化協議會會長等職務，就此徹底淪爲漢奸。

當了漢奸，有了錢，周作人過起了闊綽的日子，不僅購裘衣、添傢俱、時常設宴待客，還收買門前公地及相鄰房屋，大肆擴充住宅，家中僅僕人就多達二十多名。然而，隨著日本主子倒臺，他也成爲「階下囚」。抗日戰爭勝利後，周作人被押至南京，經審判被處以有期徒刑十年。他被捕後，八道灣胡同十一號一度被查封，後來國民黨憲兵隊在這裏設過連部與營部。北京和平解放以後，解放軍的部隊也駐紮過一段時間。一九四九年一月，南京解放前夕，暫由李宗仁任代總統的國民黨政府決定疏散監獄在押人員，周作人取保釋放後回到北京，仍然住在八道灣，但這時院中的一些房屋已有其他居民居住。一九六七年，周作人去世。

老宅的見證人

老宅中的待解之謎——北京八道灣胡同的魯迅故居

二〇〇一年夏天，是我第一次去八道灣。距魯迅在這裏居住的時候算起，時間已經過去了八十多年，這處院子的門牌居然還是十一號。不過，它已成了有三十多戶人家的大雜院，院內狀況也發生很大變化。院門用牆堵住，成爲一家居民的住室；在原大門的西側開了一個小門，原本開闊的外院被一片淩亂的房屋所佔領；早先前院與正院之間的隔牆已經沒了，兩個院子合而爲一，也是擁擠不堪。前罩房靠近穿堂門西面的那間屋子，是魯迅曾經寫作《阿Q正傳》的地方，我去的時候，正有人在向外擴展一間小房，如果再晚幾天去，就看不見原先的模樣了。這間屋子現在的主人是一位姓趙的大爺，他說如果想瞭解這院子的情況，可以找後院的張大媽，她曾經給周作人當過保姆。

由正院進入後院的東夾道已經堵住，需從正房的西面繞過去，後院同樣擁擠。張大媽住的是最東面的兩間屋子，這正是愛羅先珂當年住過的地方，後來李蓧華也曾在這裏避難。屋前本應有一個水池，魯迅在《鴨的喜劇》裏描述得很詳細：池子在窗外的院子中央，長有三尺，寬有二尺，是種荷花的水池。童心未泯的愛羅先珂買了十幾個小蝌蚪放在池裏。「蝌蚪成群結隊的在水裏面游泳；愛羅先珂君也常常踱來訪他們。有時候，孩子們告訴他說：『愛羅先珂先生，牠們生了腳了。』他便高興地微笑道，『哦！』」有一天鄉下人帶了小鴨來，他以爲這也很可愛，於是又不能不買了。誰料小鴨在荷池裏洗澡、翻筋斗、吃東西，然後「只見泥裏露出幾條細藕來；而且再也尋不出一個已經生了腳的蝌蚪了」。「『伊和希珂先，沒有了，蝦蟆的兒子。』傍晚的時候，孩子們一見他回來，最小的一個便趕緊說。『唔，蝦蟆？』仲密夫人也出來了，報告了小鴨吃完蝌蚪的故事。『唉，唉！……』他說。」讀到這裏，愛羅先珂那驚詫茫然的樣子形神俱現，眞讓人要笑出聲來。

正房後簷上殘留著十分講究的彩繪。不知是魯迅當年初建時的遺存還是後來周作人裝修過的痕跡。（攝於2007年9月）

2006年春節時的張大媽。兩年後的春節來臨的時候，老人已經仙逝。（攝於2006年2月）

但如今那荷池被填平，已經沒了蹤影。

張大媽是位精神矍鑠的老人，已經八十一歲了，與提前退休的女兒及小學剛畢業的外孫女住在這裏。使我感到驚訝的是，現在北京城裏大概很少還會有人住這樣的房子：牆皮脫落，地面凸凹不平，屋頂露出積滿灰塵的老椽，窗戶的上半截連玻璃都沒有，老人說原先年年都是糊窗戶紙來著，今年夏天第一次買了點兒窗紗綳上，可以透透風，免得太熱，而到了冬天再把紙糊上——如今的城市裏難得見到糊窗戶紙的屋子了！由於家裏老少三代僅靠女兒的六百元退休金過活，遠低於北京市居民貧困線的標準，所以街道還要給些補助。儘管生活困難，但老人顯得十分豁達，頗有些「自豪」地指著那破爛不堪的窗櫺說：「這窗戶可是魯迅在的時候就有的！」

屋裏給我印象最深的，是一大群大大小小顏色不一的貓。老人一一指給我看：「這小黃、小黑是她的女兒，她是她的女兒，她又是她的女兒……」一會兒就把我搞糊塗了。最後介紹的是那隻始終偎在床頭打呼嚕的大白貓：「這是『妹妹』，是老祖宗，還是外賓呢！」見我不解其意，老人故作認真地解釋：「波斯來的，可不是外賓嗎？」這一說，我倆都樂了。那波斯「妹妹」大概知道是在議論牠，抬起頭長長地打了一個哈欠，半睜半閉的眼睛發出碧綠的光芒。老人疼愛地撫著牠的腦袋：「牙都掉光了，可是隻

張大媽家窗外的流浪貓。（攝於2004年4月）

老貓了。都二十多歲了呢！」正說著，外面進來一個年輕婦女，看來是隔壁的鄰居，她手裏舉著兩個熱氣騰騰的大饅頭：「張大媽，剛出鍋的，您嘗嘗！」老太太十分歡喜：「多好的饅頭呀！」又誇耀地對我說：「她這蒸饅頭的手藝還是我教的呢！」

張大媽本名張淑珍，她的大姨姓李，很早就在周家當僕人。張大媽是解放後於一九五〇年搬來住的，繼續服侍周作人與羽太信子夫婦。那時周作人剛從南京出獄回到北京，住在後院西面的三間屋子裏，當時周建人的前妻羽太芳子也住在這裏。張大媽與周作人的一個學生住中間，各占一間半房子；東面住的是解放軍的一個連長。後來連長搬到前院去了，張大媽便住進了東面這兩間。她說：「原先這院子眞好，都是花和樹。有丁香，槐樹、海棠……好多樹都是大大先生從老家帶來的樹種。我這後邊的小院裏還有一棵桑葚樹，結的桑葚兒可大了，據說是大先生親自種的，可惜後來樹死了。我又種了一棵核桃樹，您看長得多大了！這後罩房後面原先是一溜院子，周建人的兒子豐三二十歲的時候在這後面拿槍自殺了。後來隔壁人家把房子伸出去一塊，就沒院子了，只有我們家還留著這麼個小院。」

很出我意料的是，她對周作人夫婦並無惡感，我注意到，張大媽始終很恭敬地把魯迅、周作人、羽太信子及周建人稱作「大先生」、「二先生」、「二太太」、「三先生」，一視同仁。她說：「二先生是個好脾氣，不言不語的，有什麼事總是寫條子。二太太信佛……」我插了一句：「聽說信子花錢有些大手大腳？」她說：「那倒是，要不街坊們都叫她『大善人』呢。有一次一個幹活的工人病了，她讓人送醫院看病不說，還給錢……」

張大媽的丈夫是滿族人，姓白，所以周作人夫婦稱她爲「白太太」。張大媽原有一個兒子，小時候得了急病，因付不起藥費，眼睜睜看著死了。後來信子得知後，齋戒七天，祈禱上天讓張大媽再得一個孩子。她眞的又生了一個女兒，還是二太太和三太太幫忙接生的。正說著，她的女兒回來了，不言不語地坐到一邊。張大媽解釋說：「她是送我那小外孫女學電腦去了。她的名字還是二先生起的呢，叫白月英。」

周作人回到北京後，靠撰文、翻譯度日。儘管有關方面較為關照，比如三年自然災害時期，每月還可得到出版社預支的稿費約四百元，但他在經濟上似乎始終很窘迫。張大媽還保存著周作人親筆寫的一張紙條，是用毛筆寫在一張巴掌大的紙上，字跡工整，可以看出周作人在小事上也是一絲不苟的。「白太太：近來因爲開支增加，每月須要付房租，併寄西安補助費，對於你處所送之款，而不能再送了。特此通知，尚祈原諒是幸。」

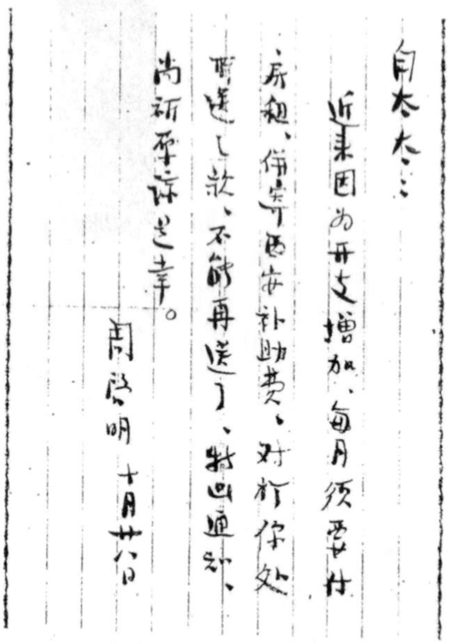
白太太：
近来因为开支增加，每月须要付房租，併寄西安补助费，对於你处所送之款，不能再送了，特此通知，尚祈原谅是幸。
周启明 十月廿八日

20世紀60年代周作人寫給張大媽的紙條

署名是「周啓明十月廿八日」。

據張大媽說，紙條中所說的「款」，是她當傭人的工資，每月二十元。遺憾的是，她已經記不清這張紙條具體是哪一年寫的了，但它無疑也是一件很珍貴的文物。根據她說的情況，估計這紙條大約寫於二十世紀六〇年代初期。當時周作人在西安的大女婿得了癌症，因此周作人需要往那裏寄「補助費」。

一九六二年四月，羽太信子去世。「文化大革命」中，周作人被紅衛兵實行「無產階級專政」，抄家、批鬥、罰跪、挨打，並被趕到一間破爛的小廚房裏住。這小廚房就在張大媽窗外，也就是後罩房的東南面，低矮、陰暗、潮濕。當時魯迅博物館的工作人員曾去看望，只見「昔日衣冠整齊的周作人，今日卻睡在搭在地上的木板上，臉色蒼白，身穿一件黑布衣，衣服上釘著一個白色的布條，上面寫著他的名字。此時，他似睡非睡，痛苦的呻吟著，看上去已無力站起來了，而且幾個惡狠狠的紅衛兵卻拿著皮帶用力的抽打他，叫他起來。看到這種情景，我們還能再說什麼呢！只好趕快離開……」

張大媽說：「老頭眞可憐！讓人打得腰都直不起來，只能蹲著一步一步蹭……」當時張大媽也受到衝擊。有人誣告她從周作人家裏把「電臺」搬出去藏了，因此也遭到紅衛兵的批鬥，並關了一個星期。至今，她還很不願意提起這些事。

一九六七年五月六日，周作人早上沒有吃飯，他給家人寫了一張條子，說是中午只想喝點玉米麵粥。上午十一時左右，家人托鄰居把粥給他送去，連呼幾聲不見回答，進屋一看，他已經倒在床上死了，一條腿搭拉在床邊，似乎是要下來的樣子。

周作人的前半生，與魯迅密切合作，在新文化運動及女師大風潮、「三一八」慘案等重大歷史事件中並肩戰鬥，仗義執筆，寫出了大量好文章。他的文筆出衆，即使在兄弟失和以後，當有人問到魯迅「中國最優秀的雜文作家有哪些」的時候，魯迅列出的名單中第一位就是周作人。可惜的是，由於周作人在外寇入侵的時候氣節不保，甘爲漢奸，不僅自己晚景慘澹，還使八道灣這處本應輝煌的院落也蒙上了一層恥辱的陰影，想來十分可歎！

關於「兄弟失和」的原因及經過之謎

老宅中的待解之謎——北京八道灣胡同的魯迅故居

對於魯迅與周作人「兄弟失和」這件事情，我在前面進行了一點簡單的介紹，現在不妨進行一些更爲細緻的探討。

八十多年來，對此曾有許多不同版本的傳說，以至於衍生出不少離奇的「故事」，比如「聽窗」、「窺浴」之類。奇怪的是，即使是魯迅的至親好友，在提到此事時，也頗顯模糊，難免讓人橫生猜疑。

但是，別人的述說，往往是道聽塗說甚至感情用事，不足以作爲直接依據，只有當事者本人的敘述，才應當最爲可靠。

我們先回溯一下一九二三年七月的事情。

第一個「當事人」是周作人。他曾在二十世紀六〇年代專門寫過文章，題目叫「不辯解說」，說得雲山霧罩，含混之極。他寫道：「關於那個事件，我一向沒有公開的說過，過去如此，將來也是如此，在我的日記上七月十七日項下，用剪刀剪去了原來所寫的字，大概有十個左右，八月二日記移住磚塔胡同……」

周作人說得有趣：一九二三年七月十七日，也就是魯迅「改在自室吃飯」後的第三天、他向魯迅遞送絕交信的前兩天，他自己記過日記，不過十個字，卻「用剪刀剪去了」。什麼時候剪的，他沒有講。在時隔四十年後他依然繞來繞去，擺出一副欲言又止的架勢，實在有些成心吊人胃口。

第二個「當事人」是魯迅。他對此事的敘述極少，僅有前面提到的那兩段短短的日記。

對於一九二三年七月十九日的事情經過，唯有這樣一點點匱乏的資料，如果企圖據此而貿然猜測眞相，顯然是不會可靠的。

然而，後來所發生的新情況，卻提供了一些較爲重要的資訊。

第二年——即一九二四年六月十一日，魯迅安頓好西三條新宅的事情後，便回八道灣老宅去取當初未曾帶走的書籍物品，不料又發生了一場大衝突。魯迅日記中有載：「……下午往八道灣宅取書及什器，比進西廂，啓孟及其妻突出罵詈毆打，又以電話招重久及張鳳舉、徐耀辰

2004年4月，老窗猶在。張大媽家境窘迫，上層窗戶上還糊著傳統的窗紙。（攝於2004年4月）

來，其妻向之述我罪狀，多穢語，凡捏造未圓處，則啓孟救正之。然後取書、器而出。」魯迅從此與周作人徹底斷絕往來，再未回過八道灣。

此事對魯迅刺激極大，直至三個月後，他在一九二四年九月二十一日爲《俟堂專文雜集》所寫的「題記」中忍不住說了一句：「遷徙以後，忽遭寇劫，孑身逭遁，止攜大同十一年者一枚出，餘悉委盜窟中。」值得注意的是，這篇「題記」的署名便是「宴之敖者」。

周作人的反應表現得更快。吵架後僅一周，六月十八日，他便發表了一篇名爲《破腳骨》的短文，繞著彎兒地罵魯迅是「無賴」、「光棍」、「潑皮」、「破落戶」、「流氓」、「青皮」……

兄弟倆惡語相向，兄罵弟爲「寇」、爲「盜」，弟罵兄爲「無賴」、「流氓」，同胞之間，簡直是不共戴天了！

但是，對於事情的原因，魯迅畢生未曾公開說過。而周作人在他四十年後的「不辯解說」中仍然說得頗爲含混：

……次年六月十一日的衝突，也只簡單

八道灣胡同11號的前罩房，即“阿Q”的誕生處，也是1923年7月14日魯迅“改在自室吃飯，自具一肴”的地方。（攝於2009年8月）

的記著衝突，並說徐張二君來，一總都不過十個字。——這裏我要說明，徐是徐耀辰，張是張鳳舉，都是那時的北大教授，並不是什麼「外賓」，如許季茀所說的，許君是與徐張二君明白這事件的內容的人，雖然人是比較「老實」，但也何至於造作謠言，和正人君子一轍呢？不過他有一句話卻是實在的，這便是魯迅本人在他生前沒有一個字發表，他說這是魯迅的偉大處，這話說得對了。……我們何不能學他的百分之一，以不辯解報答他的偉大乎？……關於魯迅以外的人我只有對許季茀一個人，有要訂正的地方，如上邊所說的，至於其他無論什麼樣人要怎麼說，便全由他們去說好了。

許季茀即許壽裳，與周氏兄弟關係十分密切。他曾在二十世紀四〇年代寫過《亡友魯迅印象記》，對「兄弟失和」表述了自己的看法：

作人的妻羽太信子是有歇斯底里性的。她對於魯迅，外貌恭順，內懷忮忌。作人則心地糊塗，輕聽婦人之言，不加體察。我雖竭力解釋開導，竟無效果。致魯迅不得已移居外客廳而他總不覺悟；魯迅遣工役傳言來談，他又不出來；於是魯迅又搬出而至磚塔胡同了。從此兩人不和，成為參商，一變從前「兄弟怡怡」的情態。這是作人一生的大損失，倘使無此錯誤，始終得到慈兄的指導，何至於後來陷入迷途，洗也洗不清呢？……

而對於第二年所發生的衝突，許壽裳是這樣寫的：

八道灣胡同11號正院西北角。左邊的西廂房，即魯迅所說“比進西廂，啓孟及其妻突出罵詈毆打”的地方。後來被周作人用作自己的書房。（攝於2003年4月）

……他就獨自個回到八道灣大宅取書籍去了。據說作人和信子大起恐慌，信子急忙打電話，喚救兵，欲假借外力以抗拒；作人則用一本書遠遠地擲入，魯迅置之不理，專心檢書。一忽兒外賓來了，正欲開口說話；魯迅從容辭卻，說這是家裏的事，無煩外賓費心。到者也無話可說，只好退了。這在取回書籍的翌日，魯迅說給我聽的。

許壽裳的所謂「據說」，自然是「據魯迅說」，周作人對此甚爲不滿，以致指爲「造作謠言」。

周作人雖然再三聲明「不辯解」，卻又忍不住要「訂正」，而其「訂正」的方式非常滑稽。用他自己的話說：

事情或是排解得了，辯解總難說得好看。大凡要說明我的不錯，勢必須先說對方的錯，不然也總要舉出些隱秘的事來做材料，這都是不容易說得好，或者不大想說的，那麼即使辯解得有效，但是說了這些寒傖話，也就夠好笑，豈不是前門驅虎而後門進了狼麼。

這話繞得實在太有「水準」了！其實那意思就是：「隱秘的事」俱在，我偏不說！

至於「訂正」的內容，依然含混之至。他爲了反擊許壽裳，揪住「外賓」一詞做點小文章，顯得甚爲可笑：誰都能看出來，許壽裳文中那「外賓」的意思是「外人」，並無半點「外國人」的含義！

我曾將周作人的這篇文字翻來覆去讀了十幾遍，實在是越讀越糊塗——他總不至於只是要「訂正」那「外賓」二字吧？

不過，周作人在這裏總算認可了一點事實：一九二四年六月十一日發生衝突的時候，確實有兩位「外賓」在場，那就是被請來當「證人」的北大教授徐耀辰和張鳳舉。

然而，根據我所掌握的資料，在以後的日子裏，這兩位「證人」也從來沒有在任何公開場合說過這場衝突的具體經過和內容，只是後來有些人「聽說」了一些情況。比如郁達夫說過：「據鳳舉他們判斷，以爲他們弟兄間的不睦，完全是兩人的誤解，周作人的那位日本夫人，甚至說魯迅對她有失敬之處。」

自行「判斷」的事情未必可靠，自然也難以作爲依據。不過，他們的「判斷」倒是透露了一點：羽太信子攻擊魯迅有「失敬」的行爲。

此外，在場的還有一位「重久」，即羽太信子的弟弟羽太重久，雖屬日本人，但畢竟是自家兄弟，當然也不能算「外賓」。重久的地位實在尷尬，他和魯迅的關係應當很融洽，魯迅遷走後，他經常往來於八道灣和磚塔胡同之間，就在第二年發生衝突的一周前，他還剛剛去過魯

2009年3月，我再次攀上鄰近的樓房俯瞰八道灣11號，院子裏又出現了不少新建的小房，顯得更加擁擠了。

迅在西三條的新宅。如此被動地觀陣，實在是難爲他了：姊夫姊姊兩口子和姊姊的大伯子吵架，哪裏有他插嘴的份兒，只怕躲還來不及呢！所以，重久在現場的作用，完全可以忽略不計，事後也沒有聽說他發表過什麼言論。

除了徐、張二人，曾經在場的還有第三位「證人」，即當時正借住在周家前院的章廷謙（川島），他曾回憶說，自己聽見發生衝突後連忙趕往現場，居然看見周作人正拿著一個銅香爐砸向魯迅，幸虧沒有砸中。不過，他的這些話是在多年以後說的，記憶未必可靠——拿銅香爐砸，是要出人命的，周作人也是一介文人，即使情緒失控，也不可能採取如此不計後果的舉動。相比之下，還是許壽裳「用一本書遠遠地擲入」的說法較爲可信。

章廷謙說：「魯迅後來和周作人吵架了。事情的起因可能是，周作人老婆造謠說魯迅調戲她。周作人老婆對我還說過：魯迅在他們的臥室窗下聽窗。這是根本不可能的事，因爲窗前種滿了鮮花。」

看來他並沒有看到衝突的全過程，因此只能算半個「證人」。

遺憾的是，那位最重要的「當事人」，也是整個事件的核心人物——羽太信子，卻至今無人知曉她說過些什麼。

事情說到這裏，倍顯撲朔迷離。三位當事人緘口不語，兩個半證人僅是「判斷」和「可能」，這就給後人留下無限猜想、空想乃至妄想的空間。

研究「兄弟失和」的原因，並非出於「窺私癖」的無聊動機。這件事情直接影響了周氏兄弟的命運，的確有必要分析清楚。

家務糾紛，實難理清。有些事情不足與外人道，有些事情不可與外人道。假設眞有長兄調戲弟媳的醜事，嚷嚷也沒用，因爲外人難斷是非。周作人強調徐、張二位不是「外賓」，是「明白這事件的內容的人」，那麼，請他們來的目的，並非助拳打架，而是指望有人評理的。若眞是長兄無德，則是非已定，有何理可評？更何況說話必須要有證據，要想讓「外賓」信服，首先要拿出鐵定的事實來。魯迅說：「其妻向之述我罪狀，多穢語。」可見「主訴者」是羽太信子。「穢語」是罵人話，可不去管它，而「罪狀」是什麼呢？——什麼都有可能，唯獨不會是「非禮」的事情！因爲魯迅寫得明白：「凡捏造未圓處，則啓孟救正之。」有一個很淺顯的道理：老婆被調戲，不可能當著丈夫的面；周作人若是在這種場合「救正」「罪狀」——也就是向外人詳細述說並糾正補充老婆被調戲的具體情形，豈不荒唐？

所謂「調戲」，無法驗證，那麼「聽窗」、「窺浴」是否可能呢？只要到八道灣實地考察一下，一些疑問本可澄清。遺憾的是，不少研究者往往只是「紙上談兵」，所以才憑空做出許多無聊的推斷。

先說「聽窗」。

周家後院有九間後罩房，周作人居西頭三間、周建人居中三間，東頭三間是客房和餐廳。許羨蘇曾回憶：本來魯迅是和母親、朱安一起在正房吃飯的，許羨蘇初到周家，被安排和周母、朱安一起吃飯，魯迅就到後院和周作人、周建人他們一同用餐了。許羨蘇是周建人在紹興女子師範學校任教時的學生，一九二〇年與其哥哥許欽文來北京求學，曾在周家借住過一段時間，據她所述可知，後院有專用的餐廳，容得十多人進餐——這餐廳應當是後罩房東頭三間之一。

當時八道灣胡同十一號的格局與現在有所不同，要從中院進入後院，需走東面的夾道。周家是個大家庭，據周建人回憶，當時「家中有管家齊坤，還有王鶴照及燒飯司務、東洋車夫、打雜採購的男僕數人，還有李媽、小李媽等收拾房間、洗衣、看孩子等女僕二三人」。加上周家自己的大人孩子，以及時多時少的客人，常住人口足有二三十位。試想，要避開這麼多人的耳目，從整排後罩房前面悄悄走過，溜到全所住宅最僻靜的角落——即周作人所住的西北角去「聽窗」，是一件多麼冒險的事情！別忘了，那裏可是個「死胡同」，若是碰上其他人，躲都沒處躲！更何況還要避開階下茂密的花叢，攀上屋前很高的臺沿，「聽窗」的可能性到底有多大，是可想而知的！

再說「窺浴」。

據張大媽所說，周宅的浴室在東廂房的北端。按常規，北京四合院的東廂房應是廚房和僕人居住的地方，浴室與廚房相連，用水、排水較爲方便，應當是合理的安排。

問題在於，這裏恰是東夾道的入口，進出後院必須由此經過，是人來人往的熱鬧之處。東廂房又無後窗，只有從正面的西窗才能看見屋內的情形。要想在此處「窺浴」，比到後院「聽窗」的難度更大！

在這裏，我想引用魯迅之子周海嬰在他的

八道灣後院西頭三間原是周作人一家的住房。可以看到，進屋需要邁上四級臺階。（攝於2011年1月25日）

《我與魯迅七十年》中所寫的一段話：

……至於情況究竟如何，我這個小輩當然是沒有發言權的。不過，我以二十世紀九〇年代的理念分析，卻有自己的看法，這裏不妨一談。我以為，父親與周作人在東京求學的那個年代，日本的習俗，一般家庭沐浴，男子女子進進出出，相互都不迴避。即是說，我們中國傳統道德觀念中的所謂「男女大防」，在日本並不那麼在乎。直到臨近世紀末這風俗似乎還保持著，以致連我這樣年齡的人也曾親眼目睹過。那是七〇年代，我去日本訪問，有一回上廁所，看見裏面有女工在打掃，她對男士進來小解並不迴避。我反倒不好意思，找到一間有門的馬桶去方便。據上所述，再聯繫當時周氏兄弟同住一院，相互出入對方的住處原是尋常事，在這種情況之下，偶有所見什麼還值得大驚小怪嗎？退一步說，若父親存心要窺視，也毋需踏在花草雜陳的「窗臺外」吧？

我認爲，周海嬰的說法是比較客觀的。

曾有人說魯迅後來絕口不談此事是「做了虧心事心中有鬼」，這話實屬無事生非。「不說」有多種原因，周作人不是也「不辯解」嗎？是否也是「心中有鬼」？更何況他大罵魯迅「破腳骨」的時候，最終也只是說「《英漢字典》中確將『流氓』（Picaroon）這字釋作劫掠者、盜賊等等也」。可見他所說的「流氓」，並未含有如某些人所想像的「猥褻婦女」的意思。

當然，根據諸多側面資料反映，羽太信子的確可能散佈過魯迅對其「不軌」的言論。不過，有更多的人證實，羽太信子是個癔症患者，本來精神方面就有毛病，再加上進入了「潑婦罵街」的亢奮狀態，言語之毫無克制是可以想見的。還是許壽裳說得言簡意賅：那只是「婦人之言」而已。即使是周作人本人，也未必眞的相信。

所以我認爲，許多周家親友的分析是正確的：「兄弟失和」的主要原因，還是由於家庭經濟的因素。據周建人回憶，羽太信子「氣派極闊，架子很大，揮金如土。……她經常心血來潮，有時飯菜燒好，忽然想起要吃餃子，就把一桌飯菜退回廚房，廚房裏趕緊另包餃子；被褥用了一兩年，還是新的，卻不要了，賞給女傭人……」

如果說周建人有偏袒大哥之嫌，周作人的老僕人張大媽倒正好可以作爲旁證，她多次舉例說明，信子出手大方，因此甚得下人感激。但是，「出手大方」是需要錢財支撐的。魯迅是掙錢養家的人，一向節儉，連一兩元錢的小支出也要仔細記賬，對於信子的揮霍，魯迅與下人們的感覺是完全不同的。矛盾的發生，自然是難以避免的事情了。

拋開前因不談，若僅分析兄弟二人失和後的第二年發生「毆打」事件的直接原因，我倒覺得，更像是因爲「書、器」。兄弟二人都是嗜書如命的人，共同收集有大量書籍古物，往往難分彼此。爲奪書而動起手來，似乎也有可能。最終，魯迅未能將他認爲應當屬於自己的所有「書、器」如願取走，因此才有「餘悉委盜窟中」之言；而周作人認爲魯迅強行「搶走」那些「書、器」，實屬「劫掠者、盜賊」行爲，所以才有「破腳骨」之罵。

流言與事實

老宅中的待解之謎——北京八道灣胡同的魯迅故居

順帶一提，在我所瞭解的資料中，最離奇、最無聊的一種流言，要數「魯迅羽太原本夫婦」論了。這位傳言製造者自稱，「聽說」魯迅在日本時就與一個姓羽太的日本女人同居過，所以他定論「作人的老婆原來是魯迅的舊好」。論據是：

魯迅自日本返國後，還每月負擔羽太的生活費用，這在日記中屢有記載。例如一九一二年七月十二日記：「上午收羽太家信，十七日東京發」。九月三日記：「上午至東交民巷日本郵局寄羽太氏信並銀二十圓。」十一月二十一日記：「午後赴保商銀行易日本幣，赴東交民巷日本郵局寄羽太家信並日銀五十圓。」如此日記，不一而足。既稱羽太為「家信」，又經常寄款，可見羽太與魯迅的關係不是一般的關係而是夫婦的關係。

既稱「家信」，便是「一家子」，所以魯迅與羽太信子應是「夫婦關係」——如此荒謬邏輯，簡直讓人瞠目結舌，更不必說那毫無根據有捏造之嫌的「聽說」了。

駁斥這種流言最有效的方法是事實。

就以那三條日記爲例。

前文所引的一九一二年七月十二日魯迅日記中所稱「羽太家信」，撰文者連日期都沒有看清楚。「上午收羽太家信，十七日東京發」一句，應在七月二十四日；下引的「東交民巷」應爲「交民巷」；再下引的「午後赴」後面漏了「打磨廠」三個字。不過這些小紕漏倒關係不大，重要的事實是，羽太信子本人於一九一二年五月十六日在紹興生下長子豐一，此前已經將弟弟羽太重九和妹妹羽太芳子自日本召來幫忙服侍；此後周作人到杭州去工作了一個來月，便又回到紹興。七月十一日魯迅寄出一封寫給三弟周建人的信，其中「內附與二弟信一小函，又與二弟婦箋一枚」，那「二弟婦」即羽太信子；七月十九日魯迅接到周作人十二日自紹興的來信，報知范愛農溺水身亡的消息。由此可知，這一時期周作人夫婦及羽太信子的弟妹都在紹興而不在日本，所謂「十七日東京發」的「羽太家信」，只能是羽太信子在東京的家人來信。魯迅作爲兄長，不僅肩負接濟周作人夫婦的重擔，的確還經常給羽太在日本的家裏寄錢，並「在日記中屢有記載」。然而，誰都能看得出來，「羽太家信」指「羽太家裏人來的信」，與羽太信子本人毫無關係，更沒有什麼「一家子」甚至「夫婦」的含義。

要想說明這樣一個被有意搞成如此複雜的簡單問題，不妨再看一個實例（如此實例數不勝數）。一九一二年八月三十一日，魯迅「上午寄二弟及二弟婦並三弟信」；九月十七日，魯迅給在紹興的周作人去信一封，還「附與二弟婦並三弟信」；說明周作人與羽太信子均在紹興。第二天，九月十八日，魯迅又「寄羽太家信，附與福子箋一枚」，這信便是寫往東京的，與羽太信子仍是毫無關係。「福子」即羽太信子的另一個妹妹，自這天開始至一九一八年的六年間，魯迅與福子往復通信達三十次。

看到這裏，某些所謂「學者」想必會眼前一亮：魯迅與這位羽太福子難道就不會有什麼「不是一般的關係」嗎？福子的生年未考，卒於一九一八年，「紅顏早逝」，這其中是否又有許多可供演繹的故事呢？

事實將再一次使他們失望了。一九一二年至紹興服侍姊姊的羽太芳子只有十五歲，福子比芳子還小，當時應是初學寫字的年齡，因爲三年後的一九一五年三月三日，魯迅「往日本郵政局寄羽太家信並銀二十元，又福子學費八元，三月至六月份。」

所謂的「學者」們可能要問：魯迅居然連弟弟的小姨子的學費都要管，誰能相信他有如此好的心腸？誰能說其中沒有奧妙？！

魯迅偏偏就是如此好心。一九一五年四月十五日：「午後寄羽太家信，附與福子箋二枚，又銀七元，爲沖買衣。」這裏的「沖」，即周建人與羽太芳子的長子周沖，當時剛出生不到兩個月（第二年七月夭折）。連剛出生的小侄兒的衣服都要自己出錢到日本去買，除了說明魯迅是如何疼愛孩子，還能有何「居心」？！

魯迅對孩子們的關心呵護，實可謂嘔心瀝血。比如周建人的第二個兒子豐二，隨全家遷京的時候年僅半歲，剛到北京不久就病了，魯迅親自爲其聘醫取藥。半年後，剛滿周歲的豐二因患肺炎病重，魯迅「夜延醫不眠」，第二天一早親自送其住院；之後連續二十六天，天天必去醫院探視，有時一天要去兩次，而且有十五天「夜在醫院」親自看護；豐二住了三十五天院，魯迅去了三十六天，簡直比親生父親還要盡心。

當然，所謂的「學者」們對於這些事情是沒有興趣的，他們最熱衷的，就是捕風捉影製造謠言以求所謂「轟動效應」。

對於此類人物，我倒覺得一位眞正可稱學者的人說得精闢：「淫者見淫」而已。

當然，也有一些人所做出的那些遠離事實的臆測，未必是出於惡意，只是由於種種原因而未能進行細緻深入、實事求是的探究。因此，我還想再次強調：在研究歷史事件的過程中，僅僅依據資料進行分析推理是遠遠不夠的，而實地考察卻可能發現某些眞實細節。

比如，關於「兄弟失和」過程中幾個重要片段的具體地點，就很有深究一下的必要。

根據有關資料以及我在實地考察的情況看，這宅院實際上共有自南向北的五進院落。由北京魯迅博物館展出的模型可以看到，原宅大門是一座方形的門樓，門內正前方有一座影壁。進大門後第一進是空曠開闊的外院。如今外院和前罩房所在的第二進「前院」變化最大，我在前面已經說過，此處不再贅述。

再往北的第三進是整個院落的中心——「正院」也即「中院」了。

後院的一排九間後罩房保存完好，與正院正房後牆的距離非常開闊，以致後來的居民居然可以擴建出兩排雜亂的小房，從而形成一道狹長的胡同。那後罩房地勢很高，進屋需邁上三四層臺階。探訪者若有興趣，不妨自己體驗一下，看看站在這樣的高階上偷偷「聽窗」，究竟有多大可能？！

有一點似乎很容易被人們所忽略：在後罩房北面，還有一個東西走向的狹長院子。這應算作第五進了，周建人的兒子豐三就是在這裏自殺的。如今大都被居民們擴建成了屋子，只有張大媽屋後還留著一個小院。

豐三自殺的事情發生於一九四一年，據說自殺的原因是由於難以承受二伯當漢奸所帶來的思想壓力。

另外，在後罩房西面，是一個由兩排東西向房屋組成的「西院」，除了與後罩房所在的後院相通，還有一個朝西的獨立院門。我去看望張大媽時，一般都從這裏進去，可以少走幾步路。不過，當年魯迅在這裏居住的時候，西院並不屬於周家，它應當是周作人獨佔全宅後大力擴建時的產物。

在介紹完畢整所宅院的格局後，應當探討一下當年「兄弟失和」的事情究竟發生在哪裏。一九二三年七月十四日晚，魯迅「改在自室吃飯」，這頓「自具一肴」的晚餐是在哪裏吃的呢？

根據許壽裳所說的情況，可知魯迅與周作人夫婦那天發生了不可調解的矛盾，許壽裳雖曾竭力勸解而無效果，「導致魯迅不得已移居外客廳」。所謂「外客廳」，是指前罩房。魯迅曾在那裏寫作《阿Q正傳》，說明前罩房也有他的書房兼住處。

當晚，魯迅不能在後院吃飯；爲了不致影響母親，也不能回正房進餐；「自具一肴」去西廂房吃也不合適——那會馬上被母親發現的，因此，魯迅只有躲到前罩房去——也就是他所說的「自室」了。

此後幾天，魯迅在哪裏吃住，沒人提到，但我認爲還是在前罩房，因爲他已經正式「移居」於此了。

七月十九日上午，周作人向魯迅遞交絕交信，也應當是在這裏。當時，魯迅還抱有一線希望，打算與周作人心平氣和地當面談談，他似乎還沒有搞清楚到底發生了什麼事情，所以才「欲問之」。但沒想到周作人「邀」而「不至」。魯迅終於徹底失望，斷然決定遷出。

一九二四年六月十一日下午魯迅回宅取書、與周作人夫婦發生正面衝突，是在「西廂」，也就是西廂房。說明那裏原先應是書房兼其「移居外客廳」前的住處。

如今在故地回望當年發生的一幕幕事情，難免令人悵然。

從東側看北京魯迅博物館的八道灣胡同11號的模型。正房後面沒有“老虎尾巴”。

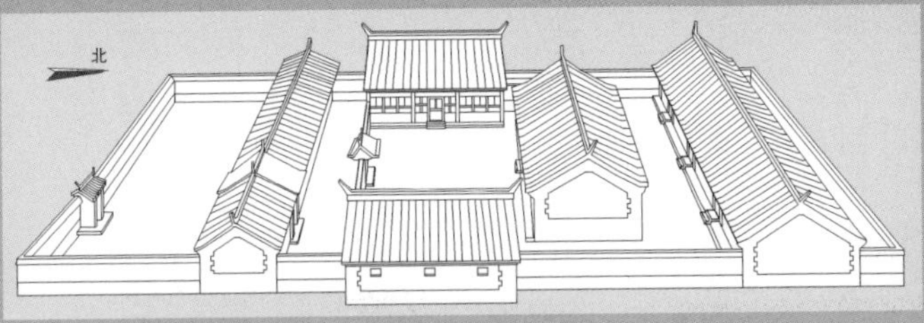

按與模型相同比例線描的八道灣胡同11號。正房後面沒有“老虎尾巴”。

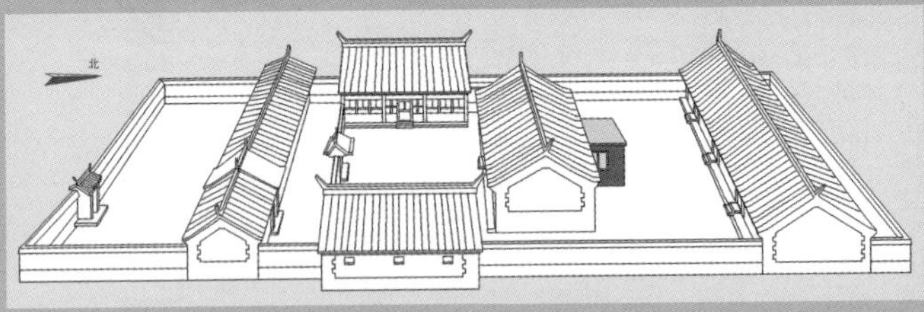

按實際情況線描的八道灣胡同11號——後院應當大得多。更重要的是：不能沒有那個不可缺少的“老虎尾巴”。

關於八道灣胡同十一號正房的「老虎尾巴」之謎

老宅中的待解之謎——北京八道灣胡同的魯迅故居

這個謎與「兄弟失和」無關，卻能夠揭示魯迅的心理狀態及性格中較爲隱秘的內容。

我對建築素無研究，但通過實地考察，也能看出魯迅當年在設計這所宅院的時候有許多獨特的想法，既充分發揮了北京四合院的特點，又進行了許多具體的改進。尤其是正房的結構，頗有些與衆不同。

按常規，通常四合院正房的兩側應有耳房，且後牆一般是不開窗的。然而，也許是爲了使通向後院的夾道更開闊些，八道灣這宅子的正房沒有正式的耳房，卻在東西兩邊各設有一間狹長的側房。所以正房實際共有五間：中間三間相當寬闊，東西兩邊的側房均只有半間的寬度。通過如此設計，可以窺見當年魯迅是何等細心：增加了這兩間側房作爲內室，母親與朱安便有了更多的「私密空間」。

此外，正房的各間屋子均開有很大的後窗，這樣通風自然更好，與後院的家人聯繫也更方便些。

我在前文中提到，在堂屋北面，有一間凸出的屋子。與院中所有主要建築不同的是，它是特意接出去的一間：院中其他房屋都是傳統的坡式清水脊屋頂，唯有這間是平頂，顯得很不協調。

張大媽曾對我說過：「魯迅原來就住那間——『老虎尾巴』嘛！」可是，在北京魯迅博物館的模型裏面，卻不知爲什麼沒有這間屋子。

爲此，我曾諮詢過有關專家，對方很堅決地說：「張老太太說得不對，八道灣那間屋子是後來蓋的。『老虎尾巴』只有一個，就是西三條的那個。」

2009年6月八道灣胡同的《房屋拆遷公告》。

然而，我曾多次在八道灣仔細觀看過那間屋子的結構，發現實在有些特殊。它與堂屋相連，進深很大，所使用的牆磚與正房其他各處無異，而且工藝十分考究；看去不像是後來居民自行改建的產物。

我難免感到詫異。八道灣這大宅院足夠寬敞，魯迅爲什麼要特地加蓋這樣一間屋子，豈不是畫蛇添足嗎？

這個疑團在我心中隱藏了好多年，始終無法解開。

幸運的是，一次在地壇冬季書市上，我見到一本舊書，是一九七九年內部發行的《魯迅研究資料》第三期，其中有許羨蘇於一九六一年所寫的《回憶魯迅先生》，文中明明白白地寫著：

老太太和朱氏住在第二進的三間北屋，位置和後來西三

雖然院子裏的房子已經拆了許多，所幸這“老虎尾巴”依然安在。（攝於2010年7月）

條的相當，即老太太住靠東一間，朱氏住靠西一間，中間是吃飯和洗臉的地方。靠後邊還有一個和「老虎尾巴」相當的木炕，也有很大的玻璃窗（比西三條面積大得多）。……當時魯迅先生的住房似乎是在西廂房，即後來周豐一住的那一間；冬天的夜晚他好像就睡在木炕上。老太太曾講過大先生書房裏只有一個白爐子，大概這樣可以節省一個洋爐子，因而設計西三條二十一號的時候，也就有了個「老虎尾巴」的吧？

許羨蘇與周家極熟，當時她在後院東頭的客房住過很長時間，儘管後來搬到學校去住了，仍是八道灣「每週必去的訪客」，她的敘述應當是十分可靠的第一手資料。此外，北京魯迅博物館的一些研究者也認同：「魯迅在八道灣就曾住過正房後面的『老虎尾巴』。」

可見北京魯迅博物館裏那個模型是存在重大缺陷的，它漏掉了這個具有特殊的意義的房間。還有，那模型的後院也太窄小了些。若在實地俯瞰整個建築，可以看到，後院應當十分寬敞。在住房安排上，魯迅是決不會虧待弟弟們的——寬敞的後院是整座院落中最安靜的地方。

當然，這「老虎尾巴」也不能算是魯迅的發明，北京城裏不難見到類似的建築，比如，京城名法源寺的殿堂中就有這樣一處，而民間工匠將此類建築格局簡稱爲「虎尾」。

魯迅從不與朱安同室居住。由此我們可以知道，後來魯迅遷居阜成門內宮門口西三條的時候，爲什麼也會在堂屋後面接出去那一個「老虎尾巴」了——這間奇特的屋子，正是他與朱安那段畸形悲劇婚姻的眞實旁證。

隨著時間流逝，八道灣胡同十一號也在一天天老去。它的命運將會如何，是許多人一直關心的問題，其中也包括這院裏的居民。比如，一九八四年，張大媽曾給鄧穎超寫過一封信，建議把八道灣這處宅子作爲文物保護單位。鄧穎超很認眞地把這封信轉給了北京市文物局，文物局也很認眞地給張大媽寫了回信。信中說：「經我們調查研究，該住所是有一定的保護價值的，已建議西城區文物局在公佈下批文物保護單位時，考慮將『魯迅著書處』列爲西城區文物暫保單位。」二十幾年的時間過去了，這一建議仍然沒有落實，張大媽對此感到很遺憾。

八道灣胡同十一號始終未被列爲文物保護單位的原因之一，據說是由於周作人所無法抹去的漢奸污點。然而，這宅子畢竟是周家共同的財產，不僅經過魯迅當年的苦心營造，還留下諸多無法磨滅的歷史積澱，若僅僅因爲周作人的緣故便將它視若棄履，任其自生自滅，實在於理難通！

八道灣後院張大媽住房内，已是人去屋空。（攝於2011年1月25日）

這些年，我曾多次前去拜訪張大媽。她的女兒於二〇〇三年突發腦疾不幸去世，家中一老一小只能靠「低保」補貼度日。好在二〇〇五年房屋得以翻修，還安裝了土暖氣，居住條件大有改善。老人雖然體弱多病，但精神尚好，時常對我叨叨：「咱娘兒倆努努力，多跟政府說說，把這院子給『保護』了——這也是大先生的家啊！」

不幸的是，二〇〇八年春節前夕，張大媽不幸病逝。這院子的許多故事，也隨她一起飄失了。

二〇〇九年六月，《房屋拆遷公告》出現在八道灣及周邊胡同的牆頭。據瞭解，這一地區將成爲北京市三十五中學的新址。消息引起強烈的社會關注，人們不能不爲魯迅故居的命運而擔憂。

此後媒體的跟蹤報導讓人寬慰：該院將作爲三十五中的校內文物保留。二〇一〇年底，學校的領導明確表態，校方將請專業施工隊對舊居進行修繕改造，力求恢復到魯迅居住時期的風貌；工程完成後，這裏將成爲學生圖書閱覽室；此外，學校還將在這裏掛牌爲「魯迅紀念館」。

對於將來的學子來說，能在《阿Q正傳》誕生的屋內讀書，能在《鴨的喜劇》描繪的場景中徜徉，那是何等難得的機緣！老宅若有靈，也自當慶幸。如此光明的未來，應是它最理想的歸宿。

二〇一一年一月二十五日，我重訪八道灣，看到周邊胡同的拆遷工作正在進行，十一號院內的房屋也拆了不少。後院東頭的老住戶張大媽去世後，那幾間屋子由她的外孫女居住，去年來的時候我還見過這女孩，但現在已經遷走了，屋子裏一片狼藉，看去很是淒涼。

後罩房西頭的三間，原是周作人的住處，後來住的是位姓劉的大媽一家，現在也搬走了。先前屋前加蓋的一排小房已經拆除，完整地露出了原貌，可以看到那窗前的階沿有多高。我想那些編造了魯迅「聽窗」故事的人們應當親自到這裏來體驗一下，看看站在那麼高的臺階上

「扒窗根」，將是一件多麼傻的事情。

後罩房居中三間的居民還沒有搬走，據那位女士說，是因爲家裏兄弟意見不和，無法就拆遷條件達成一致意見，只能無奈地「堅守」。據她說，這院裏原先有三十六戶居民，已經遷走三十戶了。

按拆遷公司的慣例，往往是搬走一戶便立即拆除一戶。現在院內到處都是殘牆斷壁，所幸，那老房的主體建築尚未受到損害。

我衷心地希望，八道灣胡同十一號能在專家的指導下理想地恢復其眞實原貌——尤其是那曾經被人忽視而又具有特殊意義的

八道灣正院中許多住戶已經遷走，私搭的大量小屋多已拆除，可以相對清楚地看到些許當年周家初建時的模樣了。圖中右邊的屋子是周母與朱安所住的正房，左邊就是1924年6月11日魯迅回家取“書及什器”時，與周作人夫婦發生大衝突的西廂房。（攝於2011年3月19日）

「老虎尾巴」，萬勿因一時的疏忽而貿然拆除，以致造成永遠的遺憾。

任何文物，最重要、最寶貴的地方，正在於其不可複製。而以往的拆遷，已無數次發生不容原諒的錯誤：在「修舊如舊」的幌子下，拆了彌足珍貴的老建築，代之以富麗堂皇的新東西。如此「保護」，雖生猶死，甚至生不如死。

八道灣胡同十一號的「來生」究竟如何，人們將拭目以待。它的命運，不應是孤立的個案。對於那些在城市拆遷過程中僥倖逃生的文物建築來說，大都面臨同樣的問題：第一步是如何完整保留，第二步是如何真實復原。

八道灣胡同11號東側的房屋正在拆除。（攝於2011年3月19日）

這些年來，被毀掉的眞寶貝實在太多了，粗製濫造的假東西也實在太多了，我們的文化根基，就是在如此以假充眞的過程中被逐漸銷蝕殆盡。試問衆人：在那樣一個僞造出來的虛假世界中，我們有何顏面接受後人的詰問？

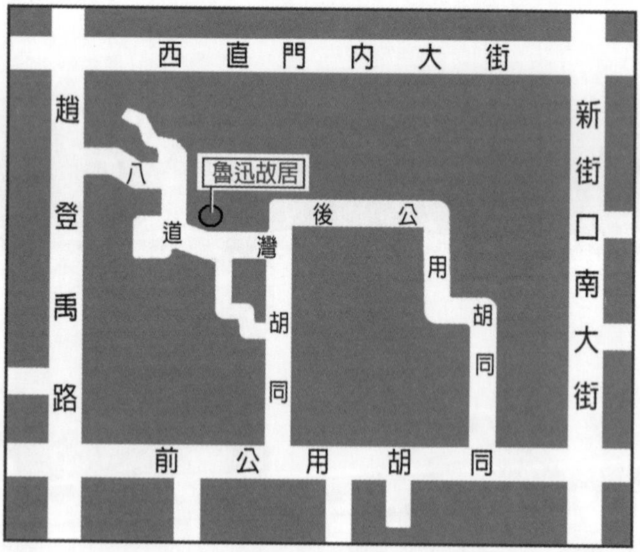

北京八道灣胡同魯迅故居位置圖，繪於2011年1月。顯然，八道灣周邊的地理形態很快便會出現相當大的變化，這張圖只能為將來留下一個歷史的回憶。

爲誰「祝福」

北京磚塔胡同的魯迅故居

《幸福的家庭》

爲誰「祝福」——北京磚塔胡同的魯迅故居

他攤平了一摞稿紙，緩緩拿起筆來，蘸飽墨汁，開始寫：「舊曆的年底畢竟最像年底……」

一九二三年八月二日，一個雨後初晴的日子，魯迅攜妻子朱安暫時遷至西城區磚塔胡同六十一號居住，就此離開了八道灣。

這個院落是作家許欽文的妹妹許羨蘇和她的同學俞芬幫助聯繫租住的，每月房租只要八元。俞芬和自己的兩個妹妹原先就住在這院裏，因此魯迅戲稱她爲「小房東」。俞芬的妹妹俞芳曾經這樣寫過：

當時的磚塔胡同六十一號，是一所道道地地的北京老式磚木泥土結構的簡易平房。大門是兩扇木門，門上有兩句對聯，黑底紅字，上聯是「忠厚傳家久」，下聯是「詩書繼世長」。院內有七間瓦房：北屋三間，東屋、西屋各兩間。北屋是磚地，東屋、西屋都是泥地。北屋三間中的東、西兩間的南面各有裝著固定的小玻璃的窗子兩扇。

中間那間屋子除正中朝南有兩扇木門外，是簡易花格窗，糊著窗紙，沒有玻璃，白天門開著時有亮光，關上門，屋內光線很暗。院子南面有一個小土堆，魯迅先生發現，它過去是花壇，年久失修，倒坍了，漸漸變成這個樣子。經他指點，細看下面，有些地方，還有花壇的遺跡。

俞芳還特地畫了一張平面圖——當時她只有十二三歲，竟然記憶如此清楚，實屬難得！

這是一個很小的院子，大門朝北，院內有兩間西房，由俞芬、俞芳、俞藻三姊妹居住；兩間東房，是女工住房和公共廚房；還有三間北房，是魯迅一家的住處。這三間北房總共只有二十多平方米，西面作爲朱安的臥室；東面一間留給魯迅的老母親，她時常到這裏來看望大兒子；中間的堂屋則是魯迅的房間了。白天，這堂屋可充當會客室和大家吃飯的地方，因此擺著一張小八仙桌；晚上，魯迅就在這裏寫作，靠牆的一張木板床是他睡覺的地方。由於地方實在太狹窄，魯迅的書籍沒地方放，只得擱在木箱裏，待用的時候再取出來，因此經常搞得滿桌滿床都是書。即使這樣，他還有十幾箱書不得不存放在教育部裏。由於院子太小，俞氏姊妹年幼好動，玩耍嬉戲，難免吵鬧，雖然使院子裏經常充溢著熱鬧的氣氛，但魯迅的寫作和思考卻受到很大影響。與八道灣那寬敞的居住環境相比，這裏的條件實在太差了！

此時魯迅的境況，可說是「貧病交加、情緒低沉」。

魯迅的個人收入並不算少。除了在教育部任職的三百元月俸，還有在一些學校兼課的講課

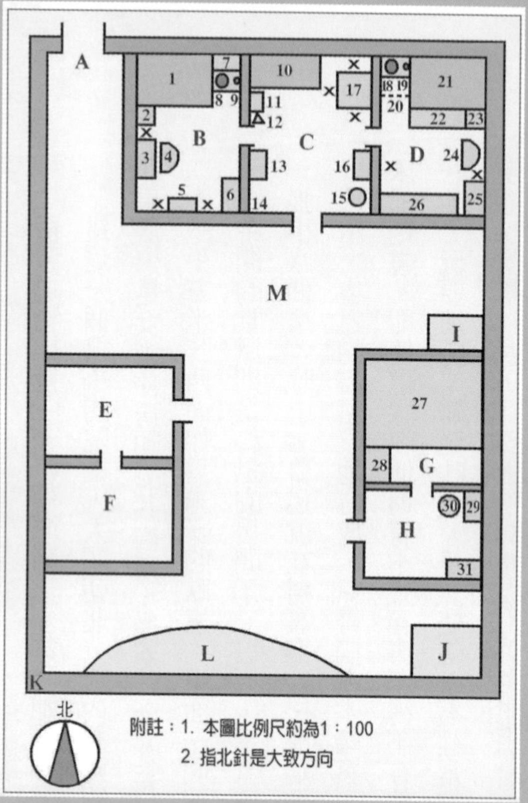

俞芳所繪的平面圖，文字說明寫得相當詳細。

一、院內和房間的佈局：

A. 大門。B. 大師母（朱夫人）的臥室。C. 魯迅先生的會客室、臥室、夜裏工作兼全家吃飯的屋子。D. 太師母（魯太夫人）的臥室。E. F. 我們姊妹三人的住屋。G. 魯迅先生家的保姆王媽和我們家的保姆齊媽的臥室。H. 兩家合用的廚房。I. 雞窩。J. 廁所。K. 牆身。L. 小土堆。M. 天井。

二、魯迅先生家中屋裏的陳設：

1. 大師母的床。2. 小櫃子。3. 三屜書桌，魯迅先生白天工作的桌子。4. 藤椅。5. 兩屜桌。6. 櫃子（桌式櫃）。7. 箱子。8. 馬桶。9. 木杓斗（洗手用）。10. 魯迅先生的木板床。11. 書箱。12. 衣架（高五尺多）。13. 兩屜桌或書架（記不清了）。14.門後放著門閂和曬衣竹竿等。15. 小水缸。16. 桌式洗臉架。17. 八仙桌。18. 馬桶，外有馬桶箱。19. 木杓斗。20. 布簾子。21. 太師母（魯太夫人）的床。22. 床前踏腳板。23. 床頭茶几。24. 藤椅。25. 桌式櫃。26. 藤躺椅或木椅（記不清了）。27. 大炕（王媽和齊媽合用的炕）。28. 大木箱（王媽和齊媽放衣服用的）。29. 魯迅先生家的切菜桌。30. 魯迅先生家的水缸。31. 魯迅先生家的灶。

附注：魯迅先生一家住的三間北屋內，共有木椅子八張，它們經常的位置在圖中用"×"表示，但有時要搬動的。

（根據俞芳《我記憶中的魯迅先生》附圖重繪）

費及著書寫文章的稿費等等，應當說，承擔一個家庭的開支是綽綽有餘的。然而，許多收入實際上並不能夠及時得到，而且很少能得全額，有時僅獲可憐巴巴的一二成。比如一九二三年一月份的工資，居然零星分作幾次發放，拖到六月還沒結清。魯迅在離開八道灣的前一個月，竟完全沒有收入，因此在他搬入磚塔胡同的時候，幾乎是身無分文。在八月十三日的日記中，他記道：「母親來視，交來三太太箋，假十元，如數給之，其五元從母親轉借。」就是說，這天，「三太太」（即羽太信子的妹妹、周建人的妻子羽太芳子）托魯迅的母親向他借十元錢，他身上只有可憐巴巴的五元錢，以致不得不從母親那裏轉借五元，窘迫之狀，略見一斑。過了幾天，部裏居然發餉了，據說是二月份的「部分」奉銀，取到一看，只有區區四元錢，這可真讓人哭笑不得！魯迅一怒之下，索性送給工役作爲「夏賞」了。

磚塔胡同魯迅故居舊照。（攝于北京魯迅中學魯迅生平展室）

而居住條件再惡劣、經濟狀況再拮据，與周作人夫婦給他帶來的精神打擊相比，幾乎是微不足道的。他們兄弟二人本來合作融洽，彼此激勵，正處於創作的高峰期，突然發生「兄弟失和」的變故，是始料不及的。同時，那段時間正值「五四」運動的高潮已過，新文化運動的隊伍面臨破裂，《新青年》雜誌的團體也散掉了。受此種種因素的影響，魯迅的情緒十分低沉。他的身體狀況也相當不好，以致在搬到磚塔胡同後不久便肺病復發，咳嗽、發高燒，連續一個多月只能以稀粥爲食。雖經治療得以痊癒，卻就此種下了病根。十幾年後，他終於還是因肺病而辭別人世。

借居他人簷下畢竟十分不便，尤其辛苦了魯迅的老母親。手心手背都是肉，老大老二都是自己的孩子。年近七十的老母親經常往來於八道灣與磚塔胡同之間，不僅顛簸勞累，而且使那三間不大的北房顯得更加擁擠。魯迅所寫的小說《幸福的家庭》中主人公的生活環境，簡直就是他自己當時狀況的眞實寫照：

——「劈柴，……」

他吃驚的回過頭去看，靠右肩，便立著他自己家裏的主婦，兩隻陰淒淒的眼睛恰恰盯住他的臉。

「什麼？」他以為她來攪了他的創作，頗有些憤怒了。

「劈柴，都用完了，今天買了些。前一回還是十斤兩吊四，今天就要兩吊六。我想給他兩吊五，好不好？」

「好好，就是兩吊五。」

「稱得太吃虧了。他一定只肯算二十四斤半；我想就算他二十三斤半，好不好？」

「好好，就算他二十三斤半。」

「那麼，五五二十五，三五一十五，……」

「唔唔，五五二十五，三五一十五，……」他也說不下去了，停了一會，忽而奮然的抓起筆來，就在寫著一行「幸福的家庭」的綠格紙上起算草，起了好久，這才仰起頭來說道：

「五吊八！」

許羨蘇曾寫道："……磚塔胡同61號，雖然也是三間北房，但面積要比八道灣的三間小得多，又小又矮，中間沒有凸出的一個長炕，也沒有後窗。……俞芬住的是西屋兩間，中間沒有隔斷。東屋兩間，一間是兩家公用的廚房，一間是女工的公用臥室，沒有南房。" 這院子本來就不大，如今又增加了許多小房，更顯得擁擠。（攝於2007年9月）

——他不能自製的只想回過頭去看，因為他覺得背後很熱鬧……他終於忍耐不住，回過頭去了。就在他背後的書架旁邊，已經出現了一座白菜堆，下層三株，頂上一株，向他疊成一個很大的A字。

「唉唉！」他吃驚的歎息。同時覺得臉上驟然發熱了，脊樑上還有許多針輕輕的刺著。「籲……。」他很長的噓了一口氣，先斥退了脊樑上的針，仍然想，「幸福的家庭的房子要寬綽。有一間堆積房，白菜之類都到那邊去。……」

——拍！

他腰骨筆直了，因為他根據經驗，知道這一聲「拍」是主婦的手掌打在他們的三歲的女兒頭上的聲音。

……他聽得嗚咽聲高了起來，也就站了起來，鑽過門幕，想著，「馬克思在兒女的啼哭聲中還會作《資本論》，所以他是偉人，……」走出外間，開了風門，聞得一陣煤油氣。孩子就倒在門的右邊，一見他，便『哇』地哭出來了。……」

我想，寫到這裏的時候，魯迅難免會自嘲地「噓了一口氣」，暗暗慶幸現實中的自己幸虧沒有孩子，單是這劈柴白菜亂作一團的日子，就已經夠受的了！

磚塔胡同的魯迅故居原先是61號，後來改為84號。84號的大門原本朝北，如今朝西的院門是後來改建的。（攝於2004年12月）

無奈的忙碌

爲誰「祝福」——北京磚塔胡同的魯迅故居

就母親而言，顯然是願意與老大夫婦住在一起的，但是，如此惡劣的居住條件，無論如何難以持久。因此，在搬到磚塔胡同的當月，魯迅便四處奔波，試圖尋找一個可以安家的合適住處。有時雖遇颳風下雨，但因事先已經與朋友約好看房，也不得不帶病前往。在三個月的時間裏，他外出看房二十餘次、數十餘所。在他的日記裏，我們可以不斷看到這樣的敘述：「小雨。午後與李姓者往四近看屋。下午大雨。」「下午與秦姓者往西城看屋兩處。」「下午同楊仲和看屋三處，皆不當意。」「欲買前桃園屋，約李慎齋同訪林月波，以議寫契次序不合而散，回至草廠又看屋兩處。……咳嗽，似中寒。」「曇，大風。上午李茂如來，同出看屋數處。午後往世界語校講。……大發熱，以阿思匹林取汗，又寫〔瀉〕四次。」

最後這一段日記寫於一九二三年十月一日。這天上午，魯迅頂著大風外出看了好幾處房子，下午還要去講課。到晚上就躺倒了：發高燒、拉肚子。本來還以爲是普通的腹瀉，吃幾天流食就會好的，所以從十月四日晚上開始僅以米汁、魚湯爲食，實際上，是肺病復發了。就在這種情況下，他僅休息了幾天，從十月十日開始，又「訪李慎齋，同出看屋數處」。

終於，魯迅在一九二三年十月三十日的日記裏寫道：「……至阜成門內三條胡同看屋，因買定第廿一號門牌舊屋六間，議價八百，當點裝修並丈量畢訖，付定泉十元。」

選定了房子，魯迅的心情好了一些，身體也有所恢復。十月八日，開始「廢粥進飯」，還忍不住喝了一點汾酒。他似乎鬆了一口氣，屈指算來，「距始病時三十九日矣。」

然而，眞正的勞碌才剛剛開始，此後，他又忙於跑警署、辦手續，借錢付房款，設計施工方案，雇請木工、瓦匠，招呼漆匠、裱糊匠，討價還價商量工錢，買屋瓦、木料，監督卸灰卸料，指導施工、油漆……有時連續幾天都要往返於西三條和磚塔胡同之間，什麼事都得他親自過問、指揮。作爲家裏唯一的「壯勞力」，許多力氣活還得他自己幹。那年十一月中旬，家裏買了一噸半準備冬天取暖用的煤，因爲煤塊大小不一，燒起來不方便，需要砸得碎一些，放了半個月，沒人幫忙，還得魯迅自己動手，不小心砸傷了自己的大拇指。爲了省些時間和開銷，有時魯迅也如同當今的「上班族」一樣，索性從街上買些現成的饅頭、糖包子帶回家，免得朱安再做飯了。過度的疲勞，使他經常失眠，有時「不寐飲酒」——忍不住拿喝酒當吃安眠藥。

儘管如此，他還是堅持講課、堅持寫作。在磚塔胡同居住的九個多月時間裏，他便校勘了《嵇康集》，編定了《中國小說史略》下卷，還連續創作了小說《在酒樓上》、《幸福的家庭》、《肥皂》以及名作《祝福》。

正房是魯迅住過的地方。《祝福》等名篇就誕生在這裏。（攝於2007年9月）

一首晦澀的「詩」

爲誰「祝福」——北京磚塔胡同的魯迅故居

行筆至此，我突然心中一動：魯迅究竟爲什麼會寫出《祝福》這樣一篇小說呢？

按照後人的評價，這篇小說是「描寫農村婦女祥林嫂在封建政權、族權、神權、夫權這四條繩索的束縛下，受苦、掙扎，最後被吞噬的悲劇，反映了在封建制度和舊禮教迫害下的舊中國婦女的命運，控訴了封建四權對勞動婦女從肉體到精神的壓迫和摧殘……」然而，這篇小說難道不會有一些更深的內涵和寓意嗎？

魯迅的作品——尤其是他的小說——不僅時常直接或間接地調用自己的親身經歷或日常生活作爲素材，還往往以十分曲折的筆法宣洩內心的感受和複雜的情感。對於任何一個作家來說，這都是很平常的，而魯迅則尤爲明顯一些。「直接調用」的例子，如前面提到的《幸福的家庭》，還有《故鄉》、《社戲》、《鴨的喜劇》等等。「曲折宣洩」的例子更

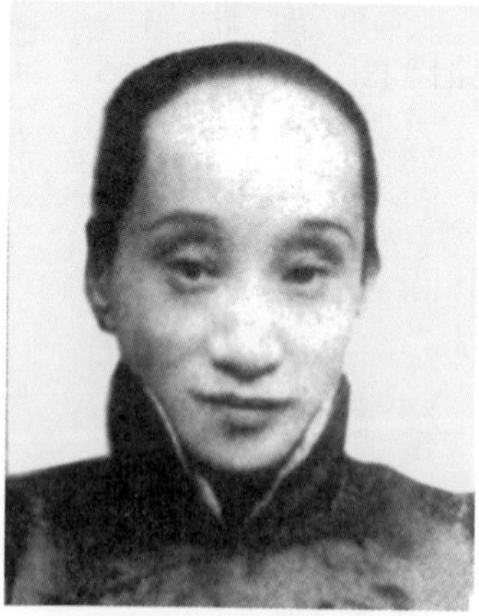

朱安像。（攝於北京魯迅博物館）

爲常見，甚至許多「歷史小說」中也不乏針砭時弊、抨擊敵人的文字。但魯迅的筆觸有時頗爲隱晦，非知情人往往難以「破解」。比如在「兄弟失和」兩年多以後，他在心境已經較爲平靜的時候寫下的《弟兄》，幾乎是完全如實地描寫，字裏行間難以掩飾地流露出對已經不復存在的兄弟情誼那種傷感的痛惜。而在寫成《弟兄》的十幾天前，魯迅還寫過一篇著名的小說《傷逝》，這篇小說通常被理解爲描寫了一場謀求個性解放的愛情悲劇。但是，作爲對魯迅瞭解至深的周作人，卻做出了一個十分驚人的解釋：「《傷逝》不是普通愛情小說，乃是假借了男女的死亡來哀悼兄弟恩情的斷絕的。」聽上去簡直匪夷所思，但仔細琢磨之後，卻不能不承認周作人說得很有道理：

《傷逝》這篇小說很是難懂，但如果把這和《弟兄》合起來看時，後者有十分之九以上是「真實」，而《傷逝》乃是全個是「詩」。詩的成分是空靈的，魯迅照例喜歡用《離騷》的手法來寫「詩」，……所以結果很是晦澀。

那麼，《祝福》是否也同樣是一首晦澀的「詩」呢？

稍加查詢便可以發現，那段時間魯迅正處於一個十分特殊的創作時期：一九二四年二月七日，農曆正月初三，寫成《祝福》；二月十六日，正月十二，寫成《在酒樓上》；二月十八日，正月十四，寫成《幸福的家庭》，並在日記中特記之：「夜成小說一篇。」在這麼短的時間裏寫出總數達兩萬多字的小說，在魯迅的寫作生涯中似乎並不常見。

細讀這三篇小說，不難看出它們的總體基調是消沉的，充滿一種難言的無奈。魯迅把收入

暮色深沉，磚塔胡同寂靜淒涼。將近九十年前的那個除夕之夜，魯迅也是踏著這樣慘澹的燈光，匆匆回家過年。（攝於2010年10月）

這三篇小說的集子命名爲《彷徨》，正是坦率地承認自己當時那種消沉和無奈的精神狀態。其中，《幸福的家庭》是對自身環境的無奈，《在酒樓上》是對社會環境的無奈。而《祝福》呢？用一句現代辭彙膚淺地說，是對「社會弱勢群體」——被壓在社會底層的婦女悲慘無助境況的無奈。

但是，這也許僅僅只是一個表面現象。

魯迅筆下的婦女形象爲數衆多，而給人留下印象最深的，也許就是這《祝福》中的祥林嫂了。實際上，祥林嫂只是一個象徵，代表著特定的婦女群體。而在這婦女群體中，離魯迅最近的是誰呢？一個，是他的母親；另一個，自然是他的妻子朱安。

我不能不產生一個大膽的猜想。《祝福》是一首晦澀的「詩」，「祥林嫂」是母親與朱安的「影子」。

母親魯瑞中年喪夫，所幸三個兒子均有作爲，也算是晚年有所依靠了。不料老大魯迅與老二周作人突然失和，老母親夾在中間，那滋味是可想而知的。說起來母親還是依賴老大，心裏也更疼老大，魯迅搬到磚塔胡同之後，她每隔幾日便要跑過來看看，有時一住就是許多天。得了病也得老大陪著去，這樣心裏才踏實。有了一點好吃的，總是惦著讓人給老大捎來，其實有時就是幾枚桃子、一碗鴨肝，但那份慈母之愛卻溢於言表。

而對魯迅來說，朱安是母親所送的一份特殊「禮物」。受之不甘，卻之不得，魯迅一生中最大的「無奈」，就在於朱安。如他曾經所寫：「愛情是什麼東西？我也不知道。中國的男女大抵一對或一群——一男多女——的住著，不知道有誰知道。」

自從二十五歲遵母命與朱安成婚，魯迅始終採取一種躲避的態度，有許多年都是兩地分居。當全家人遷京入住八道灣之後，魯迅仍與朱安分室居住。好在那是一個大宅院，總不難尋找回避的藉口和地方，但是到了磚塔胡同之後，矛盾就比較明顯了。他們在磚塔胡同一共住了九個多月、約三百天的時間，其中母親來過十餘次、前後共住了一百六十來天，而其他一百三十多天的時間，則是他們夫婦相對獨處。這是魯迅一生中與朱安單獨在一處居住最長的一段時間了。他不愛她，但也沒有理由恨她，因爲她是孑然無助的，只能像一棵死死纏住他的藤，把自己一生的命運完全繫在他的身上。

魯迅是理智的。對於朱安，他並非沒有同情。他說：「但在女性一方面，本來也沒有罪，現在是做了舊習慣的犧牲。我們既然自覺著人類的道德，良心上不肯犯他們少的老的的罪，又不能責備異性，也只好陪著做一世犧牲，完結了四千年的舊賬。」

然而，正是這種理智，卻使魯迅無法擺脫所謂「人類的道德」的束縛。他似乎只能「陪著做一世犧牲」了，這是多麼讓人絕望的事情！

磚塔胡同。

悲哀中的祝福

爲誰「祝福」——北京磚塔胡同的魯迅故居

儘管魯迅的日記十分簡略，但我們仍可以想見這一年的春節他是如何度過的。

除夕之夜是冷清而寂寞的，與幾年前在八道灣的時候完全不同。那年全家人剛剛遷到北京，老少十幾口人團聚，魯迅的興致極高，又是祭祖，又是添菜飲酒，又是燃煙花放爆竹，熱鬧得很。而今年，母親是早在兩個月前就過來住了，但魯迅始終在爲房子的事而奔忙。大年三十，他還在四下討要欠薪，忙了一天，「成績」還算可以，細加清點，居然也有二百四十多元，急急忙忙買了一些酒和點心趕回家來，母親和朱安已經準備好飯菜等他了。在四外時疏時密的爆竹聲中，他們也開始吃年夜飯了。然而，只聞碗碟交碰之聲，少有相互間的交談。母親自然是要不時爲兒子和兒媳搛菜，兒子自然更要回敬母親。時而，他也默默地給妻子搛些她愛吃的菜，她只是同樣默默地投過一瞥，那滿腔的感激與寬慰之情全包含在這一瞥之中了。

夜深了，母親與朱安終於睡去，只有中間的堂屋還亮著燈光，魯迅獨坐於燈下，一邊默默地吸著香煙，一邊慢慢地呷著殘酒。他覺得這屋子正像一副擔子，一頭是母親，一頭是妻子，他就是那個挑擔子的人。他也許一輩子都要挑著這個沉重的擔子，永遠無法卸下肩頭了。

他不由得想到，不久前，他剛剛在女子高等師範學校發表過一次演講《娜拉走後怎樣》，曾經忍不住說了這樣一段話：「在現在的社會裏，不但女人常作男人的傀儡，就是男人和男人，女人和女人，也相互地作傀儡，男人也常作女人的傀儡，這決不是幾個女人取得經濟權所能救的。」在那一瞬間，他的心中不能不浮現出朱安的影子。難道朱安不正是他的傀儡，而他自己，不也是朱安的傀儡嗎？

那天是一九二四年二月四日，他在日記裏寫道：「舊曆除夕也，飲酒特多。」

也許就是在那個晚上，他攤平了一摞稿紙，緩緩拿起筆來，蘸飽墨汁，開始寫：

「舊曆的年底畢竟最像年底……」

他把這篇小說的背景仍然放在自己最熟

磚塔胡同西段的許多老屋已拆遷，魯迅故居北面隔著胡同的破牆另一側幾如荒郊，成了拾荒者的天下。（攝於2007年9月）

悉的「故鄉」——「魯鎮」。

這個春節是比較清靜的，只有兩三個拜年的客人，魯迅可以靜下心來從容寫作。但他的心中無法從容，那一手提著竹籃、一手拄著破竿的祥林嫂，如幽靈般浮現在紙上，在切切地向他發問：「一個人死了之後，究竟有沒有魂靈？」

二月六日，大年初二，他在日記裏寫著：「雨雪，休假。……夜失眠，盡酒一瓶。」一夜不寐，他居然喝光了一瓶酒！

魯迅慢慢地喝著酒，寫完了這一傳世名篇。當他收筆的時候，天已微明，他隨手署明日期：「一九二四年二月七日。」結尾的一段文字，正是在那個烏雲低垂、冷雪擊窗的冬夜，魯迅自己內心的感受。苦澀而濃郁的酒味摻和著複雜的感情，流淌於字裏行間，不知是壓抑、鬱悶還是寂寞、悲哀，讓人讀過之後，有一種沉甸甸的說不出來的滋味：

我給那些因為在近旁而極響的爆竹聲驚醒，看見豆一般大的黃色的燈火光，接著又

2011年1月底，我再去磚塔胡同，看到北側的荒地已經成了工地，大樓正在施工。而那破爛矮小的84號院顯得格外恓惶。（攝於2011年1月）

聽得畢畢剝剝的鞭炮，是四叔家正在「祝福」了；知道已是五更將近時候。我在朦朧中，又隱約聽到遠處的爆竹聲聯綿不斷，似乎合成一天音響的濃雲，夾著團團飛舞的雪花，擁抱了全市鎮。我在這繁響的擁抱中，也懶散而且舒適，從白天以至初夜的疑慮，全給祝福的空氣一掃而空了，只覺得天地聖衆歆享了牲醴和香煙，都醉醺醺的在空中蹣跚，豫備給魯鎮的人們以無限的幸福。

他略加斟酌，揮筆寫下了文章的名字——「祝福」。

不知是有意還是無意，這小說的名字居然正與「朱安」暗合：「朱」、「祝」同音，「安」即是「福」。他也許正是借此爲朱安、爲母親、爲無數與她們同樣的婦女而「祝福」！

這個冬天剛過去，魯迅又病了，胸腹間時有隱痛。醫生先是懷疑肋膜炎，後又診爲神經痛。魯迅接連不斷地去醫院，一個月就看了十四五次病，幾乎每隔一天去一次，每次四五元錢，光醫藥費就花去了不少。儘管身體不適，還要在上班之餘抓緊校對《中國小說史略》的書稿，幾所學校的授課任務也不能耽誤……魯迅實在有些撐不住了。三月二十三日，他自訴道：「夜甚憊，似疲勞，早臥。」但實際上不僅是疲勞過度，第二天就開始發燒，儘管他煙癮很大，也不得不「斷煙」。到醫院一檢查，說是感冒，只得連續休息了一個星期，不但無法上班，連各學校的課程也不得不請假暫停。習慣於工作的魯迅不甘如此「閒居養病」，試圖掙扎著從病榻上起來寫些文章，但身體虛弱，什麼也寫不成。

然而，房子施工的事情還需要他去調度。病剛有些好轉，他就又開始奔波了……

一九二四年五月下旬，房子終於完工了，傢俱也陸續買了一些。爲了省錢，許多傢俱都是買的舊貨，比如三張鋪板用去九元，而一套五件的舊桌椅才花了七元。五月二十五日，他與朱安遷居西三條，就此離開磚塔胡同。

由於被「逐出」八道灣時幾乎「囊空如洗」，在短短幾個月的時間裏也不可能有較多積蓄，他最初購買西三條房產的八百元錢是向兩個朋友借的。這筆款子直到兩年後去廈門教書的時候，才借助廈門大學的薪水陸續還清。

磚塔胡同以其東口的「萬松老人塔」而得名。萬松老人是金末元初著名的佛學大師，曾提出「以儒治國、以佛治心」的主

磚塔胡同魯迅故居速寫。（繪於2011年）

張，在他圓寂後，有人修了這座塔。「磚塔胡同」的名稱自元代沿襲至今，可算是北京城裏最古老的胡同之一了。

魯迅的這處故居現在的門牌是八十四號。若由東口進入磚塔胡同，東西方向的道路基本是直的，唯在這個院子的西北角上開始向南拐彎，接著又拐向西面，從位置上說，還是很好辨認的。但是經多年變遷，小院已經完全變了模樣，原先朝北的院門被堵上，成爲一間屋子，在這屋子南面的院牆上又朝西開了一個小門，由於院門外兩側搭建了一些臨時房屋，如果不注意，很容易錯過去。魯迅住過的三間北房在二十世紀八〇年代初被拆除重建，東、西廂房也都已不是原先的建築，各處房屋之間只有一條狹窄的過道，院子已不成其院子了。

磚塔胡同東口的萬松老人塔經多年維修，終於露出了本相，但工程似乎還遠未結束。（攝於2011年1月）

二〇〇二年初，磚塔胡同西段開始拆遷；不久，胡同中段北面的房屋也拆爲平地。八十四號雖然尚得暫存，但院子的牆上已經寫上了大大的「拆」字。二〇〇九年夏天我去回訪，聽院中居民說，這裏早就列入拆遷計畫，有的居民已經遷走。

待到二〇一〇年，胡同北側那片荒蕪多年的空地終於開始動工建設了，眼看著大樓平地而起、日益長高。而對面的八十四號小院仍在默默地矗立著，牆上那個大大的「拆」字依然醒目。我不知道它還能堅持多長時間。也許不久後的某一天，我再次路過的時候，會發現它已經眞的消失了。我不會感到驚訝，只是覺得，那眞是一件很可惜的事情。

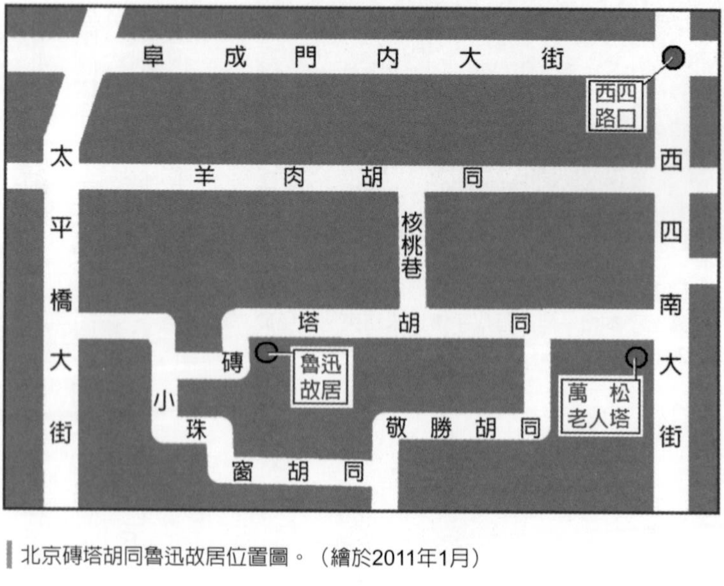

北京磚塔胡同魯迅故居位置圖。（繪於2011年1月）

「老虎尾巴」中的愛情故事

北京西三條胡同的魯迅故居

從「老虎尾巴」到女師大

「老虎尾巴」中的愛情故事——北京西三條胡同的魯迅故居

她能夠感到他的手在微微發抖。片刻，他說：「你戰勝了……」

「在我的後園，可以看見牆外有兩株樹，一株是棗樹，還有一株也是棗樹。」這是八十多年前的一個夜晚，魯迅在那間被稱爲「老虎尾巴」的書房裏寫下的。讀過《秋夜》那篇散文的人，都會對開首的這句話有深刻的印象。

關於這「老虎尾巴」以及它對魯迅個人命運的影響，有一段十分曲折的故事。

一九二四年五月二十五日早晨，魯迅攜朱安遷居阜成門內宮門口西三條胡同二十一號，不久又把母親接來同住。

搬家總是要忙亂一陣的，加上各個學校臨近學期期末，魯迅除了負有繁雜的講課任務，還要擔任監考、審閱試卷，自然更顯忙碌。夏季轉眼就到，他又應邀到西安爲暑期學校講學，去了一個多月的時間。這是魯迅第一次、也是唯一一次前往西北，很有些新奇的感覺。講學之餘，遊碑林，聽秦腔，去華清池泡溫泉，登大雁塔觀古跡，去古董店尋購些小玩意兒，到街市上採辦點土特產……雖說千里之行舟車勞頓來去匆匆，倒也是興致盎然收穫甚多。回到北京後，他又緊著見朋友，分贈從西安帶回的土產禮品，還要處理許多雜事，結果發燒腹瀉小病一場。直到九月初才稍微消停了一些，他終於可以踏踏實實在自己的新家裏做些事情了。

西三條的房屋不大，是一個只有一進院落的小四合院。院內原有幾間舊房，已是破爛不堪，必須全部翻修。所以，儘管這院子的價格不算太貴——僅八百元，可修葺的費用就至少要一千多元！魯迅親自繪製了改建草圖，爲了節約資金，「原有後大房三間，改做臨街南房」，以充分利用舊料，其他能省的地方也儘量節省，足足忙了五六個月才算完工。這宅子與北京絕大多數四合院一樣，坐北朝南的院門位於東南角上，進入院門向西拐一個小彎，便進了院子。

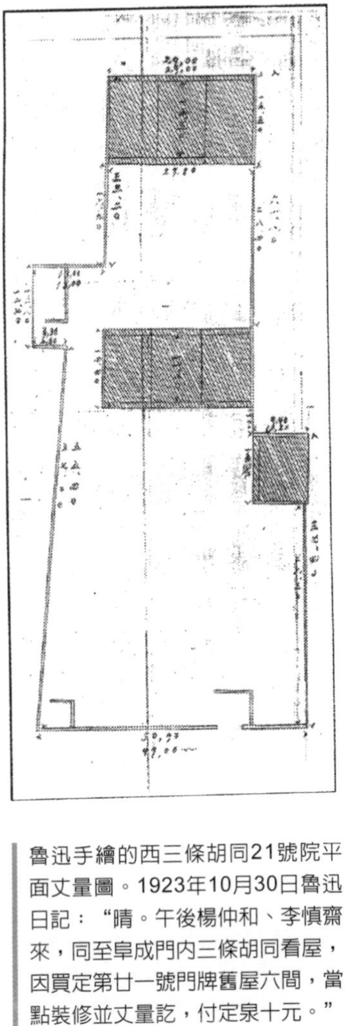

魯迅手繪的西三條胡同21號院平面丈量圖。1923年10月30日魯迅日記："晴。午後楊仲和、李慎齋來，同至阜成門內三條胡同看屋，因買定第廿一號門牌舊屋六間，當點裝修並丈量訖，付定泉十元。"此圖即根據丈量結果繪製的平面圖。有趣的是，圖上實際有7間屋子，當時只算6間。也許是東廂那房子實在太破，房主索性少算了一間。

南房三間是會客室兼藏書室，屋內貼著南牆是一排書箱，承擱著魯迅多年來收藏的大量書籍，他是個極細心的人，每個書箱都親自編了號碼；西面的那間屋子靠窗搭了一張床鋪，可以供來訪的客人臨時住宿。院內東、西各有兩小間廂房。正面有北屋三間，東面一間是母親的臥室，西面是朱安的臥室，中間的堂屋是吃飯和活動的地方。

在中堂北面，接出去一小間平頂屋子，魯迅作爲自己的臥室兼書房——這就是那日後很有名氣的「老虎尾巴」。據許羨蘇所寫：「其實魯迅先生自己並沒有叫過『老虎尾巴』，他只叫它『我的灰棚』，實際上屋頂上也確實是沒有瓦的平頂灰棚。」小屋面積不足九平方米，但魯迅設計得很巧妙：朝北的一面是很大的玻璃窗，這樣既可避免陽光直射，光線又很充足，對寫作十分方便。當寫累了的時候，還可以觀望後面小院裏的景物，稍事休息一下。當然，若遇冬

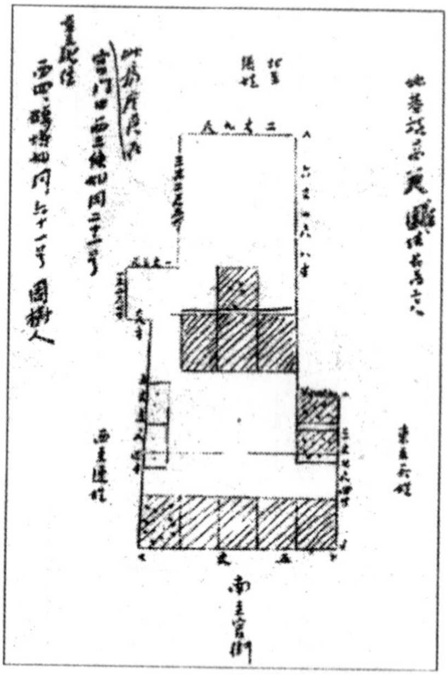

西三條胡同21號院魯迅手繪平面圖。交畢定金後的第二天，魯迅連夜繪製了幾張用於改建施工的設計圖，這是其中之一。可以看到，魯迅計畫將後院的三間房子拆除，移至前院；還在正房後面加出一間，即“老虎尾巴”。在工匠擬定的“做法清單”中有載：“新添平臺後虎尾一間，進深一丈……”可知“老虎尾巴”的稱呼並非魯迅發明，而是北京建築行業早已有之。

天，小屋正迎著北風，肯定比其他房間要冷得多，那也只好不予考慮了。

就是在這斗室之中，誕生了《野草》、《彷徨》、《朝花夕拾》、《華蓋集》、《華蓋集續編》、《墳》等著名文集中的大部分文章及大量翻譯作品，總數達二百餘篇。由於魯迅筆鋒犀利，使反動軍閥及走狗文人極其憎惡，曾咒罵他是「學匪」、「土匪」，因此魯迅也索性把這屋子稱為「綠林書屋」。

在這間小屋裏面，魯迅個人的命運也發生了巨大的變化。他在這裏與許廣平由相識而相愛，最終走出北京，建立了新的家庭。

1925年4月5日魯迅日記："雲松閣來種樹，計紫、白丁香各二，碧桃一，花椒、刺梅、榆梅各二，青楊三。"如今丁香已成大樹，每年春天花團錦簇、香溢滿院。

談到魯迅的個人生活，不可避免地要提到他的妻子朱安。當他們遷到西三條時，家庭的狀況仍保持著一種尷尬而微妙的局面。曾經有朋友勸魯迅：既然雙方沒有感情，倒不如分離開來，何必如此一起當舊式婚姻的犧牲品！但魯迅知道，在他們老家，如果一個女子被丈夫

正房西屋朱安的臥室。

堂屋裏的柳條箱。很少有人知道它裏面盛放著的故事。

「休」掉，將會遭到極大的社會壓力，簡直無法生活下去，他是不能做這種害人的事情的。因此，他既不能傷害她，也無法擺脫她。他只好這樣苟且下去。

表面看來，他們的生活似乎也很正常：魯迅掙錢養家，朱安料理家務，然而，他們生活在同一屋簷下，卻終日無話，形同路人。那種沉重的精神壓力只有他們自己才能感受，他們不知道要熬到什麼時候才會結束。在正房中堂西牆下有一個柳條行李箱，是他們之間這種畸形關係的見證：魯迅每次打開箱蓋，裏面都有朱安放在那裏疊得整整齊齊的乾淨衣服，他將身上的髒衣服換下來放在那翻扣的箱蓋上，朱安自然會悄悄收去……日子就是在這樣無奈的沉默中持續著。直到有一天，一個新的女性出現在魯迅面前，事情才悄然發生了變化。這個女性就是許廣平。

許廣平，字景宋，廣東番禺人，一八九八

年生。許家祖上曾任巡撫，在廣東也是顯赫一時的大族。但她父親並非嫡出，因此難免受到歧視，家境並不寬裕。她剛出生三天，就被父親許配給了一個姓馬的劣紳家，似乎命裏註定要當一個受氣的小媳婦。但她天性剛烈，小時候就寧死不肯纏足。辛亥革命前後，因爲受到當過留學生的大哥影響，接受進步思潮薰染，她的反抗精神益強。後來父母相繼去世，由二哥幫助，她與馬家解除了婚約，接著到天津求學。在那裏，她結識了郭隆眞、鄧穎超等革命者，參加了天津學生聯合會，成爲婦女運動與學生運動的積極分子。在天津女師畢業後，她爲繼續深造，於一九二八年考入國立北京女子高等師範學校，即後來的北京女子師範大學。而就在這一年，魯迅被聘爲該校的講師，講授小說史和文藝理論等課程。

正值壯年的魯迅，已是名播海內外的著名作家，講授「小說史」之類的課程，也是駕輕就熟的事情。然而，面對滿講堂嘰嘰喳喳充滿青春活力的女

位於北京新文化街45號的原北京女子師範大學舊址，現在是魯迅中學。

孩子，只怕難免會有些惶恐。在他的小說《高老夫子》裏，有一些文字也許就是初登女師大講臺時他自己內心感受的間接反映：

……他不禁向臺下一看，情形和原先已經很不同：半屋子都是眼睛，還有許多小巧的等邊三角形，三角形中都生著兩個鼻孔，這些連成一氣，宛然是流動而深邃的海，閃爍地汪洋地正沖著他的目光。但當他瞥見時，卻又驟然一閃，變了半屋子蓬蓬鬆鬆的頭髮了。

他也連忙收回目光，再不敢離開教科書，不得已時，就抬起眼來看看屋頂。屋頂是白而轉黃的洋灰，中央還起了一道正圓形的稜線；可是這圓圈又生動了，忽然擴大，忽然收小，使他的眼睛有些昏花。他豫料倘將眼光下移，就不免又要遇見可怕的眼睛和鼻孔聯合的海，只好再回到書本上，這時已是「淝水之戰」，苻堅快要駭得「草木皆兵」了。

魯迅自然不是「高老夫子」，但如此細微之至的描寫，未必不是來自他的親身體驗。二十世紀二〇年代是一個很特殊的歷史時期。由於新文化運動的開展及婦女運動的興起，作爲新生事物的女子教育也相應得以發展。然而，「男女授受不親」等封建傳統意識的影響依然十分嚴重，「男女分校」是一種十分普遍的現象。像女子師範大學，除了少數男性教職員工，儼然是一個女子世界。想來那課堂上的情景也煞是有趣：講臺上是老成持重嚴肅矜持的男教師，講臺下是一大群朝氣蓬勃無所顧忌的女學生，形成一種極其強烈的反差。即使是如魯迅這樣在文壇上馳騁多年的老將，面臨此般「陣勢」，也未必不感到拘謹。更何況家中有舊式婚姻的拘束，新近又剛剛經歷「日本女人」的惡攻，他自然會更加謹愼。雖說尙不至於「草木皆兵」，但爲了免得在那「可怕的眼睛和鼻孔聯合的海」上惹起不必要的波瀾，「目不斜視」恐怕是難免的。「目不斜視」雖不難做到，但眼睛總要有地方看，在偌大的教室裏自然只有看天花板最爲「安全」了！

但那「半屋子的眼睛」所發出的視線，必然全集中在講臺上這位個子不高、蓄著短鬚的中年男子身上。據說，魯迅的口才很好，雖然難免有較重的紹興口音，但他有意講得慢些、清晰些，使大家都能聽懂。他講到歷史、講到文學、講到中國古典小說的淵源與發展、講到文學作品之社會背景的內涵與影響……一旦進入這些領域，那些惶恐、拘謹和矜持便一掃而光。他雙目炯炯，語言犀利而不乏幽默，使聽衆如癡如醉，無法不爲其淵博的知識而折服。那「半屋子的眼睛」隨著他的聲音和手勢時而激動、時而憂鬱、時而因悲淒而濕潤、時而迸射出興奮的光芒，「宛然是流動而深邃的海」。而在那裏面，有一雙眼睛格外專注，那就是許廣平的眼睛。

作爲一個熱切追求新思想的青年女性，許廣平始終是魯迅的崇拜者。她已經不滿足於和其他同學一樣，僅僅聆聽魯迅先生的授課，她渴望能夠得到更多的教誨和啓示，以解答人生中的諸多困惑。於是，她鼓起勇氣，給先生寫信：

現在寫信給你的，是一個受了你快要兩年的教訓，是每星期翹盼著聽講《小說史略》的，是當你授課時每每忘形地直率地憑其相同的剛決的言語，好發言的一個小學生。他有許多懷疑而憤懣不平的久蓄於中的話，這時許是按捺不住了吧，所以向先生陳述……

這是許廣平於一九二五年三月十一日寫給魯迅的第一封信。

在她信中所說的這「快要兩年」的時間，大至國家，小至個人，恰好都是經歷著重大變革的時期。

從國家而言，國民黨於一九二四年一月在中國共產黨的幫助下召開第一次全國代表大會，決定實行改組，並制訂「聯俄、聯共、扶助工農」三大政策，國共兩黨的統一戰線就此建立，同時革命力量與反動勢力之間的鬥爭日見尖銳。從文化方面而言，新文化運動直接動搖了封建舊文化的根基，頑固的保守派不甘失敗，雙方筆鋒交戰，文壇硝煙彌漫。從女師大而言，北洋軍閥政府委任思想守舊的楊蔭榆爲校長，校園內學潮迭起，最終發展成「驅楊運動」，在社會上也造成極大反響……

就個人方面來說，這段時間，正值魯迅從八道灣被「逐出」、在借寓磚塔胡同九個月後終於遷至西三條定居、生活上稍有安定的階段。而許廣平到北京就讀後，經歷了一場戀人病亡的感情悲劇，又目睹社會黑暗、校園混亂，正陷於痛苦與煩悶中難以解脫，她迫切地需要老師指點與教誨，哪怕是在苦悶的人生中加點糖分以暫時掩去那難耐的苦辛也好。

讓許廣平沒有想到的是，僅隔一日，魯迅就回信了，而且是一封用毛筆書寫得工工整整的近兩千字的長信。儘管他自稱「臨末也還是歸結到『沒有法子』」，但仍是十分具體認眞地回答了她所提出的許多問題。他說：

——我想，苦痛是總與人生聯帶的，但也有離開的時候，就是當睡熟之際。醒的時

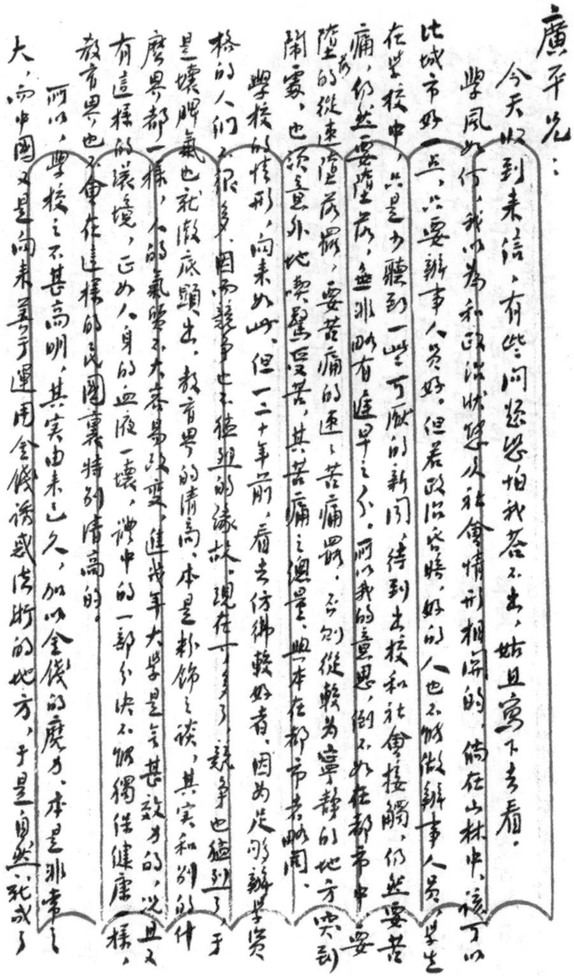

廣平兄：

今天收到來信，有些問題恐怕我答不出，姑且寫下去看。

學風如何，我以為和政治狀態及社會情形相關的，倘在山林中，該可以比城市好一點，只要辦事人員好。但若政治昏暗，好的人也不能做辦事人員，學生在學校中，只是少聽到一些可厭的新聞，待到出校和社會接觸，仍然要苦痛，仍然要墮落，無非略有遲早之分。所以我的意思，倒不如在都市中，要墮落的從速墮落罷，要苦痛的速速苦痛罷，否則從較為寧靜的地方突到鬧處，也須意外地吃驚受苦，其苦痛之總量，與本在都市者略同。

學校的情形，向來如此，但一二十年前，看去彷彿較好者，因為足以辦學資格的人們不很多，因而競爭也不猛烈的緣故。現在可多了，競爭也猛烈了，於是壞脾氣也就徹底顯出。教育界的清高，本是粉飾之談，其實和別的什麼界都一樣，人的氣質不容易改變，進幾年大學是無甚效力的，況且又有這樣的環境，正如人身的血液一壞，體中的一部分決不能獨保健康一樣，教育界也不會在這樣的民國裏特別清高的。

所以，學校之不甚高明，其實由來已久，加以金錢的魔力，本是非常之大，而中國又是向來善於運用金錢誘惑法術的地方，於是自然就成了

魯迅1925年3月11日寫給許廣平的第一封信。開首一句“廣平兄”，曾使得許廣平大驚。

候要免去若干苦痛，中國的老法子是「驕傲」與「玩世不恭」，我自己覺得我就有這毛病，不大好。苦茶加「糖」，其苦之量如故，只是聊勝於無「糖」，但這糖就不容易找到，我不知道在那裏，只好交白卷了。

——總結起來，我自己對於苦悶的辦法，是專與苦痛搗亂，將無賴手段當作勝利，硬唱凱歌，算是樂趣，這或者就是糖罷。但臨末也還是歸結到「沒有法子」，這真是沒有法子！

西三條胡同21號的門環，曾無數次被許廣平叩響。

從此他們開始了頻繁的書信聯繫。

僅僅寫信仍無法使許廣平滿足，她還好奇地想知道魯迅是如何生活的。在彼此通信一個月後，她大膽地拉著一位好朋友，闖進了西三條魯迅的家門。

她看到了那座神秘的小院，看到了那仰慕已久的「老虎尾巴」，看到了在香煙的迷霧中顯得有些朦朧、既莊重又和藹的「先生」，自然，也看到了那位個子矮矮的小腳中年婦女——「先生」的妻子朱安。

但是，她在接下來的信裏，從來沒有提到過朱安。也許從那時開始，她的眼睛裏就只有「先生」存在

西三條胡同21號的南房是會客室兼藏書屋。

了。

魯迅在一九二五年四月十二日的日記中寫道：「……許廣平、林卓鳳來。」就是這簡單的一筆，記下了許廣平走進「老虎尾巴」的那一瞬間。誰也沒有想到，這就是他們新生活的開始。

許廣平對於「老虎尾巴」的第一感覺是這樣的：

……歸來後的印象，是覺得熄滅了通紅的燈光，坐在那間一面鑲滿玻璃的室中時，是時而聽雨聲的淅瀝，時而窺月光的清幽，當棗樹發葉結實的時候，則領略它微風振枝，熟果墜地，還有雞聲喔喔，四時不絕。晨夕之間，時或負手在這小天地中徘徊俯仰，蓋必大有一種趣味，其味如何，乃一一從縷縷的煙草煙中曲折的傳入無窮的空際，升騰，分散……。是消滅！？是存在！？（小鬼向來不善於推想和描寫，辛恕唐突！）

那一絲學生對老師的頑皮躍然紙上。

而在應對魯迅復信中關於「我所坐的有玻璃窗的房子的屋頂，是什麼樣子的？」的提問時，她是這樣回答的：

那房子的屋頂，大體是平平的，暗黑色的，這是和保留國粹一樣，帶有舊式的建築法。至於內部，則也可以說是神秘的苦悶的象徵。靠南有門，但因隔了一間過道的房子，所以顯得暗，左右也不十分光亮，獨在前面——北——有一大片玻璃，就好像號筒口……

《苦悶的象徵》是日本作家廚川白村的文藝論文集，魯迅將其翻譯成中文出版並作爲授課的教材，被許廣平詼諧地用在這裏，貌似調侃，實際上也表現出一種含蓄的同情。

有趣的是，出於「報復」，許廣平在下一封信中馬上提問：

我們教室天花板的中央有點什麼？倘答電燈，就連六分也不給，倘俟星期一臨時豫備夾帶然後交卷，那就更該處罰（？）了。

而魯迅在四月二十八日的信中「油滑」地回答：

唯報仇題目，卻也不再交卷，因為時間太嚴。那信是星期一上午收到的，午後即須上課，其間更無作答的工夫，而一經上課，則無論答得如何正確，也必被冤為「臨時豫備夾帶然後交卷」，倒不如拚出，交了白卷便宜。

就在三天之後，魯迅寫出了《高老夫子》，那其中關於「天花板」的描寫何等細微：

是白而轉黃的洋灰，中央還起了一道正圓形的稜線；可是這圓圈又生動了，忽然擴大，忽然收小，使他的眼睛有些昏花。

在這裏，魯迅也情不自禁地顯露出一種難得的童稚般的淘氣，有意使用這樣一種特殊的方式回答了許廣平的「提問」。

在這一來一往、你問我答的通信過程中，一種難以言傳的情緒油然而生了。這是愛情麼？在開始的那段時間裏，也許他們自己也不敢相信。他們似乎在小心地試探、默默地品味，但都沒有捅破這層窗戶紙。然而，他們之間的關係漸漸地愈發親密起來，這一點，從相互的稱呼上可以明顯看出端倪。

魯迅的書桌。由於地處貧民區、未曾通電，晚間照明全靠油燈。

許廣平第一封信是中規中矩地稱呼「魯迅先生」，而對自己，則是「受教的一個小學生」；過不多久，便悄悄地變成了「魯迅先生吾師」和「你的學生」，一個「吾師」、一個「你的」，這稱呼中便隱隱有了一些特定的含意；再後來，則成了「魯迅師」和「小鬼許廣平」，而且還要專門注明「魯迅先生所承認之名」，雖親昵但不輕佻，其內心的感情已經壓抑不住地開始洩露出來了。

而魯迅呢？剛開始通信時曾格外莊重地呼出一句「廣平兄」，竟驚得許廣平大叫：「我值得而且敢當爲『兄』麼？不，不，絕無此勇氣和斗膽的。先生之意何居？弟子眞是無從知道！」魯迅趕緊解釋：「這是我自己制訂，沿用下來的例子，就是：舊日或近來結識的朋友，舊同學而至今還在來往的，直接聽講的學生，寫信的時候我都稱『兄』……」而他自己的落款，則只是「魯迅」二字。但慢慢的，那稱呼有時居然成了「廣平仁兄大人閣下」或「小姐」、「少爺」、「害群之馬」……，而落款竟只剩一個「迅」字。貌似遊戲調侃，看若漫不經心，但那字裏行間也已開始滲透出難以掩飾的綿綿情意來了。

看這一段話：

……廢物利用又何嘗不是「消磨生命」之術，但也許比「縱酒」稍勝一籌罷。……褥子下明晃晃的鋼刀，用以克敵防身是妙的，倘用以……似乎……小鬼不樂聞了！

這是「小鬼」許廣平見魯迅飲酒甚多頗爲擔心，同時又聽說他枕下常備短刀一把而不知何用，難免心中惴惴。但如此委婉的勸說，好像已經有些超出一個普通學生對老師的關心了。魯迅在第二天的回信中則立即予以解釋：

其實我並不很喝酒，飲酒之害，我是深知道的。現在也還是不喝的時候多，只要沒有人勸喝。……短刀我的確有，但這不過為夜間防賊之用，而偶爾見者少見多怪，遂有「流言」，皆不足信也。

如此認眞詳細的回答，似乎也不太像「老師」的身份了。但學生「小鬼」仍不肯甘休，下一封信接著又來了：

「勸酒」喝的人是隨時都有的，下酒物也隨處皆是的。只求在我，外緣可以置之不聞不問罷。

在這裏，許廣平竟然說出「只求在我」四個字，其意雙關，不言自明。然而，接下來魯迅卻有些退縮，有些顧左右而言他的「裝糊塗」了：

喝酒是好的，但也很不好。等暑假時閒空一些，我很想休息幾天，什麼也不做，什麼也不看，但不知道可能夠。

這場關於「喝酒」的討論，持續了很長時間，所謂「醉翁之意不在酒」是也。

品嘗愛情

「老虎尾巴」中的愛情故事——北京西三條胡同的魯迅故居

這年的端午節，魯迅在自己家裏準備了一桌便宴，請來的客人是清一色的女性，有在磚塔胡同借寓時的「二房東」俞氏姊妹，有女師大的兩位學生，還有一個，是許廣平。對於魯迅來說，那也許是多年來少有的愉快，借著酒勁居然一掃往日的「師道尊嚴」，大說，大笑，甚至大鬧，不僅假裝揮拳夾擊俞家小姐顴骨，還按著許廣平的腦袋以示「懲戒」……那是一次難忘的聚會，給魯迅留下的印象是回味無窮的，以致數日後他還沉浸在那種興奮的情緒中，給許廣平寫了這樣一封「訓詞」：

你們這些小姐們，只能逃回自己的窠裏之後，這才想出方法來誇口；其實則膽小如芝麻（而且還是很小的芝麻），本領只在一起逃走。為掩飾逃走起見，則云「想拿東西打人」，輒以「想」字妄加羅織，大發揮其楊家勃谿式手段。嗚呼。「老師」之「前途」，而今而後，豈不「棘矣」也哉！

不吐而且遊白塔寺，我雖然並未目睹，也不敢決其必無。但這日二時以後，我又喝燒酒六杯，蒲桃酒五碗，遊白塔寺四趟，可惜你們都已逃散，沒有看見了。若夫「居然睡倒，重又坐起」，則足見不屈之精神，尤足為萬世師表。總之：我的言行，毫無錯處，殊不亞於楊蔭榆姊姊也。

又總之：端午這一天，我並沒有醉，也未嘗「想」打人；至於「哭泣」，乃是小姐們的專門學問，更與我不相干。特此訓諭知之！

此後大抵近於講義了。且夫天下之人，其實真發酒瘋者，有幾何哉，十之九是裝出來的。但使人敢於裝，或者也是酒的力量罷。然而世人之裝醉發瘋，大半又由於依賴性，因為一切過失，可以歸罪於醉，自己不負責任，所以雖醒而裝起來。但我之計畫，則僅在以拳擊「某籍」小姐兩名之顴骨而止，因為該兩小姐們近來倚仗「太師母」之勢力，日見跋扈，竟有欺侮「老師」之行為，倘不令其喊痛，殊不足以保架子而維教育也。然而「殃及池魚」，竟使頭罩綠紗及自稱「不怕」之人們，亦一同逃出，如脫大難者然，豈不為我所笑？雖「再遊白塔寺」，亦何能掩其「心上有杞天之慮」的狼狽情狀哉。

今年中秋這一天，不知白塔寺可

屋角的滴水簷，不知是否由魯迅親自設計。

有廟會，如有，我仍當請客，但無則作罷，因為恐怕來客逃出之後，無處可遊，掃卻雅興，令我抱歉之至。……

署名是打引號的「老師」。

由這封信可以看到，魯迅那天的確是有些醉了，否則何以「居然睡倒」？又何必強辯爲「不屈之精神」？同時，魯迅那種微妙而充滿矛盾的心態也由此而暴露無遺：一會兒說自己「並沒有醉」，一會兒又說發酒瘋者「十之九是裝出來的」，一會兒又說裝醉發瘋可以「自己不負責任」。看他這「語無倫次」的樣子，倒眞有些「但願長醉不長醒」的意思了。但他實際上是十分清醒的，因爲僅隔數日，他已經在渴盼著下一次聚會，竟大膽提出了「中秋之約」的邀請！

但許廣平倒眞的怕他飲酒過量而影響身體了，忙不迭地趕緊「賠罪」。「老師」也立即鄭重其事地作答：「酒精中毒是能有的，但我並不中毒，即使中毒，也是自己的行爲，與別人無干。且夫不佞年屆半百，位居講師，難道還會連喝酒多少的主見也沒有，至於被小娃兒所激麼！？這是決不會的。」貌似鄭重，卻更像話裏有話，那「年屆半百」之稱，那「小娃兒」的調侃，是有意強調彼此無法彌合的差距，還是某種無奈而酸楚的暗示？

但是，端午之聚，無疑拉近了他們之間的距離，在此後的信件中，倒顯得愈發親密起來，許廣平竟「放肆」地稱魯迅爲「嫩棣棣」，並「大言不慚」地自稱「愚兄」。魯迅針鋒相對，反稱對方爲「嫩棣棣」，並歷數其之特徵爲：

1，頭髮不會短至二寸以下，或梳得很光，或炮得蓬蓬鬆鬆。

2，有雪花膏在於面上。

3，穿莫名其妙之材料（只有她們和店鋪和裁縫知道那些麻煩名目）之衣；或則有繡花衫一件藏在箱子裏，但於端午節偶一用之。

4，嚷；哭……

「愚兄」立刻反唇相譏，稱「嫩棣棣」的眞正特徵應當是：

A，想做名流、或（初到女校做講師）測驗心理時，頭髮就故意長得蓬鬆長亂些。

B，（冬秋春）有紅色絨襪子穿於足上。

C，專做洋貨的消耗品，如洋點心、洋煙、洋書……（未完）或有蟒袍洋服多件在箱子裏，但於端午……則絕不敢穿。

D，總在小鬼面前失敗，失敗則強詞奪理以蓋羞，「嚷、哭」其小者，而「窮兇極惡」則司空見慣之事。

E，好食辣椒、點心、糖、煙、酒——程度不及格。

F，一聲聲叫娘，娘，猶有童心。

G，外兇惡而內仁厚的一個怒目金剛，慈悲大士。

「嫩棣棣」認輸了，再下一封信，則忍不住流露出難以掩飾的關心：「……天只管下雨，繡花衫不知如何？放晴的時候，趕緊曬一曬罷，千切千切！」

讀過這些文字，任何人都會感覺到，這已經完全是一對戀人之間溫柔親昵的調情和戲謔。誰能相信，筆鋒似戟、鐵骨錚錚、怒目金剛式的魯迅，竟然也會如此心旌搖動、無法自已，竟然也會流露出如此難以掩飾的千般柔情！

然而，魯迅畢竟是魯迅。思想的、環境的、家庭的、社會的……來自各方面的種種束縛，使他時而膽怯，時而退卻，時而要不甘心地進行試探，時而又會忘乎所以地進攻……因此，他顯得十分矛盾。

魯迅的處境始終是十分艱難的，在與封建營壘、反動勢力進行激烈對抗的鬥爭中，他不僅要面對敵人的進攻與迫害，還要提防自己陣營中的冷箭，他最需要的，是能與自己患難與共的戰友和同志；而許廣平作爲崇尚革命、思想激進的熱血青年，對魯迅充滿景仰之情，她願意與自己的導師並肩前進、赴湯蹈火而不惜。然而，橫亙於他們之間的鴻溝是顯而易見的，年齡的差異還是小事，而有血有肉的朱安更是現實的存在，誰也無法忽視的。因此，他們仍然沒有捅破那層窗戶紙。

這年八月，他們遇上了一場嚴重的風波。北洋政府宣佈停辦女師大，並數次出動軍警及便衣流氓毆打、驅趕、綁架

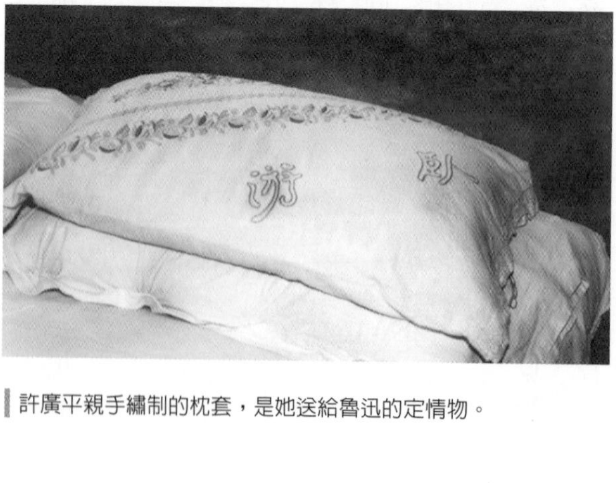

許廣平親手繡制的枕套，是她送給魯迅的定情物。

“老虎尾巴”内景。

學生，以致傷者數衆；對於許廣平等六名學生領袖，則預備派軍警強行押回原籍。此時，魯迅因堅決支持女師大學生運動，被教育總長章士釗非法免除教育部僉事職務，處境也很險惡。但當他得知許廣平正在避難而無處可歸的消息，立即請人設法找到她，說：「來我這裏不怕！」於是，許廣平和她的好友許羨蘇便來到魯迅家中，在南房的西屋暫住下來。

在這危難當頭的時刻，他們居然有此朝夕相處的機會，實屬難得。而共同的鬥爭，也使他們之間的感情得到了更進一步的發展。

在魯迅等進步人士的支持下，女師大校務維持會另擇校舍，堅持繼續開課；其後，借南方革命運動高漲的東風，取得「復校」的勝利。經過疾風暴雨的考驗，許廣平再也無法抑制對魯迅的愛情。終於，在他們相對獨處的時候，許廣平勇敢地握住了魯迅的雙手。她能夠感到他的手在微微發抖。片刻，他說：「你戰勝了……」

幾天後，許廣平再次來訪時，送給魯迅一對枕套，在白色的布面上，有她親手繡製的「安睡」和「臥遊」字樣。

許廣平在自己的一篇文章裏公開宣佈：「不自量也罷，不相當也罷，合法也罷，不合法也罷，這都與我們不相干！」

告別「老虎尾巴」

「老虎尾巴」中的愛情故事——北京西三條胡同的魯迅故居

一九二六年，「三一八」慘案發生。那天，許廣平本應和同學們一起參加示威遊行的。但也許是偶然所致，也許是魯迅預感到了危險，他執拗地要求許廣平留在家裏幫他謄寫稿子。但他斷然沒有想到，所發生的絕非一般的「危險」，而是一場殘酷的屠殺！手無寸鐵的示威群衆遭槍擊、刀砍、棒殺，死傷達二百餘人，許廣平的同窗好友劉和珍等人不幸遇難。得知消息，許廣平無比懊悔，她幾乎覺得劉和珍是替她而死的！如果不是魯迅阻留，倒下的應當是她。

魯迅更是悲憤萬分。當接到消息的時候，他正在寫雜文《無花的薔薇之二》，噩耗使他無法再按原先的思路繼續寫下去，他飽蘸濃墨，運筆寫下：

——當我寫出上面這些無聊的文字的時候，正是許多青年受彈飲刃的時候。嗚呼，人和人的靈魂，是不相通的。

——中華民國十五年三月十八日，段祺瑞政府使衛兵用步槍大刀，在國務院門前包圍虐殺徒手請願，意在援助外交之青年男女，至數百人之多。還要下令，誣之曰「暴徒」！

如此殘虐險狠的行為，不但在禽獸中所未曾見，便是在人類中也極少有的，除卻俄皇尼古拉二世使可薩克兵擊殺民眾的事，僅有一點相像。

——如果中國還不至於滅亡，則以往的史實示教過我們，將來的事便要大出於屠殺者的意料之外——

這不是一件事的結束，是一件事的開頭。

——墨寫的謊說，絕掩不住血寫的事實。

血債必須用同物償還。拖欠得愈久，就要付更大的利息！

——以上都是空話。筆寫的，有什麼相干？

實彈打出來的卻是青年的血。血不但不掩於墨寫的謊語，不醉於墨寫的輓歌；威力也壓它不住，因為它已經騙不過，打不死了。

魯迅在文末特地註明：「三月十八日，民國以來最黑暗的一天，寫。」

狹窄的“老虎尾巴”也接待過不少客人。

「三一八」慘案後，有媒體透露，段祺瑞政府爲剿滅進步力量，列出一個包括數十名知名人士的黑名單，擬予搜捕，魯迅也名列其中。他不得不離開西三條住所，輾轉各處，在外避難一個多月，至四月底，段祺瑞政府垮臺，魯迅才於五月重新得以回家。

但是，北京仍然處於反動軍閥的黑暗統治之下，環境險惡如舊，著名報人邵飄萍、林白水相繼被奉系軍閥殺害。而與此同時，南方的革命浪潮日見洶湧，北伐戰爭正式開始。魯迅的好友林語堂已先期南下就任廈門大學文科主任，並向校長林文慶推薦魯迅。而即將畢業的許廣平也接到熟人推薦去廣州教書的消息。種種因素匯集在一起，使魯迅決定離開生活了十四年的北京，前往南方，開始新的人生歷程。

一九二六年八月二十六日，魯迅起程南下，許廣平與其同行。他們在上海暫時分手，一個去廈門，一個去廣州。他們相約：先靜靜地工作兩年，積聚一些必需的錢，等兩年以後再見面。

那一年，魯迅是四十五歲，許廣平二十八歲。

但是形勢的變化促使魯迅在一九二七年初便提前去了廣州。再以後，他們一同前往上海，在那裏，他們終於正式結合了。

我們應當感到欣慰的是，小小的「老虎尾巴」，造就了一個歷史的、文學的、革命的魯迅，同時，也造就了一個具有人性意義的魯迅。這才是一個立體的、完整的、眞正的人。

當然，我們也不能忽視朱安的存在。她的一生都是不幸的。但在那樣一種複雜而沉重的歷

魯迅逝世後，在南房東屋也設置了靈堂。

南房西屋是許廣平當年避難時住過的地方。

史背景下，她的個人悲劇也是不可避免的。這使人怎能不爲其而感傷！

一九二九年五月，魯迅自上海回北平省親，那是他與許廣平結合以後的第一次分離。他在給許廣平的信中寫道：「……那間灰棚，一切如舊，而略增其蕭瑟，深夜獨坐，時覺過於森森然……」顯然，獨自坐在「老虎尾巴」之中，默默地吸著香煙，他想到了許多往事……

一九三二年十一月，魯迅第二次回北平省親。那是他最後一次回家。不久後，《兩地書》出版，他們「以這一本書爲自己的紀念，並以感謝好意的朋友，並且留贈我們的孩子，給將來知道我們所經歷的眞相，其實大致是如此的」。

一九三六年十月十九日，魯迅逝世，他的葬禮在上海舉行。而在北平西三條寓所南房的會客室裏，也設了靈堂，朱安爲他守靈。

在後來的日子裏，許廣平將全部精力投入到魯迅遺著的徵集與出版工作上。在經濟拮据的狀態中，她仍和魯迅在世時一樣，每月供給北平一佰元。而朱安對許廣平充滿信任，完全同意全權委託許廣平辦理出版事宜。由於一方的努力與另一方的支持，在魯迅逝世兩周年前夕，二十冊的《魯迅全集》得以出版。

抗日戰爭爆發了，北平與上海相繼淪陷，雙方失去了聯繫。在上海，許廣平受到殘酷迫害，被捕入獄並遭受嚴刑拷打，經友人保釋才得以出獄。而在北平，朱安與周母相依爲命，艱難度日。一九四三年，八十五歲高齡的周母去世，只剩朱安自己，孤獨地守候著西三條的寓所。

在最艱苦的時候，朱安爲了生存，曾有出售一部分魯迅藏書的念頭。許廣平理解她的難處，在各界友人的支持下，經多方籌款，幫助朱安暫時度過困境。此後，許廣平盡力接濟朱安，並多次寫信勉勵朱安：「……你能夠如此顧全大局，『寧自苦，不願苟取，』深感欽佩。……總之你的生活，我當盡力設法，望自堅定。」而朱安在饑寒困危中堅持守候著魯迅的舊宅，守候著「老虎尾巴」。

一九四六年十月，許廣平回到闊別二十年的西三條胡同，回到那「老虎尾巴」，與朱安相見。正是「魯迅」這個名字，正是這間屋子，把這兩個女性的命運連在了一起。

一九四七年六月二十九日，朱安逝世。她的喪事遵舊式禮儀而行，許廣平承擔了全部費用。

一九四九年十月一日後，以魯迅在西三條的故居爲基礎建立了「魯迅紀念館」，後改爲「魯迅紀念館」。近年來又建成了規模宏大的新展廳，漢白玉的魯迅半身像，安放在展廳前的草坪上。

展廳西側的小院也修葺一新。院內的幾株丁香是一九二五年魯迅親手種植的，經過八十多年的風風雨雨，仍是枝葉茂盛，已高過屋脊。

穿過院子，走進北屋，可以看到，「老虎尾巴」仍保留著當年的陳設。東牆下破舊的三屜長桌上擺著筆硯等文具，一只茶杯，一只煙

魯迅故居“老虎尾巴”速寫。

缸，一座鬧鐘。因爲當時這裏屬貧民區，無電，所以桌上還有一盞高腳煤油燈。桌前是一張舊籐椅。魯迅習慣於夜間寫作，不知有多少夜晚，他就是坐在這把椅子上，伴著那昏暗的煤油燈，奮筆疾書，直至天明。

在書桌正對著的牆上，掛著兩幅圖片。一幅是藤野先生的照片：戴眼鏡，留八字鬚，面容消瘦。這是當年魯迅決心棄醫從文時藤野先生所贈，照片背面有其手寫的「惜別」二字。他是魯迅年輕時的良師，魯迅曾寫過著名的《藤野先生》一文，以傾述對他的敬重與懷念。另一幅，是畫家司徒喬所作的速寫，題爲《五個員警一個○》，畫面上是一個衣衫襤褸牽著幼兒的孕婦正被五個如狼似虎的員警追打。那是一九二六年某天司徒喬在街頭親眼所見的場面，他十分憤慨，用自己的畫筆記錄了下來。在一次繪畫展覽會上，魯迅見到了這幅畫，當即訂購下來，從此一直把它掛在自己的書房裏。

西側是一張茶几、兩把椅子。北窗前的床鋪只不過是兩條長凳搭著一副床板，床下面有一只竹籃子，那是魯迅爲防不測而備，一有危險情況，可以裝些必需的日常用品立即離去。床上墊著的褥子是極薄的。曾經有人猜測，魯迅的被褥如此簡陋，而且冬天連棉褲也不穿，是因爲與夫人感情不好而有意壓抑性欲的意思。但魯迅自己對朋友做過解釋：一個人的生活，「絕不能常往安逸方面著想的。豈但我不穿棉褲而已，你看我的棉被，也是多少年沒有換的老棉花，我不願意換。你再看我的鋪板，我從來不願意換藤棚或棕棚，生活太安逸了，工作就被生活所累了。」這也許是他的由衷之言。但別人的推測也不能說全無道理。想到一室之隔就是朱安的臥室，有多少時間，她默默地坐在屋裏，聽著那不屬於自己的「丈夫」在與朋友或學生暢談不已，雖近在咫尺，卻如隔重山。她又會是一種什麼樣的心情？

在那床上，靜靜擱放著一對枕套，白色細布上，花束和花邊襯著「臥遊」、「安睡」的字樣，那是許廣平與魯迅的定情之物。細細嗅去，屋內的空氣中好像彌漫著淡淡而辛辣的劣質香煙的味道，似乎這裏的主人剛剛出去，馬上就會掀開門簾走進來……

窗外是後院，小井旁芳草萋萋。再望過去，是牆。可惜的是，如今已看不到牆外面的那兩株棗樹了。

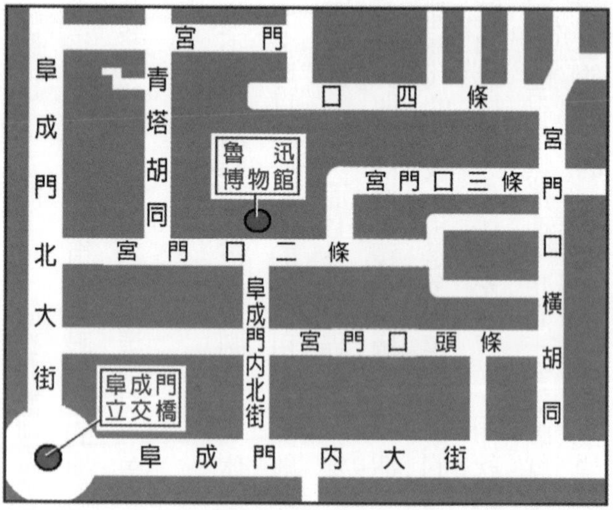

北京西三條胡同魯迅故居（即北京魯迅博物館所在地）位置圖。（繪於2011年1月）

飛鴻

遙繫兩地心

廈門的
魯迅故居

第一次同行與第一次暫別

飛鴻遙繫兩地心——廈門的魯迅故居

封建道德的無形枷鎖有多麼沉重、多麼堅牢，就連像魯迅那樣看似無所畏懼的勇士也難以徹底掙脫！

在中國歷史上，也許沒有任何一位名人會像魯迅這樣讓人研究得如此透徹，簡直如同被置於顯微鏡下觀察，想來即使是他本人也未必會認爲這是一件讓人感到舒服的事情。然而許多年來，魯迅的頭上始終被無數光環所籠罩：猛士、闖將、旗手、先驅、思想家、革命家、聖明的先知、偉大的哲人……使他猶如立於雲端的神靈，只可仰視，無法接近。也許是出於「爲尊者諱」的動機，儘管有關魯迅的書籍文章多如牛毛，而對他的個人感情生活卻鮮有觸及。近年來，雖有所披露，而且也不乏認眞嚴肅的研究，但也有許多出於獵奇心理而進行的刻意渲染，這難免使魯迅的形象顯得更加模糊。

然而，透過炫目的光環和繽紛的祥雲，我們不難發現，魯迅首先是一個普通的人，一個有七情六欲、喜怒哀樂的正常的男人。在與許廣平的愛情歷程中，他的怯懦與拘謹是可以理解的，而他的勇敢和坦誠是值得敬服的。一部《兩地書》，是他們愛情經歷的眞實寫照，我想，沒有人能夠像魯迅那樣，敢於把自己的內心世界袒露於世人面前，任由評說。

當然，再勇敢的人，也未必願意把自己的一切乃至每一根毛髮都供人放大了去琢磨，更何況還有許多客觀因素的限制。如魯迅自己所說：「常聽得有人說，書信是最不掩飾，最顯眞面的文章，但我也並不，我無論給誰寫信，最初，總是敷敷衍衍，口是心非的，即在這一本中，遇有較爲緊要的地方，到後來也還是往往故意寫得含糊些，因爲我們所處，是在『當地長官』，郵局，校長……，都可以隨意檢查信件的國度裏。但自然，明白的話，也是不少的。」

魯迅所說的，僅僅是一個客觀的情況，作爲私人信件，有許多口無遮攔的話，事後也是不便公開的，所以，早先出版的《兩地書》有許多「含糊」和朦朧的地方：有改、有刪，甚至有增。前些年有了新的不同版本的《兩地書全編》、《兩地書原信》甚至手稿影印本，應爲原汁原味的東西，與「含糊」版相互對照，更爲有趣。不過，出於對原作者的尊重，我下面的許多引文，主要還是來自那「含糊」的版本。好在還有一部《魯迅日記》，儘管簡練到近乎流水賬，卻是更爲眞實；只是在讀的時候需要用心，慢慢品查在那貌似枯燥的文字背後隱含著的東西。比如，一九二六年三月六日的日記中有一句：「舊曆正月二十二也，夜爲害馬剪去鬃毛。」不明就裏者看了依然不明就裏：難道魯迅養馬了不成？其實，「害馬」即許廣平，前一年女師大學潮初起之時，許廣平等六名學生被校方佈告開除：「即令出校，以免害群。」由此魯迅戲稱許廣平爲「害群之馬」。所謂「剪去鬃毛」，是他親自動手爲許廣平剪髮。春夜靜寂，一個中年講師在自己的書房裏爲年輕女學生理髮，還一反常態特地記下舊曆的日期，可見在魯迅的生活中，這天有些特殊的意義——那是許廣平二十八歲的舊曆生日。

還有一個特殊的日子，是在一九二六年七月二十八日。

魯迅當日日記載：「收廈門大學薪水四百，旅費百。往公園，還壽山泉百，又假以百。」

此事所涉及的背景，需倒溯至兩個月前。當年五月，魯迅的好友林語堂南下就任廈門大學文科主任兼國學院秘書，經他向校長林文慶推薦，廈門大學特聘魯迅擔任國文系教授兼國學院研究教授，月薪四百元。

廈門大學始建於一九二一年，是由著名愛國僑商陳嘉庚投資創辦的，林文慶博士爲第二任校長。學校初立，師資匱乏，林文慶求賢若渴，聽說能夠聘到魯迅這樣的名人，自然喜出望外。魯迅於七月二十八日便收到當月薪水及旅費一百元——還未到任，就有如此積極態度，相比在教育部當個小官還得月月爲討要欠薪而跑腿受氣的狀況，眞有天壤之別。更何況這筆錢無異於雪中送炭：當時魯迅負債甚多，有了這筆款子，不僅馬上還了欠朋友的一百元錢，還有能力反借給對方百元！

這樣的好學校，這樣的好待遇，爲何不去？！

當然，還有一個更重要、也是更隱蔽的理由：許廣平剛從女師大畢業，將去廣州工作。魯迅終於有機會掙脫婚姻家庭的牢籠、逃離環境惡劣的北京，奔向新的、充滿希望的新生活了！

一九二六年八月二十六日，魯迅日記載：「……四時二十五分發北京，廣平同行，七時半抵天津，寓中國旅館。」

魯迅在記述出行時間的時候，很少像這天似的，居然精確到小時、分鐘。由此可以感受到他內心的激動。畢竟是他一生中第一次與一位女人——而且是他深愛的女人——攜手並肩出行，沒有任何人干擾，這是多麼難得的機會啊！可惜只有三天，短暫到猶如一瞬的三天！

二十七日下午，他們由天津再上火車赴南京，因爲車上居然實行「男女分坐」，這段長達二十五個小時的路程很讓人掃興。

二十八日：「……午後二時半抵浦口，即渡江寓招商旅館。……同廣平閱市一周。夜十時登車，十一時發下關。」

從南京到上海不過三百來公里的路程，那時居然要乘一夜的火車。不過魯迅和許廣平只會感到時間太短。那一夜他們是如何度過的，魯迅的日記裏沒有寫，但後來在給友人的信中曾說：「看看窗外的江南，幾乎沒有睡覺。」我想，他們也許是對坐長談以至通宵未眠，因爲這是他們分別前有機會單獨在一起的最後一夜。

二十九日：「晨七時抵上海，寓滬寧旅館，湫小不可居。訪三弟，同至旅舍，移孟淵旅舍。午後大雨，晚廣平移寓其旅〔族〕人家，持行李俱去……」

抵達上海，頓失「自由」：魯迅由正在上海工作的三弟周建人陪著，許廣平也被其親屬請去。他們倆的關係尚未公開，魯迅只能不露聲色地看著許廣平「持行李俱去」。也許是受心情影響，一向仔細的他居然在日記中寫錯了一個字，把「族人」寫成「旅人」了：他多麼希望這次旅行能夠無限期地進行下去，而不要如此結束啊！

第二天、第三天，他們還有見面的機會，但已經不能單獨相處了。拜訪魯迅的朋友太多，在外人面前，老師自然還要端著老師的架子，學生也只能恪守學生的身份。他們也許連悄然對望一眼的機會也難得遇到，儘管這眞的是他們在一起的最後兩天了。

其實，他們的「欲蓋彌彰」，已經瞞不住別人了。此前不久，孫伏園赴廈門大學就職途中經過上海，在熟人中間「大大地宣傳過了，還做些演義」。孫伏園原是魯迅在紹興時的學生，與魯迅相當熟稔，他說，魯迅家裏「不但常有男學生，也常有女學生，但他是愛高的那一個的，因爲她最有才氣」。所以，當親友們看到魯迅與一位高個子女學生同行的時候，自然認爲孫伏

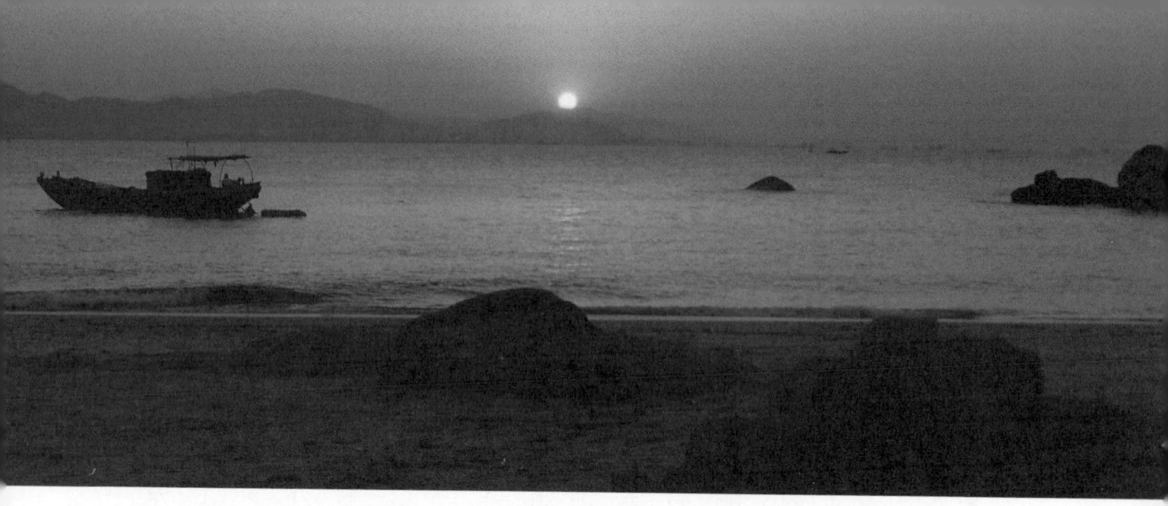

廈門白城海濱日落。“此地背山面海，風景佳絕。……海水浴倒是很近便，但我多年沒有浮水了；又想，倘若害馬在這裏，恐怕一定不贊成我這種舉動，所以沒有去洗，以後也不去洗罷，學校有洗浴處的。”——魯迅給許廣平的信。

園的說法不虛。當周建人把這些情況告訴魯迅的時候，想必後者會有些尷尬吧？幸而周建人「並不以爲奇」。

第四天，魯迅與許廣平各自登船，一去廈門，一赴廣州。

無法忍受離別的苦楚，許廣平從一上船便開始寫信。也許是由於不知魯迅那裏的郵政條件如何而擔心信件失落的緣故，她第一次使用了這樣的稱呼“MY DEAR TEACHER（我親愛的老師）：——萬一信落他人之手，看到的不過是學生對老師的尊稱。只有魯迅本人，才能品味“DEAR”的深意：

——MY DEAR TEACHER：……今晚（一日）七時半落廣大輪船，有二位弟弟送行……現只我一人在房，我想遇有機會，想說什麼就寫什麼，管它多少，待到岸即投入郵筒；但臨行時所約的時間，我或者不能守住，要反抗的。……因為今晚獨自在船，想起你的昨晚來了。本來你昨晚下船沒有，走後情形如何，我都不知道，晚間妹妹們又領我上街閒走，但總是驀地一件事壓上心頭，十分不自在，我因想，此別以後的日子，不知怎麼樣？……

——二日晨八時十分，船始開。……MY DEAR TEACHER！

你的船中生活怎麼樣？……

——三日晨七時起床，十時早飯，……船甚穩，如坐長江輪船一樣，不知往廈門去的是否也是如此？……

——四日……下午四時船經過廈門，我注意看看，不過茫茫的水天一色，廈門在哪裏？因為說是經過廈門，我就順便打聽從廈門到廣州的走法……這是船中所聞，先寫寄，免忘記，供異日參考。……

——MY DEAR TEACHER：現在是五日午後二時廿分了，我正吃過午點心。不曉得你在做什麼？……

——MY DEAR TEACHER：今天是六日……現在（三時）船快到了，以後再談罷。YOU H．M．六日下午三時。

有誰能知道那「H．M．」是什麼意思嗎？當然只有「MY DEAR TEACHER」明白：「H．M．」是「害馬」二字拉丁拼音字母「HAI MA」的縮寫——寫這信的，是那匹被「剪去鬃毛」的「害馬」啊！

有誰能知道那句「但臨行時所約的時間，我或者不能守住」是什麼意思嗎？仍然只有「MY DEAR TEACHER」明白：當初他們約好，先各自工作兩年、積些錢，再作下一步的打算，因此魯迅與廈門大學約定的受聘期限即為兩年。然而，兩年的時間太長了！剛分手三天，許廣平就覺得自己難以守住諾言了，她已經在急著「打聽從廈門到廣州的走法」了！

廈門時日

飛鴻遙繫兩地心——廈門的魯迅故居

九月四日，當許廣平所乘的輪船遠遠駛過廈門海域的時候，魯迅剛剛登岸不久。安頓好住處，他也迫不及待地展紙寫信了：

> 我九月一日夜半上船，二日晨七時開，四日午後一時到廈門，一路無風，船很平穩，這裏的話，我一字都不懂，只得暫到客寓，打電話給林語堂，他便來接，當晚即移入學校居住了。我在船上時，看見後面有一隻輪船，總是不遠不近地走著，我疑心就是「廣大」。不知你在船中，可看見前面有一隻船否？倘看見，那我所懸擬的便不錯了。

廈門大學經過五年建設，初具規模，但校舍和環境均有待繼續發展。魯迅去的那個時候，周邊還是一片曠地，「四無人煙」，學校的核心地帶是一片中西建築風格相結合的樓群。由於教職員工的宿舍尚未建好，魯迅被安排住在生物學院與國學院所在的那棟樓上。這座三層樓房建在一個小山岡上，由於地勢的原因，前面看去倒像是有四層的模樣。魯迅住在頂層，他自己數過，從山下到三樓，單程是九十六級臺階，每次出門上課，往返便需要上下一百九十二級，如此連打壺開水也不容易。由於當地氣候潮濕，螞蟻極多，房間裏若有食品，必然招其大肆入侵，有時候甚至不得不把點心和螞蟻一同扔到樓下的草地裏去。好在房間很大，窗外的風景也十分秀美。魯迅在初步熟悉了自己的周邊環境後，給許廣平發了一張有廈門大學全景的明信片，並特地標明自己住處的位置。

當時全國局勢動盪，北伐戰爭正在如火如荼地進行，而郵政事務卻相對正常，廈門與廣州間的通信，一般五六天即可送達。不過，對於魯迅與許廣平來說，這郵期仍顯得太長了，以致在幾天之內，便互相給對方寫了好幾封信。九月十二日，魯迅已經在寫第三封信了：「……覺得太閒，有些無聊，倒望從速開學，而且合同的年限早滿。」還沒開學上課呢，他也像許廣平似的已經「不能守住」，盼著與學校的合同「年限早滿」了。

廈門大學對教授的待遇實在不薄，魯迅到校未滿一個星期，便領到了當月薪水四百元。但在食宿方面則安排得多有欠缺，讓人感到很有些不便，難怪魯迅要

廈門大學生物樓老照片。“我暫時住在一間很大的三層樓上，上下雖然不便，眺望卻極佳。”——魯迅給許廣平的信。（攝於廈門大學魯迅紀念館）

根據魯迅紀念館的資料照片介紹，魯迅剛到廈門時住過的物樓，在日本侵華戰爭期間被炸毀，20世紀50年代在原址重建，稱為“成義樓”。

發怨言：「這學校花錢不可謂不多，而並無基金，也無計畫，辦事散漫之至，我看是辦不好的。」

九月二十日，廈門大學開學。魯迅原定承擔三門課程，即聲韻文字訓詁專書研究、小說選及小說史、文學史綱要；後因沒有學生選修聲韻文字訓詁專書研究，所以只教兩門課程，每週各二學時，應當是很輕鬆的。

許廣平此去廣州，是到省立女子師範學校擔任訓育主任，並承擔每週八小時的授課任務。她到達後的第三天便住進校內。對於這份工作，許廣平熱情不高；對於學生，她則似乎頗有反感，且存戒備之心：

——現在姑且盡力，究竟能否長久，再看情形就是了。

——這個學校的學生頗頑固，而且盲動，好鬧風潮，將來也許要反對我，現時在小心中。

——女子本少卓見，加以外誘，增其堅強，個個有楊蔭榆之流風，甚可歎也。

——從前是氣衝牛鬥的害馬，現在變成童養媳一般，學生都是婆婆小姑，要看她們的臉色做事了。

——此校學生曾起反對校長浪潮，後雖平息，而常憤憤，每尋暇伺隙，與辦事人為難。我上課的第一天，學生就提出改在寢室內自修（原在教室，但燈暗……）的難題給我做……

許廣平此時的心態非常有趣。想當初在北京讀書的時候，作爲學生領袖的許廣平在女師大風潮中扮演的是衝鋒陷陣的角色，與校長之流勢不兩立，魯迅曾撰文聲援，稱校長楊蔭榆爲「婆婆」，學生們「就像一群童養媳」；如今許廣平自己當了「校領導」的一員，居然仍感覺自己如「童養媳一般」。發展到後來，那學校竟也爆發了學潮：兩派學生爲爭奪廣州

對於成義樓所在的地方，我曾有一些疑問。雖然成義樓前長長的階梯似乎很有當年生物樓的遺風，不過，那臺階的數量只有36級——比起魯迅所說，要少了一半還多！2010年初冬，我再次實地考察的時候，突然想到，魯迅所說的“如去上課，須走石階九十六級”，也許是包括了樓內的臺階。那樓依坡而建，後面看是三層，前面其實是四層。每層樓20級臺階，走到四樓要有60級臺階；加上樓前山坡上的臺階，剛好是96級。如此看來，魯迅數得是一點都不錯呢！

學生聯合會的代表人選而引發衝突，包括許廣平在內的校方領導處理事情的方法與楊蔭榆如出一轍，其招數也不過是禁止兩派開會、開除領頭學生；學生的本事依然是罵校長爲「反革命」、煽動罷課、上訪請願等等；校方的對策也仍舊是校長辭職、教職員出走、最後導致官方出手干預而已。

在這裏，我忍不住要引用《兩地書》「原信」中的一段。在處理學潮的過程中，許廣平曾很有些忘乎所以地說：「現時背後有國民政府，自己是有權有勢，處置一些反動學生，實在易如反掌，貓和耗子玩，終久是吞下去的，你可知其得意了。」——作者在正式出版時已刪去了這段話，可見自認不妥；我在此引用，不過是想證明，人的地位一變，立場自然也會隨之而改變的。

魯迅對學生的看法和感覺，與許廣平有所不同，他覺得「此地之學生尙佳」，「對我之感情似亦好」。學生們對魯迅的確相當尊重，有不少學生還是仰慕魯迅的名氣而特地從外地轉學來廈門大學的，這讓魯迅很感動。他說：

學生對我尤好，只恐怕在此地住不慣，有幾個本地人，甚至於星期六不回家，豫備星期日我若往市上去玩，他們好同去作翻譯。所以只要沒有什麼大不下去的事情，我總想在此至少講一年，否則，我也許早跑到廣州和上海去了。

不過，魯迅也有許多不滿意的地方。在廈門大學所聘請的學者和職員中，有幾位被他視爲格格不入的人。比如那位顧頡剛，「是胡適之的門徒，另外還有兩三個，好像都是顧薦的，和他大同小異，而更淺薄，一到這裏，孫伏園便要算可以談談的了。我眞想不到天下何其淺薄者

“囊螢”、“同安”、“群賢”、“集美”、“映雪”五座建築組成的群賢樓群，是當年廈門大學的中心。

之多。」——看來對於孫伏園在上海口無遮攔地宣傳什麼「愛高的那一個」的行爲，魯迅仍有些不高興呢！

還有林語堂的秘書黃堅，在魯迅看來就是一個「浮而不實」而且喜歡打小報告的傢伙，「將來也許會興風作浪」。沒過多久果然連續爆發了衝突，先是因瑣事發生矛盾，繼而在調整住房分配傢俱的時候，黃堅有意刁難，魯迅不禁大發其怒，甚至憤而退還國學院的兼職聘書，以致總務處主任爲了息事寧人而親自充當搬運工。衝突的結果是，兼職的聘書被恭恭敬敬地送了回來，分配的傢俱倒比原先的還多。

憎惡黃堅的原因，未必完全如魯迅所說，是什麼「對於較小的職員，氣焰不可擋，嘴裏都是油滑話」之類，更重要的，是魯迅懷疑他也是顧頡剛薦引來的。其實作爲歷史學家的顧頡剛在北京的時候與魯迅多有來往，當初還同魯迅一起是《語絲》的創辦者和撰稿人呢，只是因爲他「自稱只佩服胡適陳源兩個人」，才爲魯迅所憎惡。說來魯迅與胡適（即胡適之）原先相交甚善，而且同是新文化運動的領軍人物，但在女師大風潮時，魯迅與陳源等人筆鋒相搏深結仇怨，而陳源與胡適同屬所謂的「現代評論派」，因恨陳源而恨「現代派」，因恨「現代派」而恨胡適，從而恨與其有關的所有人——比如顧頡剛以及疑心是由顧頡剛薦引而來廈門大學的一些學者或職員。

說愛恨分明也好，說心胸狹窄也好，魯迅性格就是如此。公允地說，「薦引」並非「現代評論派」的「專利」，林語堂本人就有二兄一弟同在校內工作，魯迅本人也是林語堂「薦引」而來的，況且他到校後的第一件事情，便是「薦引」自己的好友許壽裳來廈門大學，只是由於種種原因未能成功，若在別人看來，也未必沒有「拉幫結派」之嫌。

有些事情一經聯繫對比，往往會變得很有趣。比如下面這段：「廈門素無文化，來此後生活頗爲乾燥。……我到此間，原不過是爲暫時落腳，且爲還清債項計，並無久居之志。」若不註明，任誰都會以爲這些文字出自魯迅筆下，其實這是顧頡剛在抵達廈門後不久，於一九二六年九月二十六日寫給胡適信中的內容。他當時的處境與心境，幾乎與魯迅完全相同呢！

魯迅在1926年9月25日給許廣平的信中特地畫出了群賢樓群及他自己的住處：“前回的明信片上，不是有照相麼？中間一共五座，其一是圖書館，我就住在那樓上……”

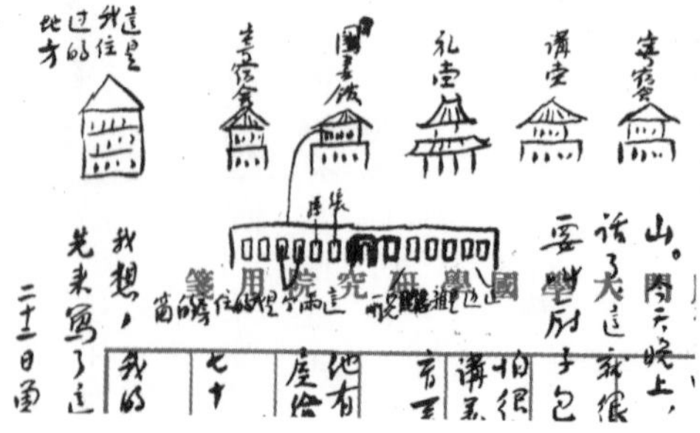

廈門大學集美樓側面。

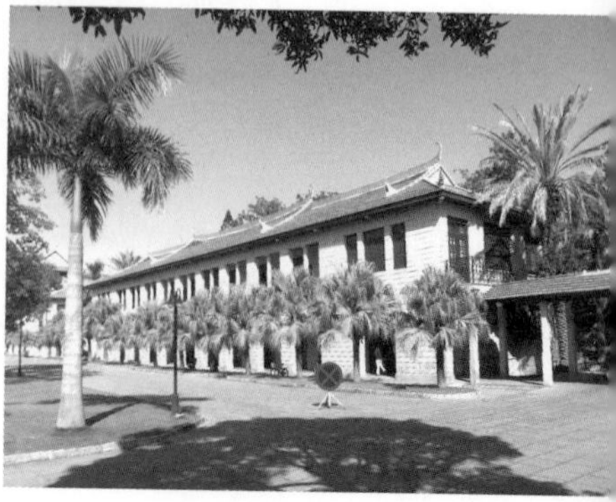

而四天後的九月三十日，魯迅在給許廣平的信中說，顧頡剛「已經在排斥我，說我是『名士派』，可笑。好在我並不想在此掙帝王萬世之業，不去管他了」。——其實顧頡剛並非如魯迅所說，要在此掙什麼「帝王萬世之業」，他也是「並無久居之志」，且在來廈門之前便已打算「現想前往一年，如身體不慣則半年」，比起魯迅的兩年之期，至少要短了一半。

儘管對「顧頡剛之流」的提防和憎惡日見增長，但魯迅未曾料到的是，日後在他與顧頡剛之間居然會發生一場相當激烈的巨大衝突，以致成為中國文壇的一大名案——此爲後話，暫且不表。

“我所住的房屋，須陳列物品了，我就須搬。……至於我今天所搬的房，卻比先前的靜多了，房子頗大，是在樓上。”——魯迅給許廣平的信。

這次魯迅遷住的是集美樓，爲廈門大學早期五座主樓之一，魯迅住二層，原是一個能容五六十人上課的教室，甚爲寬敞。他當天便給許廣平寫信彙報：

至於我今天所搬的房，卻比先前的靜多了，房子頗大，是在樓上。前回的明信片上，不是有照相麼？中間一共五座，其一是圖書館，我就住在那樓上，間壁是孫伏園和張頤教授（今天才到，原先也是北大教員），那一面是釘書作場，現在還沒有人。

我的房有兩個房門，可以看見山。……現在的住房還有一樣好處，就是到平地只須走扶梯二十四級，比原先要少七十二級了。然而「有利必有弊」，那「弊」是看不見海，只能看見輪船的煙通。

廈門大學魯迅居室的書桌。《從百草園到三味書屋》、《父親的病》、《瑣記》、《藤野先生》、《范愛農》等文章以及《兩地書》中的許多封信，便是在這張書桌上寫下的。

在這裏居住，最困難的仍然是吃飯問題。魯迅與同事合雇了一個廚子，但那廚子手藝太差，飯菜淡而無味，有時只好吃些麵包和罐頭牛肉，權當改善。後來魯迅自己出錢雇了一個聽差，又買了不少日常用品。有朋友去探視，發現那房間已經被魯迅整理得如同住家了：除了桌椅床鋪，還有水缸、汽爐、水壺、碗盞、瓢盆，以及一堆大大小小的飯鍋，板壁上掛著不少紙包，大概是防止螞蟻侵襲的食品……只是廁所在室外較遠的路邊，比較麻煩。不過去廁所總要經過一個重要的地方——郵政代辦處。每天翹首以盼許廣平的來信，魯迅經常要去代辦處巡視一下的，去得太勤難免讓人感覺異常，上廁所倒是一個很合理的藉口。那廁所較遠，單程也得一百五六十步，晚上若需「方便」，實在不願跑那麼遠的路了，索性「就在樓下的草地上了事」。魯迅說：「此地的生活，就是如此散漫，眞是聞所未聞。」不過看來他很快就習慣了這種「散漫」。由於草地裏可能有蛇，後來他「連夜間小解也不下樓去了，就用磁的唾壺裝著，看夜半無人時，即從視窗潑下去」。如此舉止，顯然有失教授體面，所以魯迅自嘲自辯地說：「這雖然近於無賴，但學校的設備如此不完全，我也只得如此。」

魯迅紀念館二樓走廊。
“我所住的這麼一座大洋樓上，到夜，就只住著三個人，一張頤教授，一伏園……張因不便，住到他朋友那裏去了，伏園又已走，所以現在就只我一人。但我可以靜坐著默念HM，所以精神上並不感到寂寞。”——魯迅給許廣平的信。

魯迅居室的躺椅。
“……又無器具，向他們要，而黃堅又故意刁難起來……所以就給他碰了釘子而又大發其怒，大發其怒之後，器具就有了，又添了一個躺椅；總務長親自監督搬運。”——魯迅給許廣平的信。

魯迅居室櫃上的藥瓶、水果。
“我在此常吃香蕉，柚子，都很好；至於楊桃，卻沒有見過，又不知道是什麼名字，所以也無從買。”——魯迅給許廣平的信。

寂寞中的猶疑

飛鴻遙繫兩地心——廈門的魯迅故居

那段時間，儘管時常有記者慕名來訪，有學生求教辦刊，並不冷清，但魯迅最感無奈的，仍是難耐的寂寞。風景雖好，但「永是這樣的山，這樣的海，便是天氣，也永是這樣暖和；樹和花草，也永是這樣開著，綠著」。天天看去，很快就看膩了。校內眾生，少有魯迅認爲值得一談的。他說：

我新近想到了一句話，可以形容這學校的，是「硬將一排洋房，擺在荒島的海邊上」。然而雖是這樣的地方，人物卻各式俱有，正如一滴水，用顯微鏡看，也是一個大世界。其中有一班「妾婦」們，上面已經說過了。還有希望得愛，以九元一盒的糖果恭送女教員的老外國教授；有和著名的美人結婚，三月復離的青年教授；有以異性為玩藝兒，每年一定和一個人往來，先引之而終拒之的密斯先生；有打聽糖果所在，群往吃之的無恥之徒……。世事大概差不多，地的繁華與偏僻，人的多少，都沒有多大關係。

他不僅向許廣平訴苦，還對朋友抱怨。他在給老友許壽裳的信中寫道：

……無人可談，寂寞極矣。為求生活之費，僕僕奔波，在北京固無費，尚有生活，今乃有費而失了生活，亦殊無聊。或者在此至多不過一年可敷衍歟？

寂寞中難得也會有些小興奮。比如那年「雙十節」，廈門的慶祝活動很熱烈，學校裏舉行了隆重的升旗儀式，還有演說、運動、放鞭炮，晚上則有音樂會和電影，很有些國慶的氣氛；街上的市民主動張燈結綵掛國旗，相比在北洋政府統治下的北京，顯然大有不同。所以魯迅感到「歡喜非常」，覺得「此地人民的思想，我看其實是『國民黨』的，並不怎樣老舊」。

當時國民黨是革命的化身，在革命中心所在地的廣州，許廣平率學生參加群眾集會並且遊行，感到「情形很好，這是大可慰悅的」。當天恰值北伐軍攻克武昌，魯迅事後得到消息，很是興奮，立即寫信向許廣平核實，說：「今天本地報上的消息很好……即使要打折扣，情形很好總是眞的。」

寂寞也有一點好處，便是心靜，許多往

廈門大學集美樓後側。
魯迅在給許廣平的信中曾寫道："連夜間小解也不下樓去了，就用磁的唾壺裝著，看夜半無人時，即從視窗潑下去。這雖然近於無賴，但學校的設備如此不完全，我也只得如此。"如今集美樓後面已經有了一個很大的公廁，比當年方便多了。

魯迅曾說："我想廈門的氣候，水土，似乎於居人都不宜，我所見的人們，胖子很少，十之九都黃瘦，女性也很少美麗活潑的……"其實，廈門的姑娘與天下所有的姑娘一樣，都是美麗而活潑的。

事浮上心頭，於是魯迅連續寫出了《從百草園到三味書屋》、《父親的病》、《瑣記》、《藤野先生》、《范愛農》等名篇；還編定了《華蓋集續編》，寫了《墳》的「題記」等一系列文章……

寂寞之至，魯迅也會幹出一些淘氣的事情。樓下花圃周圍有一圈鐵絲網，看去不高，魯迅想試試自己的彈跳力如何，趁沒人的時候跳了一把，倒是一躍而過，卻在膝蓋和大腿上剮了兩處傷。他將如此荒唐舉止向許廣平彙報後，又怕對方擔心，趕緊補充：「這是下午的事情，晚上就痊癒了，一點沒有什麼。恐怕這事會招到誥誡，但這是因爲知道沒有什麼危險，所以試試的，倘覺可慮，就很謹慎。」

許廣平的回應倒還溫和，完全把這位「DEAR TEACHER」視作有待耐心教育的三尺頑童：「對於跳鐵絲欄，亦擬不加誥誡，因爲我所學的是教育，而抑制好動的天性，是和教育原理根本刺謬的。」

至十一月，情況有了一些變化。廣州中山大學發來聘書，請魯迅前去任教，月薪二百八十元。此事已經醞釀了一些時日，早在十月中旬，魯迅就接到中山大學的電函，邀請前去廣州「指示一切」，儘管由於種種原因未能前往，但已有些動心。如今結果明朗，魯迅卻突然猶疑起來，這似乎頗有些反常。

他在寫給許廣平的信中，有一些很耐人尋味的內容：

此地空氣惡劣，當然不願久居，而到廣州也有不合的幾點：（一）我對於行政方面，素不留心，治校恐非所長；（二）聽說政府將移武昌，則熟人必多離粵，我獨以「外江佬」留在校內，大約未必有味；而況（三）我的一個朋友或者將往汕頭，則我雖至廣州，又與在廈門何異。所以究竟如何，當看情況再定了，好在開學還在明年三月初，很有考量的餘地。……借自己的升沉，看看人們的嘴臉的變化，雖然很有益，也有趣，但我的涵養工夫太淺了，有時還不免有些憤激，因此又常遲疑於此後所走的路：（一）死了心，積幾文錢，將來什麼事都不做，顧自己苦苦過活；（二）再

夜半時分，集美樓的教室裏依然燈火輝煌，總有許多用功的學生。

不顧自己，為人們做些事，將來餓肚也不妨，也一任別人唾罵；（三）再做一些事，倘連所謂「同人」也都從背後槍擊我了，為生存和報復起見，我便什麼都敢做，但不願失了我的朋友。第二條我已經行過兩年了，終於覺得太傻。前一條當先托庇於資本家，恐怕熬不住。末一條則頗險，也無把握（於生活），而且又略有所不忍。所以實在難於下一決心，我也就想寫信和我的朋友商議，給我一條光。

從南普陀寺後面的五老峰遠眺廈門大學。

許廣平何等聰明，看他信中囉囉唆唆吞吞吐吐，早知原因就在那「也無把握（於生活），而且又略有所不忍」這句話上。她比魯迅直率得多：

來信之末說到三種路，在尋「一條光」，我自己還是世人，離不掉環境，叫我何從說起。但倘到必要時，我算是一個陌生人，假使從旁發一通批評，那我就要說，你的苦痛，是在為舊社會而犧牲了自己。舊社會留給你

苦痛的遺產，你一面反對這遺產，一面又不敢捨棄這遺產，恐怕一旦擺脫，在舊社會裏就難以存身，於是只好甘心做一世農奴，死守這遺產。……但我們也是人，誰也沒有逼我們獨來吃苦的權力，我們也沒有必須受苦的義務的，得一日盡人事，求生活，即努力做去就是了。

魯迅與許廣平的信中，有許多唯有他們自己才能理解的「暗語」，需要「翻譯」過來才能明白。其實說穿了非常簡單。

魯迅知道，若去廣州，必見廣平，原先計畫「工作兩年再做打算」的事情，來得太快了一些，他似乎還沒有做好思想準備。關鍵在於，他無法把握將來的方向（也就是「生活」）——因爲此前聽說許廣平似乎有離開廣州去汕頭或武漢工作的意思，心中很不踏實，所以他才繞著彎兒地說什麼「我的一個朋友或者將往汕頭，則我雖至廣州，又與在廈門何異」，以此試探許廣平的態度。

「我的朋友」許廣平一語點破魯迅的心思：他所說的「略有所不忍」，實際是不敢捨棄舊社會留給他的「苦痛的遺產」。什麼遺產？就是母親當年賜予的那無奈的婚姻，就是他那自己不愛的妻子！爲什麼不敢捨棄？不過是怕自己「在舊社會裏就難以存身」而已！許廣平遠比魯迅勇敢，她就敢大聲呼出：「但我們也是人，誰也沒有逼我們獨來吃苦的權力，我們也沒有必須受苦的義務的！」——她說的是「我們」！

魯迅得此明確表態，似乎有所寬慰，在下一封信中，他說：

> 我一生的失計，即在向來不為自己生活打算，一切聽人安排，因為那時豫料是活不久的。後來豫料並不確中，仍能生活下去，遂至弊病百出，十分無聊。再後來，思想改變了，但還是多所顧忌，這些顧忌，大部分自然是為生活，幾分也為地位，所謂地位者，就是指我歷來的一點小小工作而言，怕因我的行為的巨變而失去力量。這些瞻前

從大學城高層建築的樓頂俯瞰廈門大學，下面一字排開的5座建築便是群賢樓群。

顧後，其實也是很可笑的。這樣下去，更將不能動彈。第三法最為直截了當，而細心一點，也可以比較的安全，所以一時也決不定。總之，我先前的辦法已是不妥，在廈大就行不通，我也決計不再敷衍了。第一步我一定於年底離開這裏，就中大教授職……

別以爲魯迅在進行了一番自我批評之後就能夠眞的「決計不再敷衍了」，他只說了個「第一步」，至於第二步、第三步如何，則迴避不談了。在接下來的一句話中，他性格中那膽怯畏縮的弱點暴露無遺：「但我極希望H．M．也在同地，至少可以時常談談，鼓勵我再做些有益於人的工作。」

許廣平坦誠表白的結果，難道就是盼著魯迅到了廣州之後「可以時常談談」麼？這眞讓人哭笑不得！

作爲二十一世紀的現代人，不必苛責八十多年前的魯迅爲何表現得如此懦弱。我們畢竟未曾親歷，自然也無法想像封建道德的無形枷鎖有多麼沉重、多麼堅牢，就連像魯迅那樣看似無所畏懼的勇士也難以徹底掙脫！

太陽、黑夜與月亮

飛鴻遙繫兩地心——廈門的魯迅故居

如果不是一個突如其來的外部刺激，魯迅也許還會在那漫長的愛情之路上進兩步退一步、繼續徘徊遲疑難做決斷。

刺激來自他以前的合作者高長虹。

高長虹是一個山西青年，因創辦文學刊物《狂飆》而與魯迅結識，後又配合魯迅籌畫《莽原》週刊，是「莽原社」的主要成員之一。魯迅在北京西三條居住期間，高長虹是他家裏的常客。一九二六年夏天，高長虹前往上海，在《新女性》八月號上發表了一篇《狂飆社廣告》，爲籌辦「狂飆叢書」而進行宣傳，廣告中將魯迅稱爲「思想界先驅者」。那時，他們之間常有書信往來。魯迅經上海去廈門的時候，高長虹還特地去魯迅下榻的旅館探望，關係不可謂不密切，如高長虹後來所說：「在這次談話裏，仍然是像很深知的朋友。」

高長虹曾說自己「亦一驕傲人也」，事實確是如此。由於接替魯迅編輯《莽原》的韋素園（即韋漱園）退回了狂飆社成員的稿子，引起高長虹不滿，撰文指責韋素園，並希望魯迅表態。而遠在廈門的魯迅不明情況未作回應，高長虹竟把矛頭轉向魯迅，不僅連篇累牘地發表文

在如今的廈門大學國際學院後山坡上，有一段殘存的城牆，旁邊一塊巨石上是解放軍上將張愛萍的題字——“鎮北關”。魯迅在1926年9月23日給許廣平的信中寫道：“……但好幾天，卻忘不掉鄭成功的遺跡。離我的住所不遠就有一道城牆，據說便是他築的……”他所說的，應當是這裏了。

章，指名道姓地批評魯迅，甚至還語言尖刻地稱魯迅爲「世故老人」。說什麼「魯迅去年不過四十五歲……如自謂老人，是精神的墮落」；「於是遂戴其紙糊的『思想界的權威者』之假冠，而入身心交病之狀態矣」。言詞放肆，近於瘋狂。被罵得莫名其妙的魯迅終於按捺不住，立即發表《所謂「思想界先驅者」魯迅啓事》等文章，出手反擊了。他在十一月二十日給許廣平的信中說：

有青年攻擊或譏笑我，我是向來不去還手的，他們還脆弱，還是我比較的禁得起踐踏。然而他竟得步進步，罵個不完，好像我即使避到棺材裏去，也還要戮屍的樣子。所以我昨天就決定，無論什麼青年，我也不再留情面，先作一個啓事，將他利用我的名字，而對於別人用我名字，則加笑罵等情狀，揭露出來，比他的嘮嘮叨叨的長文要刻毒得多，即送登《語絲》，《莽原》，《新女性》，《北新》四種刊物。我已決定不再彷徨，拳來拳對，刀來刀擋，所以心裏也很舒服了。

回擊是回擊了，但對於高長虹爲何反目，魯迅還是有些糊塗。

一個月後，魯迅收到了韋素園的一封來信，說不久前高長虹在他自己主辦的《狂飆》週刊上發表了一首詩，從而引起流言，說高長虹自比太陽，許廣平好比月亮，而魯迅是黑夜，以致吞沒了太陽所愛的月亮。

魯迅大爲憤怒，他在給韋素園的回信中寫道：

> 至於關於《給——》的傳說，我先前倒沒有料想到。《狂飆》也沒有細看，今天才將那詩看了一回。我想原因不外三種：一，是別人神經過敏的推測，因為長虹的痛哭流涕的做《給——》的詩，似乎已很久了；二，是《狂飆》社中人故意附會宣傳，作為攻擊我的別一法；三，是他真疑心我破壞了他的夢，——其實我並沒有注意到他做什麼夢，何況破壞——因為景宋在京時，確是常來我寓，並替我校對，抄過不少稿子，《墳》的一部分，即她抄的，這回又同車離京，到滬後她回故鄉，我來廈門，而長虹遂以為我帶她到了廈門了。倘這推測是真的，則長虹大約在京時，對她有過各種計畫，而不成功，因疑我從中作梗。其實是我雖然也許是「黑夜」，但並沒有吞沒這「月兒」。如果真屬於末一說，則太可惡，使我憤怒。

不管高長虹的動機是什麼，魯迅自己最明白，他與許廣平（即景宋）的特殊關係並非「流言」。儘管他始終在企圖遮掩，還是被廣泛傳播，這才是讓他眞正感到惱怒的。因此，儘管魯迅在信中分析的時候還比較冷靜地說「原因不外三種」，但在具體處理的時候卻偏偏選擇了「末一說」。這說明，愛情往往會讓人頭腦發熱，連魯迅也不會例外——如果高長虹居然是一個潛在的「情敵」，倒眞的需要抖擻精神認眞對待呢！所以，他在接下來的一段話寫得十分衝

魯迅居室屋內的吊燈。

“此校用錢並不少，也很不得法，而有許多慳吝舉動，卻令人難耐。即如今天我搬房時，就又有一件。房中有兩個電燈，我當然只用一個的，而有電機匠來必要取去其一個電燈泡，止之不可。其實對於一個教員，薪水已經花了這許多了，多點一個電燈或少點一個，又何必如此計較呢？”——魯迅給許廣平的信。

動：

> 我竟一向在悶葫盧中，以為罵我只因為《莽原》的事，我從此倒要細心研究他究竟是怎樣的夢，或者簡直動手撕碎它，給他更其痛哭流涕。只要我敢於搗亂，什麼「太陽」之類都不行的。

衝動歸衝動，「搗亂」卻需要講究戰術。高長虹對《莽原》及魯迅本人的突然發難，不難予以還擊；而對於可能涉及「月亮」的問題，則必須謹愼處理。

魯迅通過「細心研究」對方的「夢」，終於想出來一個「撕碎它」的巧妙方法了。

在給韋素園回信的第二天，魯迅便寫出一篇長達七千來字的小說《奔月》。

古今中外，以小說的方式含沙射影地罵人，魯迅未必是最先的發明者；但罵得巧妙刻薄而又讓被罵者無從還嘴只能把悶氣憋在自己的肚子裏，當首推魯迅爲個中高手——如果被罵者發難，作者可以說：「爲何自己對號入座？罵的是你麼？」此舉雖「近乎無賴」，卻十分有效。

像那《奔月》的諸多內涵，只有幾個當事人及知情者明白，外人往往是無從知曉的。

只說這小說名字中的「月亮」，顯然獨有含義。故事表面上說的是射日的夷羿與嫦娥的感情故事，攻擊的目標卻對準那欺師滅祖的徒弟逢蒙——即高長虹的化身。像「去年就有四十五歲了」、「若以老人自居，是思想的墮落」等等，幾乎就是使用高長虹攻擊魯迅時的原話；而「不過近幾年來時常到我那裏來走走，我並沒有和他合夥」、「你眞是白來了一百多回」、「偷去的拳頭打不死本人，要自己練練才好」，是對高長虹的直接諷刺；至於以強弓巨矢射殺麻雀烏鴉，則充滿了「你根本不是對手」的傲慢和自負。

而那「月亮」呢？

「那邊是一輪雪白的圓月，掛在空中，其中還隱約現出樓臺，樹木；當他還是孩子時候祖母講給他聽的月宮中的美景，他依稀記得起來了。他對著浮游在碧海裏似的月亮，覺得自己的身子非常沉重。」——好不美哉！只是那「身子沉重」一句，似乎有些力不從心的擔憂。

還有：「天色已經昏黑；藍的空中現出明月來，長庚在西方格外燦爛。……月亮卻在天際漸漸吐出銀白的清輝。」——連自己的小名「長庚」都說出來了！不管高長虹能否明白，但魯迅希望許廣平將來能夠看懂：「月亮」應當屬於「黑夜」，「長庚」是「月亮」最好的伴侶！

不過，關於這段「月亮」的故事，魯迅並未及時向許廣平說明。在給韋素園回信的當天晚上，他給許廣平寫信時僅透露了一點點情況。原信中是這樣寫的：

北京似乎也有流言，和在上海所聞者相似，且說長虹之攻擊我，乃為此。用這樣的手段，想來征服我，是不行的。我先前的不甚競爭，乃是退讓，何嘗是無力戰鬥。現在就偏出來做點事，而且索性在廣州，住得更近點，看他們卑劣諸公其奈我何？然而

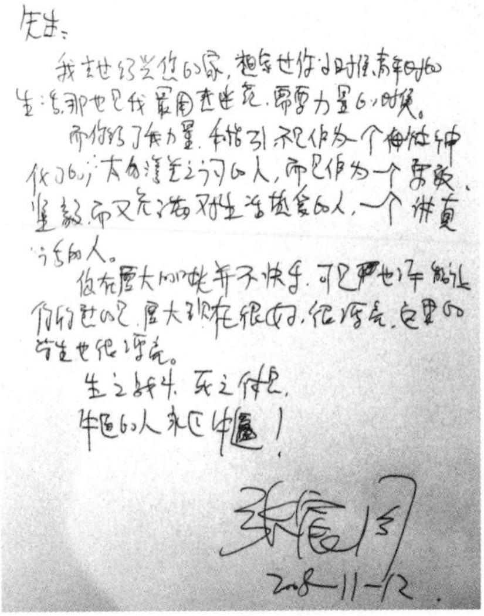

廈門大學魯迅紀念館留言簿上一位觀衆寫下的話很有意思：“先生：我去過紹興您的家，想像過您小時候、青年時的生活。那也是我最困惑迷茫、需要力量的時候。而你給了我力量和指引。不是作為一個被神化了的、（有）太多溢美之詞的人，而是作為一個勇敢堅毅、而又充滿對生活熱愛的人，一個講真話的人。您在廈大的時光並不快樂，可是能讓你所（感到）欣慰的是，廈大現在很好、很漂亮，這裏的學生也很漂亮……”

這也是將計就計，其實是即使並無他們的閒話，也還是到廣州的。

他這封信是以掛號的形式寄出的，顯然很怕遺失。他說得十分模糊，休說外人難以看出端倪，就連許廣平也未必理解那「競爭」、「戰鬥」和「索性住得更近點」是什麼意思，在回信中居然對魯迅流露出的強烈「戰鬥」情緒並無太大反應，甚至說：「倘為別的原因，也可以無須這麼亟亟。」所以在下一封信裏，魯迅終於不再含混。

一九二七年一月十一日，魯迅給許廣平寫了一封很重要的信，詳細地說明情況：

……那流言，是直到去年十一月，從韋漱園的信裏才知道的。他說，由沉鐘社裏聽來，長虹的拼命攻擊我是為了一個女性。《狂飆》上有一首詩，太陽是自比，我是夜，月是她。他還問我這事可是真的，要知道一點詳細。我這才明白長虹原來在害「相思病」，以及川流不息地到我這裏來的原因，他並不是為《莽原》，卻在等月亮。但對我竟毫不表示一些敵對的態度，直待我到了廈門，才從背後罵得我一個莫名其妙，真是卑怯得可以。我是夜，則當然要有月亮的。還要做什麼詩，也低能得很。

那時就做了一篇小說，和他開了一些小玩笑，寄到未名社去了。那時我又寫信去打聽孤靈（即川島），才知道這種流言，早已有之，傳播的是品青，伏園，亥倩（即衣萍），微風（即小峰），宴太（即羽太信子）。有些人又說我將她帶到廈門去了，這大約伏園不在內，是送我上車的人們所流布的。白果（即黃堅）從北京接家眷來此，又將這帶到廈門，為攻擊我起見，便和田千傾（即陳萬里）即分頭廣布於人，說我之不肯留居廈門，乃為月亮不在之故。在送別會上，田千傾（即陳萬里）且故意當眾發表，意圖中傷。不料完全無效，風潮並不稍減然，因為此次風潮，根柢甚深，並非由我一人而起，而他們還要玩這樣的小巧，真可謂「至死不悟」了。

這裏所引用的，仍是後來在《兩地書》中正式發表的文字，與魯迅原信中的內容有一些差別。其中一些人名在公開發表的時候被改掉了，爲讓讀者看得明白，我特地在括弧中予以註明。

在這信中，最值得注意的是這樣一段話：

我先前偶一想到愛，總立刻自己慚愧，怕不配，因而也不敢愛某一個人，但看清了他們的言行思想的內幕，便使我自信我決不是必須自己貶抑到那麼樣的人了，我可以愛！

壓抑多年的感情終於爆發，魯迅大膽發出了一聲高呼：「我可以愛！」對魯迅來說，敢於寫出這個「愛」字，實在太不容易了！

不過，別以爲魯迅眞的敢於無所顧忌地去「愛」了。在他追求愛情的過程中，還有許多可笑可歎的細節讓人感慨呢。

魯迅與高長虹的「月亮之爭」，是現代文壇的一樁奇案。說來荒唐：那事情的起因居然基本是虛構的。

高長虹的確在一九二六年十一月二十一日發表了一首詩，其中有這樣一些內容：

……

我在天涯行走，
夜做了我的門徒，
月兒我交給他了，
我交給夜去消受。

……

夜是陰冷黑暗，
他嫉妒那太陽，
太陽丟開他走了，
從此再未相見。

我在天涯行走，
月兒又向我點首，
我是白日的兒子，

月兒呵，請你住口。

正如魯迅所說，高長虹作《給──》的詩，「似乎已很久了」。這首有關「月亮」的詩不過是高長虹的愛情詩集《給──》的第二十八首。在《給──》的第三十首中，還有這樣的詩句：

你父曾做一儒官，
我父也曾做知縣，
門當户對我把你娶，
我是嬌婿你是好妻房。

據此有人推測，這些詩是寫給當時有名的才女石評梅的。石評梅與高長虹同是山西人，前者的父親曾在圖書博物館任職，後者的父親當過代理縣知事，所以高長虹的詩中才有「儒官」、「知縣」之說。如果說高長虹的確是在單相思，對方也應當是石評梅而非許廣平。

至於與許廣平的關係，高長虹在十多年後回憶，他是在參與《莽原》的編輯工作時，通過魯迅給看的稿子知道許廣平的名字的，後來曾經通過七八次信：

……可是並沒有見面，那時我彷彿覺得魯迅與景宋的感情是很好的。因為女師大的風潮，常有女學生到魯迅那裏，後來我在魯迅那裏同景宋見過一次面，可是並沒有說話，此後連通信也間斷了。以後人們所傳說的什麼什麼，事實的經過，卻只是這樣的簡單。景宋所留給我的唯一的印象就是一副長大的身裁。她的信保留在我的記憶中的，是她說她的性格很矛盾，彷彿中山先生是那樣性格。青年時代的狂想，人是必須加以原諒的，可是這種樸素的通信也許就是造成魯迅同我傷感情的第二次原因了。我對於當時思想界那種只說不做的缺點，在通信中也是講到的。後來我問了有麟，景宋在魯迅家裏的廝熟情形，我決定了停止與景宋的通信，並且認為這種辦法是完全正確的。

月色中的廈門大學大南門。其實它應是“西門”，但由於地處南普陀寺南面，因此舊稱“大南門”。門額上的校名，是取自魯迅的字跡。

由此可知，魯迅視高長虹爲「情敵」，實在是選錯了對象，但他在此後的很長時間裏，依然對高長虹耿耿於懷，時不時要「刺」後者一下。

高長虹有一句話，雖然只是泛指，與「月亮之爭」無關，但也很值得回味：「傳說這一類事，我是討厭透了的，這不能證明事實，而只能淆亂事實。」

而魯迅性格中的一大弱點，偏偏是容易聽信傳言。「月亮之爭」只不過是一個典型的實例。在他的一生中，還會時常爲傳言、謠言、讒言所困擾，從而徒然消耗過多的精力去從事一些毫無必要的「戰鬥」。

迎著月色而去

飛鴻遙繫兩地心——廈門的魯迅故居

一九二六年十二月三十一日，魯迅向廈門大學校方正式提交辭呈，宣佈到當日爲止，辭去在校內所擔任的一切職務。

魯迅終於要離開廈門了。

他在兩天後給許廣平的信中，已經明顯流露出臨行前的躁動情緒。原信中寫道：

這事很給廈大一點震動，因為我在此，與學校的名氣有些相關，他們怕以後難於聘人，學生也要減少，所以頗為難。為虛名計，想留我，為乾淨，省得搗亂計，願放走我。但無論如何，總取得後者的結果的。因為我所不滿意的是校長，所以無可調和。今天學生會也舉代表來留，自然是具文而已，接著大概是送別會，那時是聽我的攻擊廈大的演說。他們對於學校並不滿足，但風潮是不會有的，因為四年前曾經失敗過一次。

他在最後寫道：

我想二十日以前，一定可以見面了。你的工作的地方，那是當不成問題，我想同在一校無妨，偏要同在一校，管他媽的。

魯迅的辭職，的確造成很大震動，不少學生居然也要離校，有的追隨魯迅去廣州，有的則去國民政府所在地武昌。與魯迅所預料的不同，學潮居然也鬧了起來，由「挽留魯迅先生運動」演變成爲改革學校的運動，甚至在魯迅走後還在繼續發展，矛頭先是指向學校的教務長劉樹杞，後來則轉向了校長林文慶，這倒正如魯迅所說：「我這一走，攪動了空氣不少。」

廈門大學魯迅紀念館三室是“魯迅與許廣平”專題展室。

魯迅對林文慶很有反感：「他對我雖然很恭敬，但我討厭他，總覺得他不像中國人，像英國人。」「校長林文慶博士是英國籍的中國人，開口閉口，不離孔子……他待我實在是很隆重，請我吃過幾回飯，單是餞行，就有兩回。不過現在『排擠說』倒衰退了，前天所聽到的是他在宣傳，我到廈門，原來是來搗亂，並非豫備在廈門教書的，所以北京的位置都沒有辭掉……」

魯迅「聽說」的所謂「宣傳」，不知是否屬實。其實公允地說，林文慶並非如魯迅所言，是個只會任人唯親的庸才。他曾是一位很有名氣的醫生，早年參加同盟會，與孫中山關係密切，辛亥革命成功後曾在臨時政府任職，並兼任孫中山的保健醫生。一九二一年，林文慶接受陳嘉庚的聘請，就任廈門大學第二任校長，在那期間，他還兼任鼓浪嶼醫院院長。為支援廈門大學的工作，他不僅連續幾年不領薪水，還將自己從醫的收入捐為辦學經費。作為校長，既要維持這樣一個私立大學的管理，還要處理諸多的人際關係，不在其位者是難以體會其中艱難的。

對於魯迅，林文慶應當是寄予很大希望而且竭力給以厚待的，但魯迅原定聘期兩年而只來了四個多月便要離去，林文慶心中難免不悅。但面子上的事情，還是要顧及周全的。幾經挽留，魯迅去意甚堅，所能做的事情，也只有竭誠歡送了。

在這種時刻，各方面的人物居然取得了一種

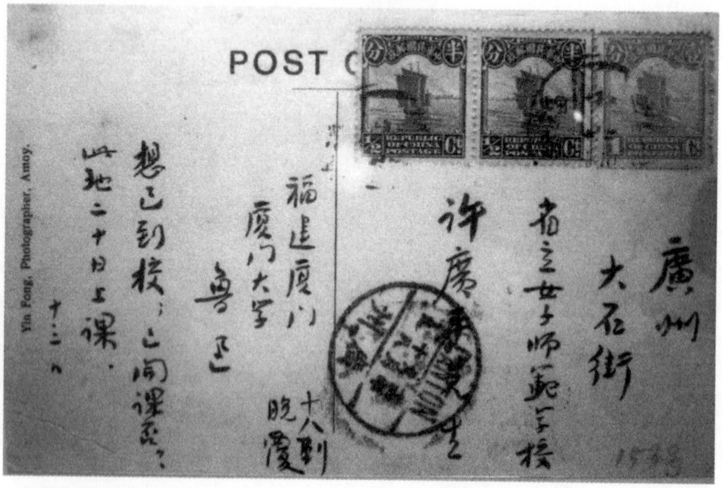

魯迅給許廣平的明信片正面。（攝於北京魯迅博物館）

難得的統一，那就是儘量擺出一個「好說好散」的姿態。如魯迅所說，那幾天「全是赴會和餞行，說話和喝酒」。

一九二七年一月十五日，魯迅日記載：「晴。上午寄林夢琴信再還聘書。午後坐小船上『蘇州』船……」

林夢琴即校長林文慶，看來他在最後的時刻還有挽留魯迅的意願，而魯迅只有在登船前再客客氣氣地把聘書寄回。

當天輪船未曾起錨，所以下午有二十多人登船送行。

第二天，一月十六日：「星期。曇。午發廈門。」

魯迅終於離開廈門了。

從一九二六年九月四日抵廈門說起，屆指算來，魯迅在這裏只待了一百三十五天的時間。

船上有暇，魯迅自然還是寫信。

魯迅在給許廣平的明信片背面寫道：“從後面（南普陀）所照的廈門大學全景。前面是海，對面是鼓浪嶼。最右邊的是生物學院和國學院，第三層上有※記的便是我所住的地方……”——魯迅寫得匆忙，小有筆誤：其中的“右邊”應為“左邊”。（攝於北京魯迅博物館）

在給朋友的信中，他寫道：

船正在走，也不知是在什麼海上，總之一面是一望汪洋，一面卻看見島嶼。但毫無風濤，就如坐在長江的船上一般。……海上的月色是這樣皎潔，波面映出一大片銀鱗，閃爍搖動；此外是碧玉一般的海水，看去似乎很溫柔……

輪船載著魯迅在月光下向廣州的方向駛去，那裏，有他心中的「月亮」。

二〇〇八年末，我特地前去廈門，搜尋魯迅當年的蹤跡。

經過八十多年的發展，廈門大學已經成爲一個具有相當規模的現代化綜合性高等學府了，校園之大、景色之美，甚至超過北京大學的燕園。儘管在魯迅的文字中對廈門大學幾乎毫無好感，但他所留下的足跡仍然被作爲學校歷史上光榮的一頁，得到永久的紀念。在學校大門以及校內許多標牌上，都可以看到魯迅手書的「廈門大

2010年初冬我有機會再去鼓浪嶼，看到林文慶故居的主體建築已經修復，但院落依然荒蕪。

廈門大學裏的林文慶塑像與“文慶亭”。

學」字樣——那是從他的書信中取來的字跡；距校區主樓區不遠的草坪上，矗立著魯迅的高大石像，每天早上，絡繹不絕的學生從石像前走過，奔向各自的教室。望著這些孩子，不知魯迅對於今日的廈大，又會有何種感想？

從林文慶別墅遠眺廈門，遠處那影影綽綽的山巒，便是廈門大學北面的五老峰。

由五座風格獨特、格局對稱的樓房組成的群賢樓群依然屹立，東面第二座是魯迅曾經住過的集美樓，如今門上懸著「魯迅紀念館」的匾額，那題字出於郭沫若筆下；樓上的所有房間，都歸紀念館所有，與一般官辦紀念館不同的是，它的日常管理工作，是由中文系的教師和學生負責的。我第一次去的時候，有兩位年輕的女研究生值班，她們的熱情和認眞很讓我感動。紀念館共設爲五個展室，其中最特殊的，應是「魯迅與許廣平」專題展室。據說，這是全國各地諸多魯迅紀念館中唯一的專題展室，許多珍貴藏品是魯迅與許廣平的兒子周海嬰所捐贈的。除了照片、文獻和一些生活用品，還有一個破舊的木製行李箱，那是許廣平從青年時代離開廣州外出求學直到與魯迅結爲伴侶，始終攜帶的隨身之物。

那條寬敞長廊的西端北側，便是「魯迅故居」了。房間不小，但陳設實在簡陋，一張掛著蚊帳的板床，幾件油漆斑駁的傢俱，不知是否屬於當年魯迅經「大發其怒」之後方才得來的舊物；藤桌上擁擠地擺放著汽爐和鍋盆，可見魯迅自炊的不易；窗前斜擱著的老式書桌，應是魯迅伏案工作的地方，《兩地書》中的許多封信便寫就於此處。

廈門大學校園內的魯迅塑像。

集美樓一層的房間，仍然是普通的教室。那些天，幾乎每個傍晚和清晨，我都要從那些教室的窗前走過。室內始終燈火輝煌，總有許多苦讀的學生在燈下埋頭用功。

魯迅剛到廈門時所住過的生物樓，在抗日戰爭期間毀於戰火。

魯迅當時曾給許廣平發過一張印有廈大

照片的明信片，上面寫道：「從後面（南普陀）所照的廈門大學全景。前面是海，對面是鼓浪嶼，最右邊的是生物學院與國學院，第三層樓上有※記的便是我所住的地方。」

然而，若從南普陀遙望廈門大學，生物學院與國學院應當在圖中群賢樓群的左面而並非「最右邊」。我曾就此事請教過有關專家，對方稱，他們研究過這個問題，認爲是魯迅在敘述時變換了一下方位。我總感到此說有些牽強。其實原因可能很簡單：不過是魯迅一時筆誤而已！只要把「右」變成「左」，魯迅的敘述就變得毫無瑕疵、完全正確了。

雖是小事，卻反映了一個事實：魯迅的形象被樹立得太高大，以致人們不敢承認他也會有出錯的時候——哪怕僅是一個小小的筆誤。

完全是出於偶然，在學校圖書館背後一個幽靜的小湖邊，我發現了林文慶的塑像。旁邊還有一亭，名爲「文慶亭」。像下基座上刻有《文慶亭記》，可知這石像與小亭是二〇〇八年四月新立的。

林文慶主持廈門大學工作長達十六年，直到一九三七年因陳嘉庚財力拮据難以支撐而不得不將學校轉爲國立，方才卸職而去，那時，他已經是年近七旬的老人了。

林文慶曾將自己的大部分遺產捐贈給了廈門大學，其中包括鼓浪嶼的一處別墅。儘管鼓浪嶼面積不算太大，但找到這處建築實屬不易，我在筆架山周邊往返數次，於荒林蠻草中幾經群貓惡狗追逐，若不是經人指點，幾乎無功而返。那別墅位於會審公堂舊址後面的山坡上，破爛不堪，多有坍塌。令人欣慰的是，正有建築工人施工修繕。承擔修復任務的，是隸屬於廈門大學的一家建築公司，據工人說，基礎土建預計年底便可竣工，至於下一步的修復工程，則要看經費情況了。

兩年以後的二〇一〇年初冬，我有幸再一次去鼓浪嶼筆架山重訪林文慶故居，看到主體建築已經修復，但樓門緊閉，似乎無人居住。而院子裏雜草叢生，仍然十分荒涼。我想，也許還是由於經費問題致使工程暫停了。這倒是讓人很有些遺憾。

站在樓前的臺階上，可以看見波光粼粼的鷺江海面。隔海遠望，影影綽綽的五老峰下，就是充滿現代化氣息的廈門大學校區了。

廈門魯迅故居位置圖。（繪於2011年1月）

大夜璧月及紅鼻

廣州的魯迅故居

大鐘樓上的孤獨宿客

「大夜璧月」及「紅鼻」——廣州的魯迅故居

他那朗朗上口如同警句般精練的文字，居然是一段愛情感言，而與「革命」全然無關！

一九二七年一月十八日下午，經過三天的海上航行，魯迅抵達廣州黃埔港。也許是通信不暢航期難測的緣故，當天無人到港迎接。魯迅在幾個同行學生的幫助下，暫時住進一家旅館。當晚，魯迅便迫不及待地直奔高第街而去。他心中的「月亮」——已經從師範學校辭職的許廣平，當時正借住在高第街的嫂子家呢。

說來許廣平也是出身大戶人家。許氏先人多有顯赫一時的名人，許家爲世居高第街的望族，因此其祖屋所在之處，被稱爲「許地」。不過，由於許廣平的父親爲「庶出」，深受家族歧視，再加他體質不好，子女且多，以致家道中落，他才五十多歲便不幸病逝。那時許廣平剛十九歲——在家庭境況上，許廣平與魯迅頗有相似之處。

「許地」位於高第街中段路北，原先許氏家族發達的時候，應當是一大片很有規模的建築，後來家業頽敗，再經多年變遷，已是大爲改觀，小巷如織、屋宇雜亂，全然不見當年的輝

高第街曾是廣州很繁華的一條老街。

許地的許廣平故居。許廣平在給魯迅的信中寫道：“房屋頹壞，人物全非，對此故園，不勝淒痛。”

煌了。八十多年後的二〇〇八年，我專程前去尋訪的時候，幾乎在其中迷路，不知當年魯迅是費了多大的氣力，幾番打聽，才在那些滿口「鳥語」的當地人指點下找到許宅的。

分別不足五個月，卻似已有半世，面對突然出現在面前的魯迅，可以想見許廣平是如何欣喜若狂。然而在熱熱鬧鬧的一大家子親眷面前，他倆卻不敢流露半點眞情，還要繼續扮演老師與學生的角色，那在尷尬中竭力掩飾著興奮的情態，想必十分有趣。

第二天一大早，許廣平與先期到達廣州的孫伏園趕到旅館，幫助魯迅把行李遷往中山大學。

中山大學原名「國立廣東大學」，是由孫中山親自策劃、於一九二四年正式成立的一所綜合性高等學府；一九二五年孫中山逝世，經廖仲愷提議，於一九二六年九月正式更名爲「國立中山大學」，改校長制爲委員制，並對原有的科系進行了一些調整，比如原先的中國文學系改爲中國語言文學系、英國文學系改爲英國語言文學系，與史學、哲學、教育學系合併爲中山大學文科。當時由朱家驊主持學校日常工作，傅斯年任文科主任兼哲學系主任，他們著力邀攬各界精英來校任教，以促進中山大學的全面發展。由於北伐戰爭已經進入高潮，北方戰事頻繁，因此許多學者紛紛南下，中山大學得以聚集了許

原廣州中山大學的“大鐘樓”。

廣州魯迅紀念館中展出的原廣州中山大學模型。

“大鐘樓”的大門。

多學界名流。魯迅正是在這時來到廣州，被中山大學聘任爲中國語言文學系主任兼教務主任；經孫伏園與校方周旋，許廣平被聘爲魯迅的助教。這樣，他們終於有了可以公開相處的恰當理由。

據說，魯迅是當時中山大學所任命的唯一一位正教授，自然應當享受最高規格的待遇。所以，他被安排住進了校內的主樓——那是一座兩層的西式建築，由於大樓前部有一座氣勢雄偉的鐘樓，因此被稱爲「大鐘樓」。位於一樓中部的禮堂很有些名氣，是一九二四年

原廣州中山大學禮堂是1924年1月國民黨第一次全國代表大會的會場。

一月國民黨第一次全國代表大會的會場，那次代表大會的重要成果，是實現了國民黨的改組以及國共之間的第一次合作。

魯迅曾經寫道：

從後側看原中山大學模型。圓圈中為魯迅故居在“大鐘樓”的具體位置。

我住的是中山大學中最中央而最高的處所，通稱「大鐘樓」。一月之後，聽得一個戴瓜皮小帽的秘書說，才知道這是最優待的住所，非「主任」之流是不准住的。但後來我一搬出，又聽說就給一位辦事員住進去了，莫名其妙。不過當我住在那裏的時候，總還是非主任之流不准住的地方，所以直到知道辦事員搬進去了的那一天為止，我總是常常又感激，又慚愧。

依此記述，我本以爲魯迅是住在鐘樓之上的。作爲旁證的，還有許壽裳的敘述：「那時，他住在中山大學的最中央而最高大的一間屋——通稱『大鐘樓』。」

在實地觀察的時候，我很有些疑惑，那窗戶窄小的鐘樓筆直高聳，似乎只能容下登頂的樓梯，不像是可以供人日常居住的模樣。後來經詢問有關工作人員方才得知，魯迅的房間並不在這鐘樓上，而是在主樓二樓的西北角，可惜由於年久失修，爲安全起見，如今已經不允許參觀者登樓了。根據樓下「魯迅紀念館」中展出的中山大學校舍模型可以看到，魯迅及許壽裳的敘述不是十分準確，他們所說的「最中央而最高大」，應當是就整個校園而言——中山大學有三座建築，

魯迅的住處在“大鐘樓”二樓的西北角上。

鐘樓所在之處是居中的主辦公樓，屬於其中「最中央而最高大」的樓。也就是說，所謂「大鐘樓」，是「大鐘」所在這座樓的簡稱。

從保留下來的照片看，魯迅的房間面積還算不小，只是傢俱尚嫌簡陋，與在廈門大同小異，唯有那張有七個抽屜的大書桌還算氣派——據說那是只有正教授方可享受的「待遇」。不過，每到入夜，其他作爲辦公室的房間燈光全熄，獨自一人住在闊大的二層樓上，似乎有些過於冷清。好在魯迅習慣了冷清，更何況眞要冷清也相當不易，如魯迅所寫：

這優待室卻並非容易居住的所在，至少的缺點，是不很能

廣州魯迅紀念館中展出的魯迅住室舊照。

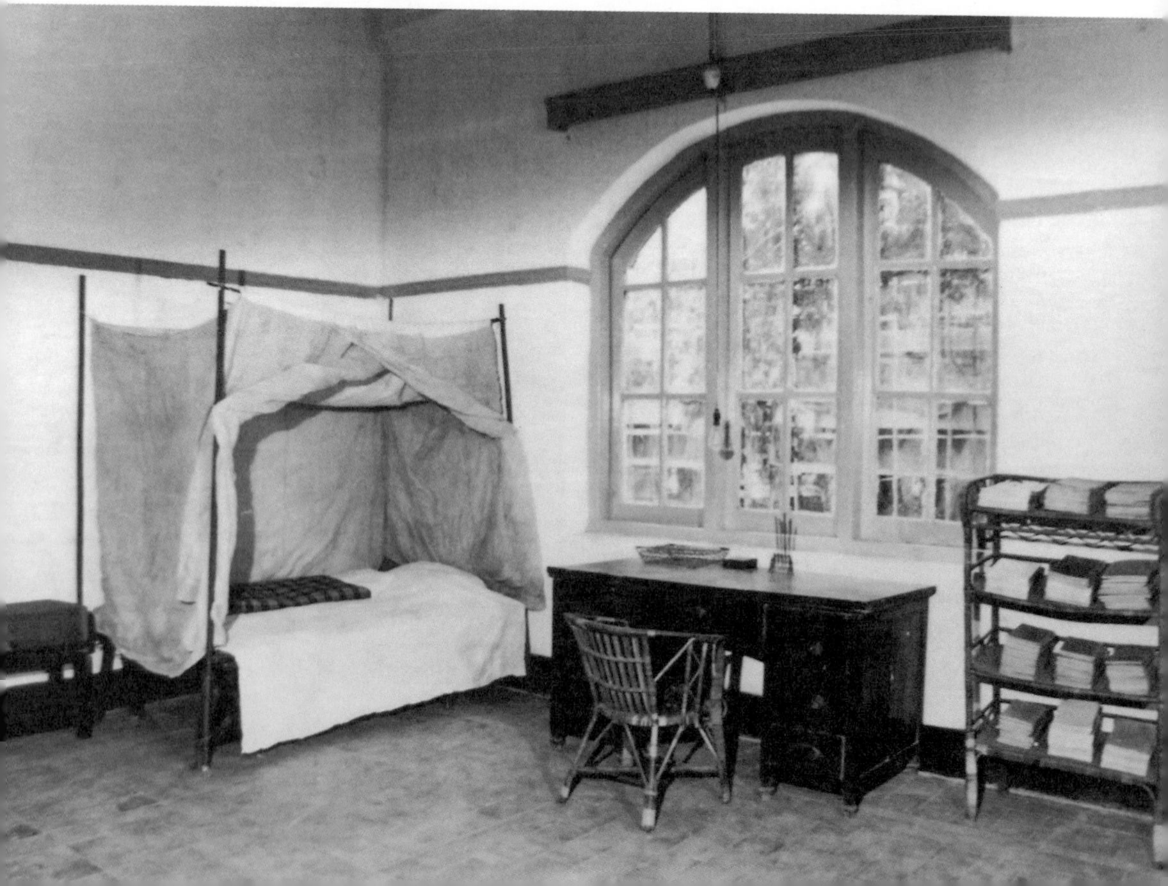

夠睡覺的。一到夜間，便有十多匹——也許二十來匹罷，我不能夠知道確數——老鼠出現，馳騁文壇，什麼都不管。只要可吃的，牠就吃，並且能開盒子蓋，廣州中山大學裏非主任之流即不准住的樓上的老鼠，彷彿也特別聰明似的，我在別的地方未曾遇到過。到清晨呢，就有「工友」們大聲唱歌，我所不懂的歌。

儘管住宿情況不盡如人意，魯迅的心情還是十分愉快的。作為「助教」，許廣平每天都前來陪伴。距學校開學還有一些時日，難得有一段可以徹底放鬆的日子。他們要麼出去逛街，要麼到茶館飲茗，要麼品嘗一下著名的粵菜，要麼去看夜場電影——魯迅是很喜歡看電影的，在遷入大鐘樓居住後的起初幾天，他幾乎每晚必看一場電影，此後事情多了，才有所鬆懈。不過，有一個細節很有趣，他在與許廣平看電影的時候，一定要孫伏園作陪，這眞是一種十分微妙的心態。

二月一日，舊曆除夕。雖是孤身在外遠離家人，但這個新年魯迅過得並不寂寞，有友人贈酒及點心，有許廣平前來看望，晚上還應邀去朱家驊寓所與一些同事一起吃了年夜飯。初一那天，許廣平又特地帶來四樣魯迅最喜歡的小吃，讓他感到十分溫暖。大年初三，魯迅與許廣平在友人陪同下去越秀山遊覽，為興奮的心情所支配，也許是想展示一下自己在廈門時試跳鐵絲網的矯健身手，他居然奮力從高處躍下。那結果卻有些讓人掃興：跌傷足部、行走困難，以致只能乘車返回，甚至還被迫躺了幾天。

魯迅此來廣州，社會各界已有所聞，對他也深存厚望。如他所說：「訪問的，研究的，談文學的，偵探思想的，要做序，題簽的，請演說的，鬧個不亦樂乎。我尤其怕的是演說，因爲它有指定的時候，不聽拖延。臨時到來一班青年，連勸帶逼，將你綁了出去。」

魯迅住進大鐘樓未滿一周，便應邀進行了到廣州後的第一次演說——那是學生會組織的，不能不去；更何況演說的地點就在樓下禮堂，想躲也躲不了。

但是，此時的魯迅，並不願意以什麼「戰鬥者」的面目出現。他說：「我到中山大學的本意，原不過是教書。然而有些青年大開其歡迎會。我知道不妙，所以第一次演說，就聲明我不是什麼『戰士』，『革命家』。倘若是的，就應該在北京，廈門奮鬥；但我躲到『革命後方』廣州來了，這就是並非『戰士』的證據。」

魯迅說的是心裏話。「不料主席的某先生……說我太謙虛，就我過去的事實看來，確是一個戰鬥者，革命者。於是禮堂上劈劈拍拍一陣拍手，我的『戰士』便做定了。拍手之後，大家都已走散，再向誰去推辭？我只好咬著牙關，背了『戰士』的招牌走進房裏去。想到敝同鄉秋瑾姑娘，就是被這種劈劈拍拍的拍手拍死的。我莫非也非『陣亡』不可麼？」

魯迅似乎已經有些疲於「戰鬥」，更不願意如此「陣亡」。他對朋友說：「我在這裏，被抬得太高，苦極。……我想不做『名人』了，玩玩。一變『名人』，『自己』就沒有了。」他只希望能有更多的時間和他的「月亮」待在一起。

舊曆新年過後不久，孫伏園應邀前往武漢，就任《中央日報・中央副刊》編輯。少了一個「陪同」的掩護，魯迅想與許廣平單獨相處總有些不便。好在數日後許壽裳抵達廣州，接續了「陪同」角色——他是經魯迅推薦而被中山大學聘爲預科教授的。老朋友的到來，使魯迅十分高興，當即請許壽裳搬到大鐘樓同住，還特地設宴接風。如許壽裳所說：「書桌和床鋪，我的和他的占了屋內對角線的兩端。這晚上，他邀我到東堤去晚酌，看饌很上等甘潔。次日又到另一處去小酌，我要付賬，他堅持不可，說先由他付過十次再說。從此，每日吃館子，看電影，星期日則遠足旅行，如是者十餘日，豪興才稍疲。」

作爲至交，許壽裳不難發現，魯迅似乎有不小的變化，他的興奮之態，多少有一點點異常，因爲每次出行，差不多都有擔任「助教」的許廣平隨同呢！情人間那種欲蓋彌彰的親昵之態，是瞞不過這位老朋友的眼睛的。

遷居白雲樓

「大夜璧月」及「紅鼻」——廣州的魯迅故居

隨著開學日期的臨近，魯迅漸漸忙碌起來。他發現當教授與當主任是不同的滋味：前者的主要任務不過是教書而已，而後者不僅要主持召開各種各樣的會議，處理形形色色的日常事務，還有無窮無盡的雜事需要勞心費力。他說：

在鐘樓上的第二月，即戴了「教務主任」的紙冠的時候，是忙碌的時期。學校大事，蓋無過於補考與開課也，與別的一切學校同。於是點頭開會，排時間表，發通知書，秘藏題目，分配卷子，……於是又開會，討論，計分，放榜。工友規矩，下午五點以後是不做工的，於是一個事務員請門房幫忙，連夜貼一丈多長的榜。但到第二天的早晨，就被撕掉了。於是又寫榜。於是辯論：分數多寡的辯論，及格與否的辯論；教員有無私心的辯論；優待革命青年，優待的程度，我說已優，他說未優的辯論；補救落第，我說權不在我，他說在我，我說無法，他說有法的辯論；試題的難易，我說不難，他說太難的辯論；還有因為有族人在臺灣，自己也可以算作臺灣人，取得優待「被壓迫民族」的特權與否的辯論；還有人本無名，所以無所謂冒名頂替的玄學的辯

白雲樓西側。原廣州國民大學的學生何春才當年曾拜訪過魯迅。他寫道："白雲樓是一所很大的洋房，魯迅先生是賃了其中二樓的一棟有一廳二房一廚房的房子。他的書房、寢室兼會客廳的房子是入門的第一間，面積相當寬闊……"

論……。這樣一天天的過去，而每夜是十多批——或二十批——老鼠的馳騁，早上是三位工友的響亮的歌聲。

忙碌至此，休說魯迅本來就不再想當什麼「戰士」，即使仍有興趣，也難有那份兒精力了。然而批評也就來了，有人撰文質疑：「他到了中大，不但不曾恢復他『吶喊』的勇氣，並且似乎在說『在北方時受著種種迫壓，種種刺激，到這裏來沒有壓迫和刺激，也就無話可說了』。噫嘻！異哉！魯迅先生竟跑出了現社會，躲向牛角尖裏去了。舊社會死去的苦痛，新社會生出的苦痛，多少放在他眼前，他竟熟視無睹！他把人生的鏡子藏起來了，他把自己回復到過去時代去了。噫嘻！異哉！魯迅先生躲避了。」

魯迅知道作者出於好意，是希望自己仍然能像「戰士」一樣大聲地吶喊。他很有些委屈地說：「也曾想如上文所說的那樣，寫一點東西，聲明我雖不吶喊，卻正在辯論或開會，有時一天只吃一頓飯，有時只吃一條魚，也還未失掉了勇氣。」

事務性的工作竟能讓人辛苦到如此地步，這也許是魯迅所始料不及的。開學以後，工作更加繁重。按照規定，教授每週有十二小時的授課任務。魯迅開列的課程有四門之多：「文藝論」、「中國小說史」、「中國文學史（上古至隋）」、「中國字體變遷史」，每週每門課程各

白雲樓7號的大門。據許多人說，白雲樓7號門楣上方的那兩個窗戶，就是魯迅和許廣平當年的住室。此說未必準確。

三小時。作爲一位具有廣泛社會影響的文學巨匠，魯迅的課程對青年頗有吸引力，僅正式報名選修「文藝論」的學生就超過了二百人，更不必說還有許多慕名而來聽「蹭課」的，因此課堂裏經常人滿爲患，有時連走廊上也擠滿了聽衆。雖說這些課程的內容對魯迅來說已是輕車熟路，但畢竟需要耗費相應的時間和精力，而每天絡繹不絕的來訪客人更讓他感到苦不堪言。他給友人寫信訴苦：「我這一個多月，竟如活在漩渦中，忙亂不堪，不但看書，連想想的工夫也沒有。」「住在校內，是不行的，從早十點至夜十點，都有人來找。我想搬出去，晚上不見客，或者可以看點書及作文。」

三月十五日，魯迅與許壽裳、許廣平一同外出看屋，選定白雲路一處樓房；三月二十九日，他們三人一同遷入新居。魯迅在中山大學的月薪爲五百元，待遇比廈門大學更爲豐厚，已經完全有能力租房居住。其實，經濟問題並不是第一位的，他是急於逃出那嘈雜的環境，多得些與許廣平相處的時間呢——當然，出於「掩護」的目的，許壽裳仍然是不可或缺的「陪同」。

此處居所位於白雲路南端的西南角上，是一座形態典雅的三層西式樓房，名爲「白雲樓」，據說建於一九二四年，原先屬於郵政部門所有，作爲公寓使用。樓南有一條水波清洌的小河汊，用廣州當地的辭彙，應當稱之爲「涌」，那河汊名爲「東濠涌」，河畔綠樹蒼翠，環境靜謐優美。由此南行不遠，便是珠江。魯迅他們所租下的，是二十六號門二樓的幾個房間，恰在白雲樓的拐角處。樓角的屋子，是由女工居住的；許壽裳的房間居於女工屋一側，另一側並排的兩個房間，分別由許廣平和魯迅居住。

許壽裳與他們只同住了兩個多月，於六月五日離開廣州前往上海。其後，自然只有魯迅與許廣平繼續住在白雲樓。自一九二六年八月離開北京以來，這是他們第二次難得的相聚。那一次只是旅途中的短短數日，他們還處於初戀時的惶恐之中；而這次則是眞正意義上的「朝夕相處」，更何況其感情已經上升到了一個前所未有的高度，所以有人認爲，魯迅與許廣平是從這時開始同居的。

初進白雲樓，果然少了許多嘈雜，多了幾分清靜，魯迅終於可以安下心來讀讀書、寫寫文章了。但這種日子僅僅持續了兩周，政局大變：四月十二日，蔣介石在上海發動政變，以「清黨」爲名，大肆剿殺共產黨人；四月十五日，「清黨」之風蔓延到廣州，中山大學也有數十名師生被捕。當天下午，魯迅參加中山大學召開的各主任緊急會議，力主營救被捕人員。由於事發突

白雲樓與白雲路。

然，與會者意見紛紜，沒有什麼結果。第二天，魯迅主動捐款十元慰問被捕學生。四月二十一日，魯迅宣佈辭去中山大學一切職務。許壽裳不愧最可靠的朋友，關鍵時刻毫不含糊，也斷然宣佈辭職。

魯迅在廣州「四一五」前後的舉止，值得敬佩。後人曾賦予極高評價，稱其是「大義凜然地以實際行動抗議國民黨反動派的無恥暴行」，此言並非過譽。魯迅曾經說過，中國一向「少有敢撫哭叛徒的吊客；見勝兆則紛紛聚集，見敗兆則紛紛逃亡」。在形勢突變之時，許多人往往迷失了方向，甚至變身為屠殺者的幫兇，而魯迅卻敢於挺身而為「撫哭叛徒的吊客」，堪稱勇士！

幾個月後，他為剛剛編訖的《唐宋傳奇集》寫了一篇「序例」，文末有句：

中華民國十有六年九月十日，魯迅校畢題記。時大夜彌天，璧月澄照，饕蚊遙歎，余在廣州。

對於這段文字，後人曾經釋為：儘管反動派如「大夜彌天」，而魯迅卻如一輪「璧月」，堅持戰鬥在黑暗勢力統治下的廣州，使那些「饕蚊」般哀鳴的敵人也無可奈何！

然而，事情的真相卻往往與人們的自我想像有很大距離。以這「大夜彌天」之句為例，其間內涵完全出人意料。魯迅自己曾經向友人解釋過這段話的意思，他不過是落筆時突有所感，順便刺了高長虹一句。當初聽說高長虹出於嫉妒之心寫詩抒懷，自稱太陽，說魯迅是黑夜，而許廣平則是投入黑夜懷抱的月亮，對此魯迅始終有些憤憤；如今「璧月」與「大夜」相聚，那高長虹只能如同「饕蚊」般遠遠地「遙歎」了！作爲獲勝的「大夜」，魯迅很有些得意呢！

魯迅爲何會突有所感呢？看看那個日子就會明白了：「中華民國十有六年九月十日」正是農曆的八月十五啊！魯迅當天的日記寫得明白：「舊曆中秋。晴。……夜纂《唐宋傳奇集》略具，作『序例』訖。」時逢中秋，夜空晴朗，舉頭忽見皓月臨窗，由月兒想到愛人，由愛人想到「情敵」，由「情敵」想到一年來的許多事情，魯迅自然心生感慨，而要借機發揮一下了。

想必那些無端拔高魯迅的人們難以接受這樣的事實：他那朗朗上口如同警句般精練的文字，居然是一段愛情感言，而與「革命」全然無關！

還有，關於魯迅辭職的經過，也是別有隱情。

魯迅一向對青年寄予極大的希望與同情。眼看著青年學生橫遭迫害與殺戮而束手無策，是他萬難忍受的，在憤怒之下斷然辭職，自然合乎情理，但是，這卻並非是他離開中山大學唯一的緣由。還有一個隱含的故事，也是促使他採取決絕行動的重要動機；甚至前不久搬出大鐘樓遷居白雲路，也有同樣的因素在內，而與「清黨」毫無關聯——他遷居的時候，廣州還是「革命的大後方」，人們正在爲北伐軍取得節節勝利、順利攻克上海南京而歡欣鼓舞，就連魯迅本人，也寫了《慶祝滬寧克復的那一邊》一文發表議論呢，誰也不曾預料到後來會發生「清黨」的事情。

他遷居與辭職背後掩藏著的那個故事，不久後竟然演變成爲中國文壇上一段著名的公案。

奇怪的「官司」

「大夜璧月」及「紅鼻」——廣州的魯迅故居

一九二七年四月三日，入住白雲樓後的第四天，魯迅日記有載：「作《眉間赤》訖。」那是一篇小說，即《眉間尺》，四月二十五日在《莽原》發表；後改題爲《鑄劍》，收入他的《故事新編》。

據魯迅所說，這篇超過萬字的小說起筆於廈門時期。

小說的主人公是眉間尺，故事卻以一隻夜遊時不慎掉入水甕的耗子作爲開場。

……那老鼠也隨著浮了上來，還是抓著甕壁轉圈子。只是抓勁已經沒有先前似的有力，眼睛也淹在水裏面，單露出一點尖尖的通紅的小鼻子，咻咻地急促地喘氣。

他近來很有點不大喜歡紅鼻子的人。但這回見了這尖尖的小紅鼻子，卻忽然覺得牠可憐了，就又用那蘆柴，伸到牠的肚下去，老鼠抓著，歇了一回力，便沿著蘆幹爬了上來。待到他看見全身，——濕淋淋的黑毛，大的肚子，蚯蚓似的尾巴，——便又覺得可恨可憎得很，慌忙將蘆柴一抖，撲通一聲，老鼠又落在水甕裏，他接著就用蘆柴在牠頭上搗了幾下，叫牠趕快沉下去。

老鼠最後的結局，是被眉間尺一腳踏死。一般讀者難以發現這生動的情節有何異常：不過是一隻倒楣的紅鼻子老鼠而已。

白雲路北端，有一個小小的“魯迅紀念園”。

時隔九年，至一九三六年一月，《故事新編》結集出版，除了《鑄劍》等小說，還有幾篇是原先沒有發表過的，比如《理水》。讀者發現，這裏再次出現了一個紅鼻子，身份是「學者」。

《理水》的開場也很有趣：一群所謂「學者」龜縮在被大水包圍的「文化山」上，一邊吃著「飛車」空運的食糧，一邊在爭論著一些莫名其妙的問題，那赤紅鼻頭、說話結巴的「鳥頭先生」給人的印象最深：

「這這些些都是費話，」又一個學者吃吃的說，立刻把鼻尖脹得通紅。「你們是受了謠言的騙的。其實並沒有所謂禹，『禹』是一條蟲，蟲蟲會治水的嗎？我看鯀也沒有的，『鯀』是一條魚，魚魚會治水水水的嗎？」他說到這裏，把兩腳一蹬，顯得非常用勁。

……於是他勇猛的站了起來，摸出削刀，刮去了五株大松樹皮，用吃剩的麵包末屑和水研成漿，調了炭粉，在樹身上用很小的蝌蚪文寫上抹殺阿禹的考據，足足花掉了三九廿七天工夫。

《魯迅全集》中的「注釋」說得清楚：「鳥頭先生，是暗指考據學家顧頡剛。」人們恍然大悟，原來這「紅鼻子」是特有所指！

關於從中山大學辭職的原因，魯迅在《三閑集》的「序言」中說：「我是在二七年被血嚇得目瞪口呆，離開廣東的。」《魯迅全集》爲此注釋說：「廣州『四一五』反革命事變發生時，魯迅在中山大學擔任教職，因營救被捕學生無效，忿而辭去一切職務。於九月間離廣州去上海。」這裏說的，是公開的、表層的原因，還有一個更奇怪的原因，魯迅在當時給章廷謙（筆名川島，原是魯迅的學生）的一封信件中寫得十分明白：「……當紅鼻到粵之時，正清黨發生之際，所以也許有人疑我之滾，和政治有關，實則我之『鼻來我走』（與鼻不兩立，大似梅毒菌，眞是倒楣之致）之宣言，遠在四月初上也。」

「紅鼻」何人？我們已經知道——乃顧頡剛也！

魯迅未曾料到，中山大學居然也聘請了顧頡剛擔任教授，後者於一九二七年四月十七日到達廣州。魯迅在事先曾經聽到消息，鄭重宣佈絕不與其共事，由此當即辭職，應是必然的結果。作為中山大學文科主任的傅斯年早年在北京大學讀書時與顧頡剛是同窗好友，曾同住一間宿舍，有很深的交情。顧頡剛自廈門來廣州，自然是傅斯年所邀，卻沒想到會引起魯迅如此激烈的反應。無奈之中，傅斯年想出了一個折中的辦法，把顧頡剛先派到外地採買圖書，以避免矛盾。但魯迅還是一副「勢不兩立」的姿態，毫無回轉餘地。

顧頡剛畫像。

顧頡剛有幾個特點：鼻尖發紅、說話口吃，魯迅把這些生理上的缺陷作為譏諷的對象，大加挖苦嘲弄。可以明顯看出，自廈門分別以後才幾個月的時間，他對顧頡剛已經由原先的反感和看不慣發展到了絕對的憎惡。

我曾作過一個粗略的統計，查閱一九八一年版《魯迅全集》中的「書信」部分可以看到，魯迅自一九二七年一月十八日抵達廣州，直到九月二十七日去上海，八個多月時間在寫給友人的信件裏曾數十次提到顧頡剛。最典型的，是自二月至八月的半年時間裏在寫給章廷謙的十一封信中，居然有五十多處提到顧頡剛。有趣的是，其間一次也沒有直接寫出顧頡剛的名字，「客氣」些的時候，稱其為「該學者」、「顧輩」（好歹還有個姓氏），較多的是「鼻輩」、「赤鼻」、「紅鼻」，甚至只有一個字：「鼻」！更絕的，是連「鼻」也沒有了，索性畫個「

「厶」代表鼻子的形狀！其鄙夷憎惡的態度溢於紙外。

魯迅離開廈門後，與顧頡剛沒有任何實質性的接觸。那麼，究竟是什麼原因使魯迅對顧頡剛的態度由量變到質變，最終發展到不共戴天的地步呢？這的確是個難猜的謎。也許，通過不久後在他們之間終於爆發的矛盾中可以找到一點線索。

一九二七年七月三十一日，在魯迅的日記裏再一次出現了顧頡剛的名字：「曇。星期。上午得顧頡剛信，二十五日發。」

顧頡剛當時還在杭州執行爲學校購書的任務。他的信是這樣寫的：

魯迅先生：

頃發一掛號信，以未悉先生住址，由中山大學轉奉，嗣恐先生未能接到，特探得尊寓所在，另鈔一分奉覽。

敬請大安。

頡剛敬上。十六，七，廿四。

鈔件

魯迅先生：

頡剛不知以何事開罪於先生，使先生對於頡剛竟作如此強烈之攻擊，未即承教，良用耿耿。前日見漢口《中央日報副刊》上，先生及謝玉生先生通信，始悉先生等所以反對頡剛者，蓋欲伸黨國大義，而頡剛所作之罪惡直為天地所不容，無任惶駭。誠恐此中是非，非筆墨口舌所可明瞭，擬於九月中回粵後，聽候法律解決。如頡剛確有反革命之事實，雖受死刑，亦所甘心，否則先生等自當負發言之責任。務請先生及謝先生暫勿離粵，以俟開審，不勝感盼。

敬請大安，謝先生處並候。

中華民國十六年七月廿四日

顧頡剛突然大怒了！這一怒就不得了，居然要與魯迅上法庭打官司，居然「勒令」魯迅老老實實在廣州待著，等他回來提起訴訟、「以俟開審」！

顧頡剛的信讓魯迅頗有些摸不著頭腦。由於他說這信是一式兩份，因爲怕魯迅收不到，另一份是寄往中山大學的，魯迅便向當時擔任校方負責人的朱家驊寫信索要另一封信。他本來就對這位「赤鼻」先生深惡痛絕，只是一直沒有正面交鋒的機會，如今自己找上門來挨罵，豈能客氣！第二天，他就回復一信：

頡剛先生：

來函謹悉，甚至於嚇得絕倒矣。先生在杭蓋已聞僕於八月中須離廣州之訊，於是頓生妙計，命以難題。如命，則僕尚須提空囊賃屋買米，作窮打算，恭候偏何來遲，提起訴訟。不如命，則先生可指我為畏罪而逃也；而況加以照例之一傳十，十傳百乎哉？但我意早決，八月中仍當行，九月已在滬。江浙俱屬黨國所治，法律當與粵不異，且先生尚未啓行，無須特別函挽聽審，良不如請即就近在浙起訴，爾時僕必到杭，以負應負之責。倘其典書賣褲，居此生活費綦昂之廣州，以俟月餘後或將提起之訴訟，天下那易有

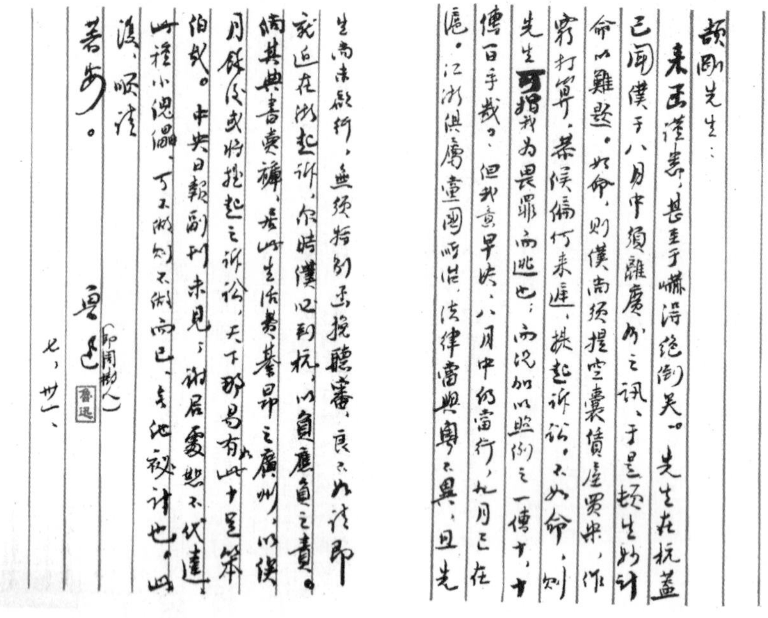

頡剛先生：

來函謹悉，甚至于嚇得絕倒矣。先生在杭蓋已聞僕于八月中須離廣州之訊，于是頓生妙計，命以難題。如命，則僕尚須提空囊賃屋買米，作窮打算，恭候偏何來遲，提起訴訟。不如命，則先生可指我為畏罪而逃也；而況加以照例之一傳十，十傳百乎哉？但我意早決，八月中仍當行，九月已在滬。江浙俱屬黨國所治，法律當與粵不異，且先生尚未啟行，無須特別函挽聽審，良不如請即就近在浙起訴，俾僕得以就近出庭，以自應負之責。倘其典書賣褲，居此生活費甚昂之廣州，以俟月餘，或將提起之訴訟，天下那有如此十足笨伯哉。《中央日報副刊》未見；謝君處恕不代達，此種小傀儡，可不做則不做而已，無他秘計也。此覆，順請

著安。

魯迅（即周樹人）魯迅

七，卅一，

1927年7月31日魯迅給顧頡剛的回函。魯迅在信末不僅署名“魯迅”，還要注明“即周樹人”，更要加蓋一枚“魯迅”的圖章。

如此十足笨伯哉！《中央日報副刊》未見；謝君處恕不代達，此種小傀儡，可不做則不做而已，無他秘計也。此覆，順請

著安。

魯迅（即周樹人）

七・卅一・

在魯迅一生所寫過的無數信件中，這也許是最特殊的一封，不僅署名「魯迅」，還要註明「即周樹人」，更要加蓋一枚「魯迅」的名章——藉以表明：在此應戰者爲俺魯迅本人，絕無冒充！

魯迅是何等筆力，罵就要罵個痛快！只不過寥寥數語，便把狂妄無理的顧頡剛打得人仰馬翻，簡直毫無還嘴的餘地！

最有趣的是，罵是罵了，但魯迅當時還根本不明白顧頡剛究竟是爲了什麼事情而突然發難，心中未免有些忐忑。因此，他在一周後的八月八日給章廷謙的信中寫道：

鼻信已由前函奉告，是要我在粵恭候，何嘗由我定。我想該鼻未嘗發癲，乃是放刁，如潑婦裝作上吊之類；倘有些癲，則必是中大的事有些不順手也。謝早不在此，孫林處信不能通，好在被告有我在，夠了。大約即使得罪於鼻，尚當不至於成為彌天重犯，所以我也不預備對付他，靜靜地看其發瘋，較為有趣。他用這樣的方法嚇我是枉然的；他不知道我當做《阿Q正傳》到〔阿〕Q被捉時，做不下去了，曾想裝作酒醉去打巡警，得一點牢獄裏的經驗。我本決於月底走了，房子已回復……倘不能走，則當函告赤鼻，叫他到這裏來告，或到別處去，也要通知他。《中央副刊》我未見，不知登的是那一封……

直到這時，魯迅還不知道顧頡剛到底爲什麼跳出來。信中的「謝」指謝玉生，早就不在廣州了，「孫林」指孫伏園和林語堂，又根本聯繫不上，魯迅只能盲目地猜測，估計是顧頡剛欲到中山大學工作的事情有些不順利，有意「發癲放刁」、尋釁鬧事。魯迅甚至做好了一旦走不了而要上法庭打官司的思想準備。

但是，接下來他終於還是忍不住問了一句：「《中央副刊》我未見，不知登的是那〔哪〕一封……」

這句話相當重要，由此可以看到，魯迅在給顧頡剛的信裏寫的是實際情況，直至此時，他的確始終沒有見到顧頡剛所說的那份《中央日報‧中央副刊》。我想，如果魯迅事先看過那份報紙，也許不至於貿然回信痛罵顧頡剛了。

「惹禍」的信件

「大夜璧月」及「紅鼻」——廣州的魯迅故居

使顧頡剛勃然大怒的事情發生在近三個月以前，由於他正在外地，也沒有及時看到那份報紙，直到六月底，才聽前來拜訪的廈門大學學生「告曰『魯迅』在漢口民國日報上說我反對國民黨」；又隔了二十多天，終於收到朋友轉寄來的報紙，所以隔了這麼長的時間才突然「跳出來」。

一九二七年五月十一日，漢口《中央日報．中央副刊》發表了編者孫伏園所寫的一篇文章《魯迅先生脫離廣東中大》，其中引用了謝玉生和魯迅給他的兩封信。

謝玉生是魯迅在廈門大學和中山大學任教時的學生，他在信中寫道：

> 迅師本月二十號，已將中大所任各職，完全辭卻矣。中大校務委員會及學生方面，現正積極挽留，但迅師去志已堅，實無挽留之可能了。迅師此次辭職之原因，就是因顧頡剛忽然本月十八日由廈來中大擔任教授的原故。顧來迅師所以要去職者，即是表示與顧不合作的意思。原顧去歲在廈大造作謠言，誣衊迅師；迄廈大風潮發生之後，顧又背叛林語堂先生，甘為林文慶之謀臣，夥同張星烺、張頤、黃開宗等主張開除學

生，以致此項學生，至今流離失所，這是迅師極傷心的事。

而魯迅信中說：

我真想不到，在廈門那麼反對民黨，使兼士憤憤的顧頡剛，竟到這裏來做教授了，那麼，這裏的情形，難免要變成廈大，硬直者逐，改革者開除。而且據我看來，或者會比不上廈大，這是我所得的感覺。我已於上星期四辭去一切職務，脫離中大了。

孫伏園在轉引魯迅信件的時候略去了信的頭尾，經查，寫信的時間是四月二十六日。如果說，僅僅把魯迅離開廈大和中大的原因都歸結於「表示與顧不合作的意思」，顧頡剛未必較眞兒，反正大家和不來，你愛走不走。但是，兩封信中涉及到一些實質性的問題，卻是顧頡剛斷難接受的。比如「造作謠言誣衊」魯迅，比如「背叛林語堂、甘爲林文慶之謀臣」等等，「罪名」雖大，也許可予不計；但最可怕的，是那「反對民黨」四個字——「民黨」，就是氣焰正盛的國民黨啊！

客觀而言，說顧頡剛「反對民黨」，並無實際證據，事實倒恰恰相反。顧頡剛在給他的老師胡適的信中曾經寫道：

我深感到國民黨是一個有主義、有組織的政黨，而國民黨的主義是切中救中國的。又感到這一次的革命的確比辛亥革命不同，辛亥革命是上級社會的革命，這一次是民眾的革命。我對於他們深表同情，如果學問的嗜好不使我絕他種事務，我真要加入國民黨了。

廣州珠江夜景。

顧頡剛所寫的，是給胡適的私人信件，應屬肺腑之言而絕非虛僞的公開宣傳——他在信中甚至動員胡適加入國民黨，沒有絲毫「反對民黨」的表現。這封信寫於一九二七年初，當時的廣州，是「革命的策源地」、「革命的大後方」，即便是魯迅，也如他自己所說，是「抱著夢幻而來」廣州的。當時的國民黨，在人們——也包括魯迅——的心目中，還是一個革命的黨、進步的黨，與「四一二」以後的國民黨不可同日而語。

在敘述這件事情的時候，我們必須清楚地瞭解當時的歷史背景。孫伏園發表魯迅信件的時間，是一九二七年五月中旬，那是上海「四一二」政變和廣州「四一五」大屠殺餘波未盡、國民黨右派正在大肆「清黨」並瘋狂搜捕屠殺被打成「反革命」的共產黨人的時候！在這樣的時候被扣上一頂「反黨」（反國民黨！）的帽子，是會置人於死地的。更何況，發表信件的媒體是國民黨黨報——《中央日報》！多年以後，顧頡剛提及此事依然心有餘悸：「如我在武漢（武漢中山大學亦曾聘我），憑此一紙副刊，已足置我死命……血口噴人，至此而極。覽此大憤。」這也就難怪顧頡剛要急赤白臉地高叫：「如頡剛確有反革命之事實，雖受死刑，亦所甘心，否則先生等自當負發言之責任。」

寫到這裏，我不能不貿然發句議論，孫伏園在未經魯迅知曉的情況下發表此信、事後也未曾及時告知魯迅，實在有欠穩妥。對於某人或某事，私下議論時言辭再偏激也是可以理解的，而一旦公諸報端，那性質就截然不同了。借用政治勢力的屠刀殺戮異己，是魯迅最爲不齒的，他自己就不知道吃過多少這樣的虧。比如魯迅辭職後不久，就有人造謠，或是說他因爲「親共」而躲起來了，或是說他已經到漢口去了，他當時還很懷疑那都是「鼻之同黨」搞的陰謀呢！在覆信痛罵顧頡剛的一個半月之後，即一九二七年九月十四日，魯迅在題爲《可惡罪》的短文中寫道：

譬如，有人覺得一個人可惡，要給他吃些苦罷，就有這樣的法子。倘在廣州又是「清黨」之前，則可以暗暗地宣傳他是無政府主義者，那麼，共產青年自然會說他是「反革命」，有罪。若在「清黨」之後呢，要說他是CP或CY，沒有證據，則可以指為「親共派」。那麼，清黨委員會自然會說他「反革命」，有罪。再不得已，則只好尋些別的事由，訴諸法律了。但這比較地麻煩。

因此我認爲，一向自詡光明磊落的魯迅寧可面對面地與顧頡剛徒手搏鬥，而絕不會採用那種形同「誣陷」、「告密」的伎倆去整治對手，以置對方於「可惡罪」爲快事！

然而，無論是在魯迅一方還是顧頡剛一方，都有許多旁觀者在發揮著推波助瀾的作用。魯迅自己早就說過的：「先前有幾個學生……說道，你不是你自己的了，許多青年等著聽你的話！我爲之吃驚，我成了他們的公物，那是不得了的，我不願意。我想，不得已，再硬作『名人』，若干時之後，還不如倒下去，舒服得多。」從顧頡剛這件事情卻可以看出，不管魯迅願不願意，人們絕不容他「倒下去」，他已經擺脫不了「公物」的命運了。

但是，具體就顧頡剛其人而言，魯迅是不會有絲毫退讓與寬容的。五年後，他仍然把這兩封信冠以「辭顧頡剛教授令『候審』」的題目收入《三閑集》予以發表，這說明他對顧頡剛的憎惡並未因爲時光的流逝而有絲毫減弱。

顧頡剛在廣州中山大學工作了一年多以後，於一九二九年二月返回北京，應燕京大學的聘請擔任歷史學系教授及國學研究所研究員。他與魯迅曾經有過一次邂逅。那是一九二九年五月二十五日，北上省親的魯迅去孔德學校訪友，突遇顧頡剛推門進來，兩個人都感到有些意外。魯迅後來在給朋友的信中說：「鼻忽推門而入，前卻者屢，終於退出，似已無吃官司之意。」看來當時並未發生正面衝突，二人已形同路人。

在花費了如此多的筆墨敘述這些複雜的背景之後，現在我們似乎可以試圖探究一下二人結怨的謎底了。

關於「剽竊」的舊事

「大夜璧月」及「紅鼻」——廣州的魯迅故居

又隔事情還要從一九二五年末說起。那時的《現代評論》連續刊載了北京大學教授陳源（筆名「西瀅」）諸多攻擊魯迅的文章，比如他當時撰文說：「我們中國的批評家有時實在太宏博了。他們俯伏了身軀，張大了眼睛，在地面上尋找竊賊，以致整大本的剽竊，他們倒往往視而不見。要舉個例麼？還是不說吧，我實在不敢再開罪『思想界的權威』。」此話顯然是在指桑罵槐地影射魯迅。其後不久，陳源又在《晨報副刊》發表文章，說：

他常常挖苦別人家抄襲。有一個學生鈔了沫若的幾句詩，他老先生罵得刻骨鏤心的痛快，可是他自己的《中國小說史略》，卻就是根據日本人鹽谷溫的《支那文學概論講話》裏面的「小說」一部分。其實拿人家的著述做你自己的藍本，本可以原諒，只要你在書中有那樣的聲明，可是魯迅先生就沒有那樣的聲明。

《中國小說史略》原是魯迅在北京大學授課時的講義，一九二三年至一九二四年由北京大學新潮社分上、下冊出版，一九二五年由北京北新書局合印一冊出版。這是魯迅積多年心

白雲路街景。

血寫就的鼎力之作，卻被陳源說成是「整大本的剽竊」（儘管後來又改口說是做「自己的藍本」）；而那所謂「罵」學生的事，也是陳源的刻意捏造，這實在令人憤怒。魯迅當即在《不是信》一文中予以強烈反擊，同時詳細地闡述了自己的著作與鹽谷溫的《支那文學概論講話》之間的本質區別：

這「流言」早聽到過了；後來見於《閒話》，說是「整大本的摽竊」，但不直指我，而同時有些人的口頭上，卻相傳是指我的《中國小說史略》。我相信陳源教授是一定會幹這樣勾當的。但他既不指名，我也就只回敬他一通罵街，這可實在不止「侵犯了他一言半語」。這回說出來了；我的「以小人之心」也沒有猜錯了「君子之腹」。但那罪名卻改為「做你自己的藍本」了，比先前輕得多，彷佛比自謙為「一言半語」的「冷箭」鈍了一點似的。鹽谷氏的書，確是我的參考書之一，我的《小說史略》二十八篇的第二篇，是根據它的，還有論《紅樓夢》的幾點和一張《賈氏系圖》，也是根據它的，但不過是大意，次序和意見就很不同。其他二十六篇，我都有我獨立的準備，證據是和他的所説還時常相反。……歷史有幾點近似便是「剽竊」，那是「正人君子」的特別意見，只在以「一言半語」「侵犯」「魯迅先生」時才適用的。

但是，由於當時鹽谷溫的書尚未全部譯爲中文，有能力閱讀原文並予以比較的人畢竟太少，缺了必要的參照物，魯迅的說明自然顯得有些乏力。明明被潑了一身污水，卻說不清道不明無法洗刷乾淨，這對魯迅來說是一件極窩火的事情，因此在以後與陳源的論戰中，魯迅從不留情，而他對陳源的一腔憤怒，也擴延到所有與其有關的人身上——比如顧頡剛。

顧頡剛與魯迅早有交往。

顧頡剛的名字第一次在魯迅筆下的文字中出現，是在一九二四年十月十二日的日記中：「下午顧頡剛、常維均來。」魯迅日記向來簡潔，具體有什麼事，沒說。

當時，年方三十一歲的顧頡剛雖然僅是一個小小助教，卻已經在古史研究方面有些名氣了。當然，他與魯迅不能相比。作爲著名文學家的魯迅當時在北大兼課，儘管很忙，仍然一絲不苟地在日記中記下了顧頡剛的來訪。

那年十一月，由孫伏園發起並邀請一些經常撰稿的人合作創辦《語絲》週刊，起初連刊物的名稱也未曾確定，開會的時候，顧頡剛帶了一本書，大家便隨意翻開一頁順手指去，恰是「語絲」二字，便取來作爲刊名。魯迅、顧頡剛等十六人作爲刊物的列名撰稿人，曾經有過難得的合作。

此後，他們之間有過少量的書信來往。而一九二五年八月十四日那天頗値得一提。由於支持女師大學生運動，魯迅被教育總長章士釗非法免職。這天，有不少朋友前往魯迅家中慰問。巧的是，魯迅恰在這一天收到了顧頡剛的來信，並於幾天後寫了回信。來往的信上寫了些什麼，魯迅照例沒說，但在這特殊的日子，信的內容已經顯得不那麼重要。那些天，魯迅正在報端與陳源展開激烈的筆戰。由於陳源與胡適等人多以《現代評論》爲喉舌發表言論，所以被稱爲「現代評論派」，即「現代派」，魯迅與他們的鬥爭始終是十分尖銳而激烈的。儘管顧頡剛後來也被魯迅歸於「現代派」，但是看來在一九二五年八月那個時候，他們之間的關係還是比較正常的。否則，按照魯迅的性格，是絕不會與「現代派」有任何私人交往的。

顧頡剛再次在魯迅日記中出現是一年以後的事情了。「三一八」慘案發生後，段祺瑞政府瘋狂鎭壓進步人士；接著，奉系軍閥進京，白色恐怖籠罩京城。魯迅不得不外出避難，直到五月二日才返回家中。五月十五日，顧頡剛前往探望。一個月後的六月十五日，魯迅收到了顧頡剛寄來的《古史辨》第一冊。這是顧頡剛一生中第一部最重要的著作，由此而創立了著名的「古史辨學派」。此書剛剛問世，顧頡剛便「寄贈」魯迅，而且又是在那樣一個十分敏感的政治時期，其用心應當是善意的。然而，也許就是從這時開始，魯迅的態度發生了微妙的變化，儘管一個多月後他再次收到顧頡剛寄來的一本《孔教大綱》及來信，卻似乎都沒有回信，這頗有些反常。問題也許還是出在顧頡剛一方，因爲那《古史辨》以很大的篇幅收錄了他與錢玄同及胡適討論古史的文字，又以熱情的語言述說自己對胡適的崇敬，而胡適作爲「現代派」的

「精神領袖」，魯迅已經對其厭惡至極，即使顧頡剛贈書完全是出於好意，敏感的魯迅又怎麼可能認同呢？

接下來的事情就有些戲劇性了。由於北京形勢複雜，經林語堂推薦，魯迅前往廈門大學工作，他沒想到會在那裏與顧頡剛相遇。

剛開始的時候，他們的關係似乎很融洽。顧頡剛在魯迅到達廈門的第四天便上門拜訪，並「贈宋濂《諸子辨》一本」；魯迅也應顧頡剛所求，特地給日本的朋友寫信爲顧頡剛查找學術資料，但從魯迅當時的信件中可以看到，他對「自稱只佩服胡適陳源兩個人」的顧頡剛的反感與日俱增。不過，在廈門期間，顧頡剛與魯迅之間尚未公開地發生過正面衝突，魯迅所提到的有關顧頡剛的具體表現也只有一次，就是當發生住房糾紛時，聽說顧頡剛「微笑道：又發名士脾氣了」而已。

一九二七年一月中旬，魯迅前往廣州。有趣的是，在離開廈門的前一周，即一月八日，魯迅居然與顧頡剛有一次奇怪的聚會。他的日記裏是如此記載的：

……下午往鼓浪嶼民鐘報館晤李碩果、陳昌標及他社員三四人。少頃語堂、矛塵、顧頡剛、陳萬里俱至，同至洞天夜飯。

瞧瞧：他們不僅在《民鐘報》的報館裏會面，而且竟「共進晚餐」！這豈不是一個奇蹟？！

其實事情一經說明就沒什麼奇怪的了。魯迅斷然決定離開

廈大，不僅在校園裏引起學潮，同時在社會上也造成很大影響。學校方面有關人員爲了平息學潮並維護自己的面子，暗中製造輿論，說魯迅是由於受到校內的「現代派」排擠才被迫離廈的。鼓浪嶼的《民鐘報》把這個「內部消息」在報紙上捅了出去，不料遭到魯迅與「現代派」們的一致否認。就魯迅而言，去廣州確實有多個原因，如果說是因爲受排擠而離開，無異於「怯陣逃跑」，豈不是太貶低了自己！而對被指認爲「現代派」的顧頡剛等人來說，更不願意替校方背這個「排擠魯迅」的黑鍋。因此，雙方不約而同地把矛頭對準那惹是生非的報館，要求賠禮道歉、發表更正、消除影響。報館只好扮演這「倒楣蛋」的角色，那頓晚餐估計也是報館捏著鼻子掏錢請的。爲了表明雙方「精誠團結」、並無矛盾，這頓飯是不能不吃的，所以一向厭煩應酬——尤其是這種荒唐應酬——的魯迅不得不與那些看見就煩的人物坐到一張桌子旁，吃了這頓難以下嚥的「夜飯」。

一月十五日，魯迅在廈門登船待行，在上船送行的人當中，也有顧頡剛。

廈門海濱。

「剽竊」的餘波與顧頡剛其人

「大夜璧月」及「紅鼻」——廣州的魯迅故居

通過前面的敘述可以看到，魯迅在廈門的時候，與顧頡剛的關係還不是過分對立，起碼沒有將矛盾公開化，而是維持著表面上的平和。那麼，爲什麼到廣州後才兩三個月，突然就勢不兩立，一直鬧到「鼻來我走」的程度了呢？

根據種種跡象可以認爲，魯迅是到了廣州之後才聽說：幾年前關於《中國小說史略》「剽竊」謠言的始作俑者，竟是赤鼻結巴的顧頡剛！魯迅如何能不憤怒！須知這不是一般的謠言，而是關係到魯迅本人的道德品質和基本人格的問題。這是不折不扣的人身攻擊，是讓人最不能忍受的下作伎倆，換了別人也同樣要衝天大怒、恨不得拼個你死我活的，否則，豈不是太窩囊了！

讓人迷惑的是，在魯迅寫下的文字中沒有發現證實「剽竊」謠言來源的任何記錄。這是爲什麼？我只能貿然猜測：因爲魯迅只是「聽說」，而「聽說」的事情是無法明說的。

所以，讓魯迅感到最最窩囊的，是他想拼而無法拼。因爲他沒有證據，因爲他僅僅只是「聽說」！

這麼多年來，魯迅的性格一直被人們議論不已。有很多人說魯迅「多疑」、「刻薄」甚至「偏執」，從某種角度說，這種議論也不能算全錯。當魯迅還在廈門的時候，許廣平便曾在信中對他直言：「你的弊病，就是對一些人太過深惡痛絕，簡直不願在同一地呼吸，而對一些人則期望太殷，於是不惜赴湯蹈火……」魯迅後來自己也承認：「我總覺得我也許有病，神經過敏，所以凡看一件事情，雖然對方說是全都打開了，而我往往還以爲必有什麼東西在手巾或袖子裏藏著。但又往往不幸而中，豈不悲哉。」然而，考慮到魯迅當時所處的社會環境與歷史背景，這「多疑」、「刻薄」和「偏執」不過是用以抵禦欺騙出賣與攻擊謾罵的自衛武器，應當是可以理解的。

正因爲多疑，對於「聽說」的事情，魯迅往往採取「寧可信其有、不可信其無」的態度，所以他才會說：「鼻之口中之魯迅，可惡無疑，而且一定還有其他種種。」這「一定」二字本是猜測，卻說明魯迅認定顧頡剛必然會不遺餘力地宣傳這「可惡」、滿世界去散佈謠言。可是，魯迅卻苦於抓不住把柄，無法反擊，盛怒之下，他只有拿顧頡剛的紅鼻頭、結巴嘴撒氣，看上去也頗有「人身攻擊」的味道了。但是我們應當看到，在顧頡剛這件事上，魯迅基本還是十分謹慎、十分克制的。孫伏園事先未經允許貿然公開信件，並非魯迅的本意；魯迅對顧頡剛的種種抨擊，基本只限於與友人間的私下議論；即使在顧頡剛寫信聲稱要打官司的時候，魯迅也並沒有採取公開答覆的方式使矛盾激化，而是直接回信，把事情局限於兩個人之間。

而那關於「剽竊」的窩囊氣，一直到一九三五年才得以發洩。魯迅在《且介亭雜文二集》的「後記」中說得明白：

在《中國小説史略》日譯本的序文裏，我聲明了我的高興，但還有一種原因卻未曾說出，是經十年之久，我竟報復了我個人的私仇。當一九二六年時，陳源即西瀅教授，曾在北京公開對於我的人身攻擊，說我的這一部著作，是竊取鹽谷溫教授的《支那文學概論講話》裏面的「小說」一部分的；《閒話》裏的所謂「整大本的剽竊」，指的也是我。現在鹽谷教授的書早有中譯，我的也有了日譯，兩國的讀者，有目共見，有誰指出我的「剽竊」來呢？嗚呼，「男盜女娼」，是人間大可恥事，我負了十年「剽竊」的惡名，現在總算可以卸下，並且將「謊狗」的旗子，回敬自稱「正人君子」的陳源教授，倘他無法洗刷，就只好插著生活，一直帶進墳墓裏去了。

魯迅在這裏仍然沒有提到顧頡剛的名字。但是，這並不是說他已經忘記了自己與「赤鼻」間的「私仇」了。一九三六年一月，他的《故事新編》問世，其中收錄了他不久前剛剛收筆的《理水》，在那裏面，顧頡剛被戴上「鳥頭先生」的滑稽面具揪出來「示眾」，再一次罵了個狗血噴頭，看來那種敵對的情緒至死也未能更改。

魯迅於當年十月逝世。其後，胡適曾經在一封信中說道：

通伯先生當時誤信一個小人張鳳舉之言，說魯迅之小說史是抄襲鹽谷溫的，就使魯迅終身不忘此仇恨！現今鹽谷溫的文學史已由孫良工譯出了，其書是未見我和魯迅之小說研究以前的作品，其考據部分淺陋可笑。說魯迅抄鹽谷溫，真是萬分的冤枉。鹽谷一案，我們應該為魯迅洗刷明白。

信中的通伯先生即陳源。在這裏，我認爲應當明確表示對胡適的敬佩，儘管他自知爲魯迅所憎惡，仍然敢於站出來說公道話。

後來也曾有人論證：顧頡剛未曾學過日文，不可能讀過鹽谷溫的著作；而張鳳舉畢業於日本東京帝國大學，精通日語，他本人又與兩派的人士都很熟稔。胡適所言，應爲不虛。

看來，故事已經可以收尾：造謠的人居然是魯迅曾經視爲朋友的張鳳舉，當年魯迅顯然是冤枉顧頡剛了！

誰也未曾料到，六十多年後，這段塵封的舊案又被重新揭開，並在學界引起一陣軒然大波。而造成如此波瀾的人，居然是顧頡剛的女兒顧潮。

一九九七年，顧潮在她的《歷劫終教志不灰——我的父親顧頡剛》一書中寫道：

> 魯迅作《中國小說史略》，以日本鹽谷溫《支那文學概論講話》為參考書，有的內容是根據此書大意所作，然而並未加以註明。當時有人認為此種做法有抄襲之嫌，父親亦持此觀點，並與陳源談及，一九二六年初陳氏便在報刊上將此事公佈出去。……為了這一件事，魯迅自然與父親亦結了怨。

此言一出，抨擊頓至。有人大聲疾呼，稱這種「卑劣和無聊」的舉止目的在於繼續攻擊魯迅「剽竊」、是對魯迅的極大凌辱，並認爲顧潮的敘述恰恰證明，當初惡毒誣陷魯迅「剽竊」的勾當，是「顧頡剛在幕後策動、陳源在臺前表演的」。

顧潮的行爲，的確令人驚訝。不過，由她的記述應當可以看到，批評者根據她的敘述便斷然指認「顧頡剛在幕後策動」也並不客觀。顧潮寫得明白，具體的過程是：「當時有人認爲此種做法有抄襲之嫌，父親亦持此觀點，並與陳源談及……」

如果她的記述屬實，由其可知顧頡剛並非「剽竊論」的首創者，而他與陳源「談及」，也僅是私下的行爲。即使其「觀點」荒謬到極點，「私下的行爲」也不能作爲「定罪」的依據——無論對魯迅還是顧頡剛，這一標準都應當適用。

需要說明的是，顧頡剛並非像有些人所渲染的那樣，是一個只會無端造謠、播弄是非的小人，一個滿肚子陰謀詭計的政客，一個不學無術、以鑽營爲業的大草包。

稍加查詢便可發現，這麼多年來，人們對顧頡剛談論更多的，是他的學問，其中不乏讚美之辭：「古史辨」派的創始人、中國現代民俗學的奠基人、「開現代歷史地理學研究的先河」……試舉一例：「文革」期間顧頡剛也受到衝擊，後經周恩來總理指示：請中華書局組織標點未及標點完畢的二十四史及清史稿，「由顧頡剛先生總其成」，他才得以恢復工作。——顧頡剛儼然是一位了不起的大學問家呢！

顧頡剛居然也有學問嗎？

他不是曾因爲創造了「禹是一條蟲」的大笑話而被世人嘲諷了幾十年嗎？魯迅不是早就說過：「他是有破壞而無建設的，只要看他的《古史辨》，已將古史『辨』成沒有，自己也不再有路可走……」，從而鄙夷地下了個「不過鼻子紅而已」的定論，把他打發到「文化山」上去吃炒麵了嗎？他怎麼還會有什麼學問？！

然而，儘管魯迅是偉人，但他首先是一個普通的人，他也會有說錯話、辦錯事的時候。——如果倒退若干年，我的這幾句話是會召來牢獄之災的。即使今天說出來，也仍有戰戰兢兢之感。似我輩俗人，怎能有批評魯迅的資格？！

但是，誰也不能否認，在顧頡剛的問題上，魯迅表現得過於情緒化，因此難免流於偏頗。比如那「將古史『辨』成沒有」，比如那所謂的「禹是一條蟲」。

事實上，顧頡剛從來沒打算把古史「『辨』成沒有」，他也從來沒有說過「禹是一條蟲」。

顧頡剛想要做到的是「辨史」，他的理論基點是「疑古」。

簡單些說，就是大膽懷疑前人撰寫的中國古代歷史是否有不眞實的成分，力圖通過科學合理的方法辨別古史的眞僞。

1985年，白雲樓被列為省級文物保護單位。

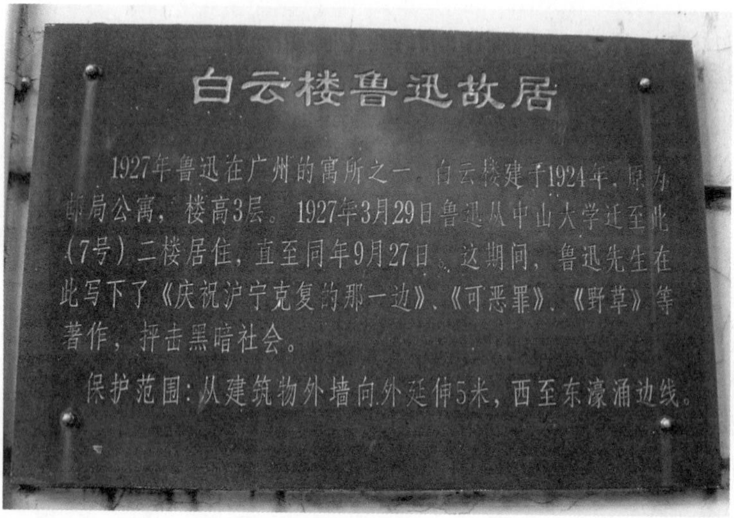

白雲樓的說明標牌中註明。“1927年3月29日，魯迅從中山大學遷至此(7號)二樓居住。”由此可見，有專家認為，魯迅、許廣平、許壽裳的居室在白雲樓角樓的兩側。

顧頡剛的學說在前人「疑古辨僞」的基礎上向更高的層次猛進了一大步，在當時的史學界引起了極大的轟動，據說二十世紀二〇年代至三〇年代國內各大學紛紛設立歷史系的原因，主要就是因爲他那藉以成名的《古史辨》所造成的影響。

顧頡剛對古史的認識是通過廣泛的考據得來的，歷史文獻浩如煙海，那眞是一項極爲龐大的工程，因此難免出現紕漏，比如在對「禹」的具體論證中，顧頡剛就眞的造成了偏差。根據《說文》中對禹字「蟲也」的解釋，顧頡剛想當然地推理認爲，禹「大約是蜥蜴之類。我以爲禹是九鼎上鑄的一種動物」。

他的這種說法立即遭到許多人的反對，諸多學者紛紛撰文論證他的推理是片面的、錯誤的。顧頡剛認爲衆人說得有理，很快就放棄了自己的觀點，宣佈「對於這個假定的前半還以爲不誤，對於後半便承認有修正的必要了」。他還坦誠地說：「假設終究是個假設。……我知道《說文》中的『禹』字的解釋並不足以代表古意，也便將這個假設丟掉了。丟掉了這一個假設，我依然有旁的證據可以建立我的假設。」

顧頡剛的「假設」也是很明確的，他認爲「禹」只是神話傳說中的人物而並非眞實存在過的人。實際上，他一直到死也沒有消除對禹的懷疑。

應當說，顧頡剛這個假設的基點並無可供抨擊之處：既然無人能夠考據證明「禹」的確切存在，那麼就允許對他產生懷疑。但是，由於一些人咬定顧頡剛說過「禹是一條蟲」，並大加宣傳，傳來傳去，假的也就變成眞的了。

從這「禹是一條蟲」的故事，我們也許可以得到一些很深刻的啓示。顧頡剛的「古史辨」不是僅僅局限於精深的學術研究，而是提出了一種値得認眞思索的理論和方法。別的不提，就說魯迅與顧頡剛之間的那段是非恩怨，不過僅隔了區區八十多年，就已經變得那麼複雜、那麼模糊，不是同樣也需要「疑而辨之」、還歷史一個本來面目嗎？

在廣州的短暫徘徊

「大夜璧月」及「紅鼻」——廣州的魯迅故居

魯迅辭職以後退居白雲樓，又繼續住了五個多月。

他不想走，也不能走。

那段時間，魯迅面臨極大的壓力。

有人大造謠言，要麼說他因「親共」而躲起來了，要麼說他跑到漢口去了。所以他不能走——一旦離開廣州，流言必然更甚。

然而那流言的效果，卻在日益顯現出來：他不再被捧爲「戰鬥者」和「革命者」了；曾經慕名而來求他爲書作序的人，也託詞收回了；原先由他題簽的期刊，也趕緊撤換了……

魯迅置身於沉默中。如他自己所說：「回想我這一年的境遇來，有時實在覺得有味。在廈門，是到時靜悄悄，後來大熱鬧；在廣東，是到時大熱鬧，後來靜悄悄。」

利用這難得的「靜悄悄」，魯迅試圖定下心來整理一下舊稿。

熱鬧的時候企望安靜，眞的靜下來了，心緒卻依然蕪雜。他說：「一個人做到只剩了回憶的時候，生涯大概總要算是無聊了吧，但有時竟會連回憶也沒有。」

那年的夏天來得早，難耐的炎熱讓魯迅感到很不適應，即使只穿一件單衣，仍是大汗淋淋。倒是桌上一盆青翠的盆景，尚能帶來一絲清涼。他編定了散文集《野草》、《朝花夕拾》，寫了一些雜文。「看看綠葉，編編舊稿，總算也在做一點事。做著這等事，眞是雖生之日，猶死之年，很可以驅除炎熱的。」

然而，還有許多懷有殷切期望的青年，不清楚形勢的複雜與嚴峻，不理解魯迅因何而沉默，他們希望魯迅繼續罵喊。比如一位名叫時有恆的青年，便撰文呼籲：「懇切地期望魯迅先生出馬。……因爲救救孩子要緊呀。」

魯迅知道，他們是出於希望和好意，他不忍傷害青年的熱情，在思索中，他寫出了一篇很重要的文章——《答有恆先生》。之所以說「重要」，是因爲魯迅在文中進行了深刻而沉痛的反思，他對自己的無情剖析，是前所未有的。

對於自己的「沉默」，魯迅說：

大原因之一，是：我恐怖了。而且這種恐怖，我覺得從來沒有經驗過。

他寫道：

——我至今還沒有將這「恐怖」仔細分析。姑且說一兩種我自己已經診察明白的，則：

一，我的一種妄想破滅了。我至今為止，時時有一種樂觀，以為壓迫，殺戮青年的，大概是老人。這種老人漸漸死去，中國總可比較地有生氣。現在我知道不然了，殺戮青年的，似乎倒大概是青年，而且對於別個的不能再造的生命和青春，更無顧惜。……血的遊戲已經開頭，而角色又是青年，並且有得意之色，我現在已經看不見這齣戲的收場。

二，……我曾經說過：中國歷來是排著吃人的筵宴，有吃的，有被吃的。被吃的也曾吃人，正吃的也會被吃。但我現在發見了，我自己也幫助著排筵宴。先生，你是看我的作品的，我現在發一個問題：看了之後，使你麻木，還是使你清楚；使你昏沉，還是使你活潑？倘所覺的是後者，那我的自己裁判，便證實大半了。中國的宴席上有一種「醉蝦」，

矗立於廣州圖書館的魯迅與許廣平像。

蝦越鮮活，吃的人便越高興，越暢快。我就是做這醉蝦的幫手……

所以，我終於覺得無話可說。

——我想，先生，你大約看見的，我曾經歎息中國沒有敢「撫哭叛徒的吊客」，而今何如？你也看見，在這半年中，我何嘗說過一句話？雖然我曾在講堂上公表過我的意思，雖然我的文章那時也無處發表，雖然我是早已不說話，但這都不足以作我的辯解。總而言之，現在倘再發那些四平八穩的「救救孩子」似的議論，連我自己聽去，也覺得空空洞洞了。

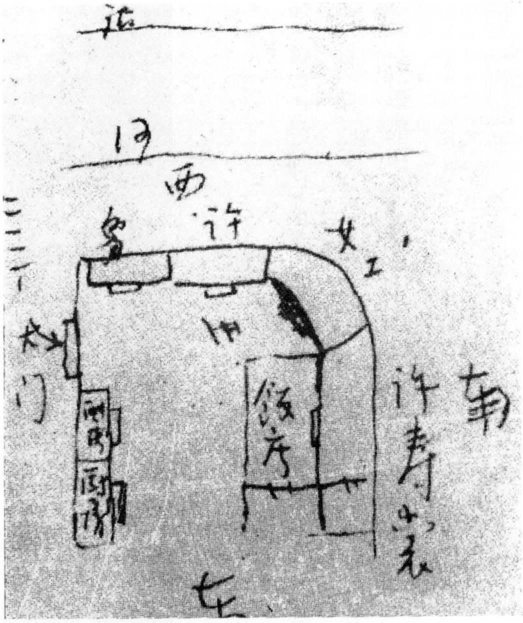

許廣平手繪的白雲樓平面圖。標出的方向有誤，其中的“南”應為“北”。（取自曾智中所著《三人行——魯迅與許廣平、朱安》）

還有，我先前的攻擊社會，其實也是無聊的。社會沒有知道我在攻擊，倘一知道，我早已死無葬身之所了。……民眾的罰惡之心，並不下於學者和軍閥。近來我悟到凡帶一點改革性的主張，倘於社會無涉，才可以作為「廢話」而存留，萬一見效，提倡者即大概不免吃苦或殺身之禍。

——但我要聲明，上面的談話中，我並不含有謙虛，我知道我自己，我解剖自己並不比解剖別人留情面。好幾個滿肚子惡意的所謂批評家，竭力搜索，都尋不出我的真症候。所以這回我自己說一點。當然不過一部分，有許多還是隱藏著的。

我覺得我也許從此不再有什麼話要說，恐怖一去，來的是什麼呢，我還不得而知，恐怕不見得是好東西罷。但我也在救助我自己，還是老法子：一是麻痺，二是忘卻。一面掙扎著，還想從以後淡下去的「淡淡的血痕中」看見一點東西，謄在紙片上。

正如他所說：「我知道我自己，我解剖自己並不比解剖別人留情面。」

白雲樓南端的角樓。

從西側向東看白雲樓模型。（攝自廣州魯迅紀念館）

他痛切地自責，在那「吃人的筵宴」中，自己所扮演的只不過是「幫手」的角色！他始終是崇尚「進化論」的，以爲青年必然好於老年，現實卻無情地擊碎了他的天真；他終於發現，無論是對社會還是對自己，都需要從新的角度去認識。他雖在徘徊，卻未曾彷徨；他心情沉重，卻並不絕望。在無邊的黑暗中，他似乎看到了可能會有、應當會有的光明。

所以，他才會在《野草》的「題辭」中寫下那樣的話：

> 我自愛我的野草，但我憎惡這以野草作裝飾的地面。
>
> 地火在地下運行，奔突；熔岩一旦噴出，將燒盡一切野草，以及喬木，於是並且無可朽腐。
>
> 但我坦然，欣然。我將大笑，我將歌唱。
>
> ……我希望這野草的死亡與朽腐，火速到來。要不然，我先就未曾生存，這實在比死亡與朽腐更不幸。

魯迅決定離開廣州了。

此前，對於今後的去向問題，他曾猶疑了很久。

他辭職以後，校方依然做出姿態多次挽留，而魯迅也一辭再辭。直到六月六日，校方才應允辭職；爲表誠意，月底又送來五月份的薪水五百元。魯迅倒也痛快，索性收下。「忽而大闊」，忍不住揮霍一把：花四十元買了八十冊一套的大部頭《太平御覽》，吃三元錢一盒的高級餅乾，那價錢較貴的糯米荔枝龍牙蕉，也大膽品嘗一回——反正是白來的「外財」，不花白不花！

薪水照單收下，復職絕無可能——魯迅去意已定。

當時，蔡元培正在浙江籌備設立浙江大學研究院，經章廷謙努力，似乎有邀請魯迅前去任職的可能。但魯迅並無興趣。他與蔡元培的關係已經有些生分，以至於他說：「我和此公，氣味不相投也。」

他也向章廷謙透露過考慮回北京的可能：「至於此後，則如暑假前後，咱們的『介石同志』打進北京，我也許回北京去……」

但他又說：「或者七月間先到上海再看。回北京似亦無聊，又住在突出在後院的灰棚裏給別人校刊小說……」

後來聽說，北京「西三條屋中似乎已經增添了人，如『大太太』的兄弟之類」，他打消了回京的念頭，考慮是否前往杭州。

時近八月，魯迅終於決定先去上海，「無非想尋一些飯，但政、教兩界，我想不涉足，因爲實在外行，莫名其妙。也許翻譯一些東西賣賣吧。」他認爲「那邊較便當，或者也可以賣點文章」。至於以後的去向，尚無長期的打算，因爲有幾個學生受到魯迅的影響，「學校還未進妥」，魯迅「想陪著他們暫時漂流，到他們有書讀了，我再靜下來」。至於如何「漂流」，魯迅還沒有想好：「自然先到上海，其次，則擬往南京，不久留的，大約至多兩三天……復次當到杭州，看看西湖北湖之類……但這種計畫，後來也許會變更……」

魯迅未曾想到，此去上海，居然一住就是九年；而他的生命，也將在那裏終結。

由於輪船公司外籍員工罷工，一時無船可乘。一直等到九月二十七日，魯迅才告別了那「九蒸九曬」、熱得他滿身痱子的白雲樓，登上太古公司的「山東號」輪船，離開他僅僅居住了九個多月的廣州。

這次遠航，魯迅並不孤獨。因爲，有一位女性，將陪伴他度過人生最後一段航程——那就是他所摯愛的許廣平。

魯迅在《朝花夕拾》的“後記”中寫道：“1927年7月11日，寫完於廣州東堤寓樓之西窗下。”白雲樓二層西側有這麼多窗戶，卻猜不出哪一個是魯迅當年的“西窗”，實在讓人鬱悶！

白雲樓魯迅故居考

「大夜璧月」及「紅鼻」——廣州的魯迅故居

在這裏，專門對廣州白雲樓的魯迅住處進行一些深入的討論。

當年，魯迅在給友人的信中曾一再寫道：如來信，可寄「廣九車站，白雲樓二十六號二樓許寓收轉」。由此可知，魯迅他們應當是以許廣平的名義租住白雲樓二十六號二樓的。

與絕大多數臨江而建的城市一樣，廣州城中的道路也是七扭八歪，沒有明確的方向。白雲路是一條自東北向西南的斜街，如前文所說，白雲樓位於白雲路南端的西南角上，其鮮明的標誌，便是拐彎處有一個多邊形的角樓。

在這角樓旁側的外牆上，嵌有「廣東省重點文物保護單位」的標牌，時間是一九八五年八月二十七日。旁邊還有一個標牌，說明魯迅當年是「從中山大學遷至此（七號）二樓居住」。七號樓門楣額上有「郵局」二字，應是早年的印記。

我遇到的具體問題是，魯迅、許廣平、許壽裳三人當時所住的是哪幾個房間。

二十世紀六〇年代，許廣平曾經根據記憶畫過一幅平面圖，其中似有不明之處。

聽人調侃說，女性的方向感很差，常常難以區分東南西北。許廣平的這幅圖，倒是一個有

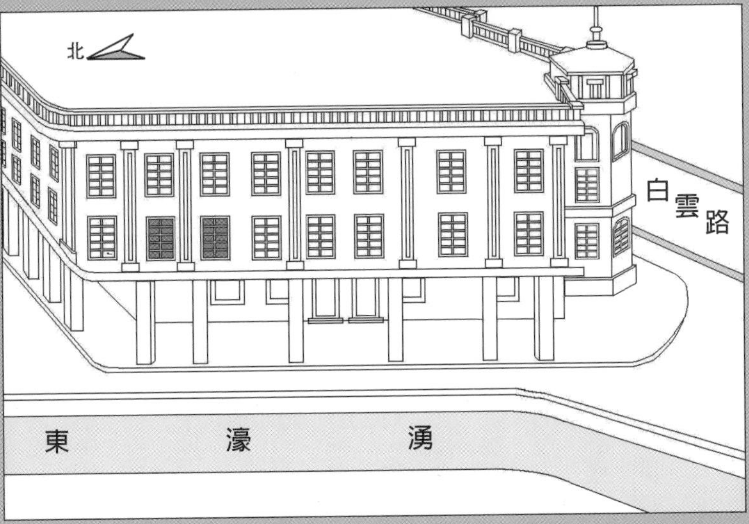

從西向東看去，白雲樓應當是這個樣子的。圖中深色的兩個窗戶，應當是魯迅和許廣平的房間。

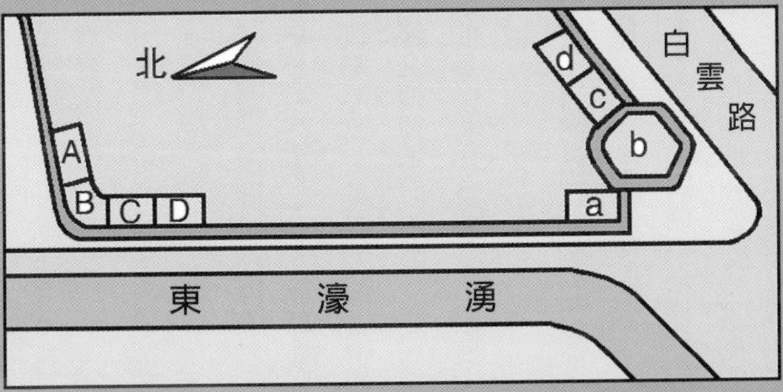

白雲樓的平面示意圖應當是這個樣子的。按許廣平手繪圖中的格局和如今許多人所認為的，圖右（即南側）的“a、b、c、d”四個房間，依次應是許壽裳、女工、許廣平、魯迅的住室。但是那樣一來，魯迅的房間就不可能朝西了。所以，合理的情況應當是，圖左的“A、B、C、D”四個房間，依次為許壽裳、女工、許廣平、魯迅的住室。

趣的佐證。

按照圖中標註，許壽裳的房間是朝南的。

如果情況確實如此，那麼許廣平筆下的「東」、「西」方向則完全顛倒了——所謂「上北下南、左東右西」，魯迅與許廣平的房間便應當面向東方了。

但是，在一九二七年五月一日所寫的《朝花夕拾》的「小引」中，魯迅卻明明白白地說：「廣州的天氣熱得眞早，夕陽從西窗射入，逼得人只能勉強穿一件單衣。」此後，在八月二十七日給章廷謙的信中也寫道：「……在西屋中九蒸九曬，煉得滿身痱子。」在《小約翰》的「引言」中，他寫得更爲具體：「我這樓外……滿天炎熱的陽光，時而如繩的暴雨；前面的小港中是十幾隻蜑戶的船，一船一家，一家一世界，談笑哭罵，具有大都市中的悲歡。」文末署之：「一九二七年五月三十日，魯迅於廣州東堤寓樓之西窗下記。」

魯迅的方向感比許廣平要強得多，且對「西屋」的暑熱有親身感受，因此，他與許廣平的房間肯定朝西，這一點是毋庸置疑的。

這樣，許廣平圖中所畫的河汊——即「東濠涌」——自然就在他倆的窗外了。天天推窗見河，印象必然很深，在這一點上許廣平不應錯也並未錯。

然而，如此一來，許壽裳的房間便只能朝北——而不可能如許廣平所標註的「朝南」。

還有兩個細節應當考慮：其一：從角樓的外觀看，那個房間應當是六邊形的，許廣平的圖中，卻爲什麼沒有畫出女工房間的特殊形狀？其二：白雲樓的坐向是斜的，只有那角樓的窗戶才朝向正南——它處於全樓採光最好的位置，爲什麼卻由女工居住？

由此，我貿然猜測：如今的白雲樓七號並非魯迅故居，那塊「文物保護單位」的牌子掛錯了地方。正確的位置，應當在白雲樓的西北角上。那裏的樓角是自然轉彎的，因此樓角的房間應當帶有一些弧形——這些，都與許廣平所繪的平面圖相符。只要把許廣平圖中的「南」改成「北」，一切問題都迎刃而解了：女工的住處並非白雲樓南端的六邊形角樓而是西北角的轉角房間，許壽裳的住處應當在這轉角房間的北面。這也符合魯迅的性格：他是不會虧待好友的——在烈日炎炎的夏季，相對於飽受夕曬蒸烤的西屋，朝北的房間多少要舒適一些。

當年魯迅寫下「時大夜彌天，璧月澄照，饕蚊遙歎，余在廣州」這些文字的時候，應當已是深夜。

其時，恰逢月當西窗。

由於條件所限，我無法證實這推測的正誤。儘管說起來也許並不難：只要有機會查得到當年的建築圖紙或戶籍卡片，便可確定原先的「二十六號」到底是在什麼位置、如今「七號」的定位是否準確。

我希望能夠有人揭開這謎底。

廣州魯迅故居位置圖。（繪於2009年1月）

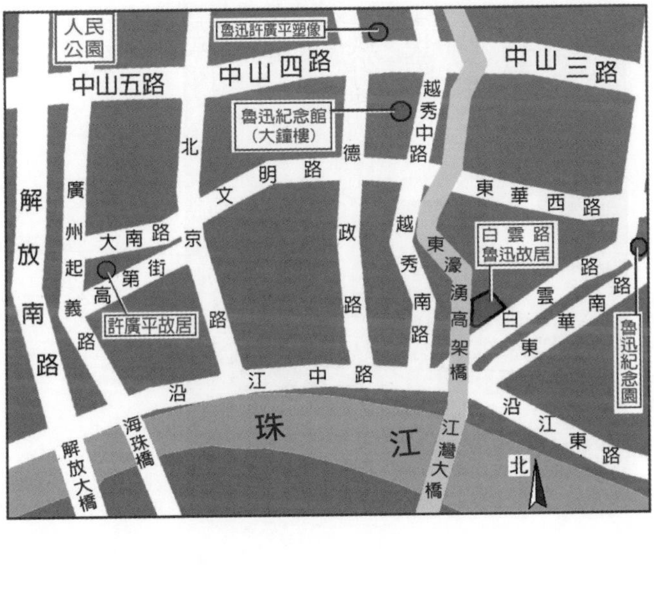

最後的歲月

上海的魯迅故居

走進大上海

最後的歲月——上海的魯迅故居

荷戟獨彷徨……

一九二七年九月二十七日，魯迅與許廣平乘船自廣州出發，途經香港、汕頭，於十月三日下午抵達上海，暫時住進一家旅館。上海的朋友很多，幾乎每天都有朋友設宴接風；魯迅的三弟周建人正在上海的商務印書館工作，自然要陪著大哥應酬。幾天後，周建人在自己的居所附近找了一處房子，魯迅與許廣平便搬了過去。

那個住處是典型的「石庫門」樓房，在閘北的東橫濱路景雲里，位於公共租界附近，屬於「中國地界」，房價相對便宜一些。周邊的居住者多是商務印書館的職員，還有一些文化界的人士，比如葉聖

今日橫濱路。

景雲里23號院門。魯迅在給他人的信中曾寫道：“現在我住在‘寶山路，東橫濱路，景雲里29號’，此後有信可以直接寄此。這裏是中國地界，房租較廉，只要不開戰，是不要緊的。”此處魯迅小有筆誤，把“23號”寫成了“29號”。

陶住在景雲里十號，與周建人所住的九號緊鄰；沈雁冰在十一號——他於一個多月以前剛從江西逃回來，正被南京政府通緝，只能隱蔽家中，閉門不出，埋頭寫作。他的筆名「茅盾」，便是從那時開始使用的。魯迅的住處在二十三號，處於弄堂盡頭，前門斜對茅盾家的後門。由於茅盾擔心暴露身份，始終足不出戶，魯迅特地悄悄前去拜訪了一次。第二年夏天，茅盾便去了日本。

景雲里那些建築的模式基本一樣，都是三層的樓房。由於起初並未打算長住，魯迅和許廣平只購置了一些簡單的傢俱。當時，周建人已與王蘊如同居，爲了生活方便，魯迅向周建人建議，不如兩家一起開伙，找人幫助料理家務、掌管炊事，還可以看顧周建人的孩子。魯迅住所的樓下，便作爲兩家共同的廚房使用。

入住甫定，自然有許多朋友來訪，有人發現了一個奇怪的現象：魯迅的臥室兼書房在二樓，而許廣平卻獨住三樓；若有比較生疏的客人來訪，許廣平總是避免下樓；有時實在躲避不開，魯迅只好對客人說：這是我的學生，是來幫我校對的。長此以往，難免遮掩不住。有一次一位熟人來此借宿，魯迅讓他住在二樓的房間裏，自己卻到三樓去了，他恍然大悟，原來魯迅

景雲里魯迅故居示意圖。其中，魯迅在“宅”（即景雲里23號）的居住時間是1927年10月8日至1928年9月9日；在“宅”（即景雲里18號）的居住時間是1928年9月9日至1929年2月21日；在“宅”（即景雲里17號）的居住時間是1929年2月21日至1930年5月12日（魯迅在1929年2月21日的日記中錯記為“晚移至十九號屋”）。（根據《魯迅生平史料彙編》插圖重繪）

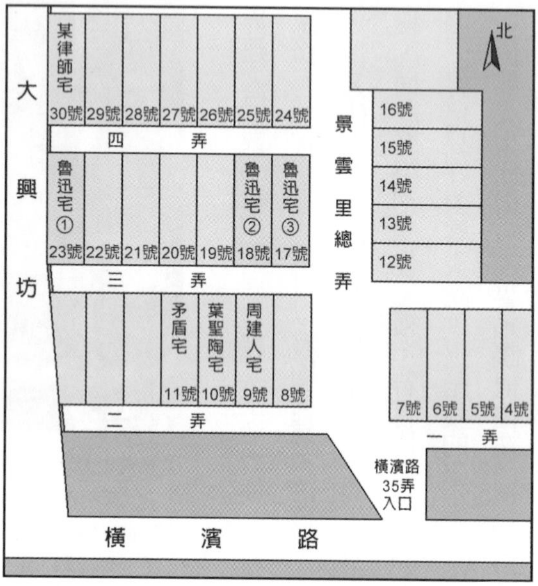

與許廣平已經同居了！

在他們的愛情歷程中，魯迅總顯得有些畏首畏尾，而許廣平始終表現得比魯迅要主動、大膽、曠達。若干年後，魯迅逝世，他的好友許壽裳在撰寫《魯迅年譜》的時候遇到了一個難題：嚴格而言，朱安才是原配夫人，而魯迅與許廣平的關係又該如何記述呢？思索良久，他索性把自己擬就的草稿寄給許廣平，直接徵求她本人的意見。許廣平性格直率，當即回覆道：就寫「與許廣平同居」好了。因此，許壽裳最後的定稿就是：「十六年（一九二七年）……十月抵上海。八日，移寓景雲里二十三號，與番禺許廣平女士同居。」

其實，對於他們倆的關係，許多親友早已心知肚明，只是不想捅穿那張窗戶紙而已。比如剛到上海的第二天，孫伏園、孫福熙兄弟邀請魯迅、許廣平以及周建人共進午餐，在座的還有老朋友林語堂。飯後，六個人一同去照相館拍了一張合影。魯迅與許廣平從來沒有單獨合影過，這次也是同樣。不過，這張六人照片有一些特殊的意義。因爲在他們倆的心中，自來上海開始，就算是正式結合了，儘管照片中有那麼多旁人，就當他們是證婚人好了——這留影，應當算是特殊的「結婚照」呢！

孫氏兄弟都是鬼靈精，第二天特地送來一份禮物。魯迅的日記裏記得明白，他們送的是「合錦二盒」。「合」、「盒」暗喻「和」、「合」，按民間傳統習俗，和合二仙扮演的是「愛神」的角色，百姓人家辦喜事的時候，往往要在中堂高懸和合二仙的神像呢！

不過，魯迅對於自己與許廣平的關係，仍然遮遮掩掩。這種欲蓋彌彰的手法，有時也有些效果，像照片中一本正經立於許廣平背後的林語堂，居然絲毫也沒有發現有什麼異常——魯迅常說林語堂「老實」，看來他真是老實得近於木訥呢！據魯迅的另一位好友郁達夫說，有一次他和林語堂一起去拜訪魯迅，林語堂似乎看出一點異樣的名堂，出來後悄悄問郁達夫：「魯迅和許女士，究竟是怎麼回事，有沒有什麼關係的？」後者自然不肯說，反倒問他：「你們在廈門大學同過這麼久的事，難道還不曉得麼？我可真看不出什麼來。」

郁達夫在回憶林語堂那副天真無邪的模樣的時候，一定會暗暗竊笑：「說起林語堂，實在是一位天性純厚的真正英美式的紳士，他絕不疑心人有意說出的不關緊要的謊。……一直到海嬰（魯迅的兒子）將要生下來的時候，才茲恍然大悟。我對他說破了，他滿臉泛著好好先生的微笑說：『你這個人真壞！』」

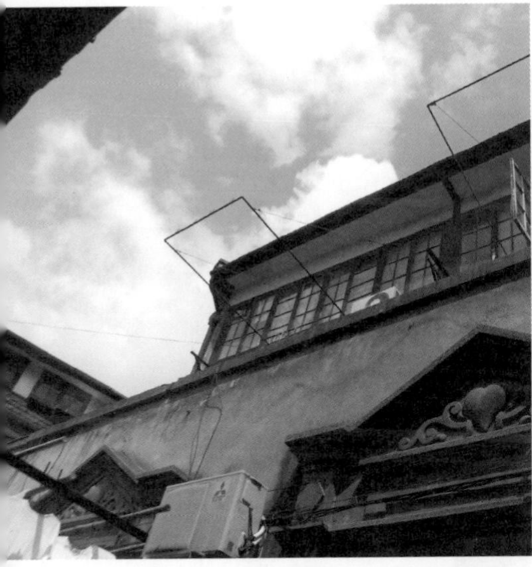

景雲里23號的三樓，是當年許廣平住的地方。

郁達夫的確比林語堂要「壞」，對於魯迅和許廣平的特殊關係，他早就看出端倪了。魯迅剛到上海不久，郁達夫請他和許廣平及許欽文等人吃飯，餐後茶房上咖啡的時候，許廣平很自然地端起了自己的那杯。豈料魯迅「用告誡親屬似地熱情的口氣，對許女士說：『密斯許，你胃不行，咖啡還是不吃的好，吃些生果吧！』」郁達夫何等聰明，他說：「在這一個極微細的告誡裏，我才第一次看出了他和許女士中間的愛情。」

魯迅早就有一個願望，要帶許廣平去杭州走走——那是他曾經生活過的地方，他有心去那裏過一個眞正的「蜜月」呢。但是，這一願望直到第二年夏天才得以實現。讓人哭笑不得的是，那次難得的旅行，又有一位「陪同」隨行，即魯迅早先的學生許欽文。

當時正在杭州的章廷謙夫婦曾經多次邀請魯迅前去一遊，如今夙願得償，自然很高興地承擔了接待的任務。不過，有一個細節耐人尋味：不知是魯迅特意囑咐，還是暑期旅店住宿緊張，章

1927年10月3日，魯迅與許廣平抵達上海，住共和旅館。10月4日魯迅日記："午前伏園、春台來，並邀三弟及廣平至言茂源午飯，玉堂亦至。下午六人同照相。"圖中前排右起為魯迅、許廣平、周建人，後排右起為孫伏園、林語堂（即"玉堂"）、孫福熙（即孫伏園的弟弟、字"春台"）。(攝自北京魯迅博物館)

廷謙在旅館裏只預定了一個房間，有三張床鋪。許欽文本來就在杭州工作，這次是特地趕去上海擔任「陪同」的，回到杭州，自有住處，但魯迅卻堅持要他陪住。並列的三張床鋪，魯迅與許廣平分睡兩邊，許欽文居於中間。據許欽文說，魯迅還鄭重囑咐他：「你日裏有什麼事情，儘管跑開去做；可是夜裏，一定要回到這裏來睡，每天夜裏一定都要到這裏來，一直到我們回到上海去！」

許欽文不能違抗師命，只得夜夜陪住，那尷尬的情形，實在有趣得緊呢！

對於魯迅和許廣平來說，在杭州的遊玩是一次難得的放鬆。這一放鬆不打緊，第二天魯迅居然腹瀉；所幸服藥後很快康復，才得繼續遊覽。逛西湖、遊靈隱、品龍井茶、舀虎跑泉那清涼的泉水洗頭濯足……玩得十分盡興。可惜，那些天杭州的天氣太熱，用魯迅的話說，如同「蒸神仙鴨」，到第五天清晨，他便與許廣平登車返滬了。也許怕章廷謙夫婦挽留，臨行時連招呼也沒打，只能待回到上海後再寫信道歉了。

此次許欽文不再陪同送返，這短暫「蜜月」的最後行程，由魯迅與許廣平單獨相伴而行——也只有這一段路途，還有些「蜜月」的味道。

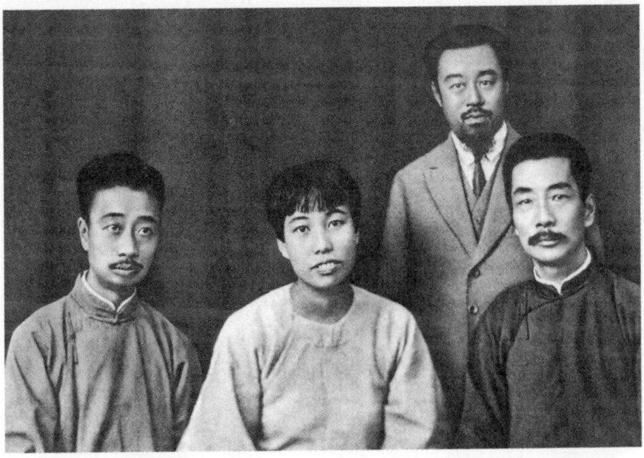

同一幅照片，在1976年8月出版的《魯迅》畫冊中，居然變成了這個樣子。可見，任何史實都有被篡改的可能，就連最具“寫實”功能的照片也難以倖免。

騰挪景雲里

最後的歲月——上海的魯迅故居

從杭州回到上海後不久，魯迅開始考慮搬家的事情了。

他們的房子隔壁是大興坊，那裏的住戶人等混雜，十分熱鬧，唱戲解悶兒的、哭鬧吵架的，終日喧囂。夏日炎熱，有人把牌桌搬到戶外消遣，茅盾曾說：「……忽而大笑，忽而爭吵，而不知何故，突然將牌在桌上用力一拍之聲，眞有使人心驚肉跳之勢。這些嘈雜的聲音，要到夜深才完全停止。這對於我，也還不妨，我是白天寫作的。而對於習慣於在夜間寫作的魯迅，卻是個大問題了。」

不過，環境的惡劣，還不是最主要的問題，鄰里的騷擾，卻是難以忍受的。魯迅家後門所對的那排房子，住著一位律師，家裏有個極爲頑皮的孩子，經常搗亂，沒事兒竟往魯迅家廚房的鍋裏扔石頭、拋汙物，攪得人不得安寧。魯迅忍受不過，找對方家長耐心地談了談，那孩子居然變本加厲，不是拿粉筆在魯迅家的後門上畫個大烏龜，就是乘沒人的時候對著後門撒尿。如此惡鄰，無法論理，對付無賴的唯一辦法，只有躲避。剛好魯迅那排石庫門十八號的房屋空了出來，他們趕緊搬了過去。同時，周建人一家也索性搬到了一起。

兩家同住一樓，似乎要更擁擠了，實際反倒寬鬆了一些——因爲長期寄宿魯迅家裏的外人已經搬走了。

那位「外人」是魯迅在廈門大學時的學生，曾追隨魯迅前往廣州，後來也到了上海。魯迅對他十分信任，讓他以及他的妻子、妻兄住在自己家裏，好生款待。不料此人產生了誤解，以爲魯迅有將自己收爲兒子的意思，從此竟以「義子」自居。陡然增加了這麼多吃飯的嘴，魯迅難以承擔，多方設法爲他們尋找工作，甚至對郁達夫說，如果工作難找，也可在報館或書局找一份名義上的差事，比如校對、夥計等等；至於工資，可由魯迅自己出一部分錢，由報館或書局作爲月薪發給。如此，總比坐守家中吃閒飯好。但是，這位「義子」反倒不滿起來。當時魯迅正受到各方「文豪」的圍剿，處境艱難，這「義子」居然口出怨言，說：「我的朋友都看不起我，不和我來往了，說我和這樣的人住在一處。」後來，郁達夫總算在書局給那「義子」找到了一份工作，並談妥工資由書局

景雲里西面的大興坊。圖中右邊樓頂的玻璃窗，便是許廣平當年所住的房間。

與魯迅分擔，而那位「義子」卻斷然決定離去——這家人在魯迅家裏住了七個多月，臨走的時候，不僅帶去不少衣被用具，還向魯迅強要了一百二十元錢！

儘管此事讓人敗興，總算解除了一個巨大的負擔。周氏兄弟雖是兩家合住，但親情融融，大家都很愉快。

這一次，是周建人一家住樓下，魯迅與許廣平住二樓。

那是一九二八年九月的事情。有意思的是，魯迅在其後不久寫給章廷謙的信中還說：「許女士仍在三層樓上。」對於相互極其熟悉的人，魯迅居然還要如此掩飾，那複雜的心理狀態，表現得淋漓盡致。

魯迅自知弊病的所在，他自己早就說過：「這些顧忌，大部分自然是為生活，幾分也為地位，所謂地位者，就是指我歷來的一點小小工作而言，怕因我的行為的巨變而失去力量……」儘管他後來終於大聲喊出：「我可以愛！」但是，面對種種壓力，魯迅始終難以消除顧忌。

其實，關於他與許廣平的關係，「流言」早已廣為傳播，不同的人出於不同的目的，四處宣揚，大加渲染。比如，有人宣傳魯迅「討姨太太、棄北京之正妻而與女學生發生關係」，攻擊魯迅「實為思想落伍者」。曾有讀者看到後頗感憤慨，認為作為「戰士」的魯迅不可能做出這種事情，並特地給魯迅寫信譴責「流言」。對於敵對者所進行的攻擊，魯迅倒未必畏懼，倒是這樣一些崇敬者基於舊道德的標準出言辯護，才真讓他為難。

客觀而言，魯迅的顧忌不完全是因自己的所謂「生活」、「地位」和「工作」，同時也是爲了保護許廣平，使其不致遭受「被人納妾」的侮辱。這不能不讓人感歎，對於魯迅來說，封建精神枷鎖的束縛不僅來自社會，也來自其自身，要想徹底掙脫，實在並非易事！

甚至直到一九二九年三月二十二日，魯迅在給朋友的信中還如此寫道：

至於「新生活」的事，我自己是川島到廈門以後，才聽見的。他見我一個人住在高樓上，很駭異，聽他的口氣，似乎是京滬都在傳說，說我攜了密斯許同住於廈門了。那時我很憤怒。但也隨他們去吧。其實呢，異性，我是愛的，但我一向不敢，因為我自己明白各種缺點，深恐辱沒了對手。然而一到愛起來，氣起來，是什麼都不管的。後來到廣東，將這些事對密斯許說了，便請她住在一所屋子裏——但自然也還有別的人。前年來滬，我也勸她同來了，現在住在上海，幫我做些校對之類的事——你看怎樣，先前大放流言的人們，也都在上海，卻反而啞口無言了，這般孱頭，真是沒有骨力。……不過我的「新生活」，卻實在並非忙於和愛人接吻，遊公園，而苦於終日伏案寫字，晚上是打牌聲，我往往睡不著，不過也無處可走，大約總還是在上海。

這位收信人，就是當初告知魯迅有關高長虹所謂「月亮」流言的韋素園。他對魯迅與許廣平的情況，可算是瞭解至詳，似乎沒必要對他隱瞞什麼，可魯迅卻還是吞吞吐吐、繞來繞去，要麼說「是請她住在一所屋子裏」（還要特地加上一句「但自然也還有別的人」），要麼說「幫我做些校對之類的事」，但他最終還是承認，那位「密斯許」，已經是自己的「愛人」了！

在寫這封信的前不久，魯迅又搬了一次家，即隔壁的十七號。十七號位於這排樓房的最東端，東面也有窗戶，陽光自然充足，魯迅很滿意。其實搬家的另一個原因有些不便公開：許廣平懷孕了，必須讓她住得舒適一些。

這一次，魯迅下決心把房子徹底裝修了一下。他和弟弟商量好，打通了十七號與十八號之間的隔牆，並安裝了一扇木門，正所謂「關上門是兩家，打開門便是一家」，兩家的進出，均走十八號的大門。至於廚房，則依然在十八號樓下；十七號的二樓，作爲魯迅的書房兼臥室。

此次搬家，居住條件有所改善。但樓下便是大弄堂，與原先在二十三號的時候相比，行人牌客嘈雜依舊。總之，在這樣的地方，想尋得一些讀書寫字的安寧，實屬不易。

這年五月，魯迅北上進京，看望母親。

魯迅離開北京以後，他原先的學生許羨蘇一直住在西三條寓中。她是許欽文的妹妹，也是許廣平的摯友，還是魯迅母親最喜歡的紹興「小老鄉」，魯迅南居期間，許羨蘇始終幫助料理家務，簡直如同家人。魯迅與家裏的書信聯繫，基本要靠她代理，比如他與許廣平到達上海後的第三天，便給許羨蘇寫信通告，此後一直保持密切的聯繫。有意思的是，魯迅和許廣平對於自己的情況，竟連許羨蘇也瞞著；更有意思的是，她的哥哥許欽文與魯迅關係何等密切，早就知道實情，居然也不對她說實話。

其實，關於和許廣平的事情，儘管魯迅從未明說，家裏人早有耳聞。他到家後的第二天，許羨蘇還是忍不住發問了，不過問得很「策略」。她說：大約一兩個月前，朱安曾對魯瑞說，自己做了一個夢，夢見魯迅帶了一個孩子回家，醒來後覺得很氣忿；魯瑞對她的氣忿很不以為然，反而告訴她，外面是有種種傳說，看她有什麼反應；不料，朱安說自己已經知道了，是從「二太太」那裏聽來的。

魯迅當然知道許羨蘇這番話的用意，事已至此，無法繼續迴避，便如實告訴她：許廣平已經懷孕了。許羨蘇的反應很平靜，只是說：這已是意料中的事情了。

窗戶紙既然捅開，也就沒有必要再接著瞞下去。魯迅委婉地告訴母親說，大約到八月的時候，他們的孩子就會出生了。說的時候，他也許有些忐忑：因為到家後的當天，母親就問過許廣平為什麼沒有一起回來，魯迅以「有點不舒服」把話頭岔開了；瞞了母親這麼長的時間，不知道她會不會責怪自己。但魯瑞聽了很高興，說：我想也該有了，因為這屋子裏早該有小孩子走來走去。

事情的結局很圓滿，揭開謎底並沒有引起什麼風波，魯迅自然很高興，當晚便寫信向許廣平彙報了。許廣平也感到欣慰，她說：「咱們的事，如果有人硬來對付，我倒情願，最怕是軟，難於為情，我是怕軟不怕硬的，講情不講理的。」可以看得出，長期以來，她精神上的壓力並不亞於魯迅。魯迅此次北上，他們兩個都做好了較壞的思想準備，不料結局卻是皆大歡喜。

巧的是，在魯迅北上期間，許廣平的姑母到上海來了，這讓許廣平很有些緊張：他們的情況也一直瞞著娘家那邊呢！考慮再三，她決定和盤托出。沒想到，姑母不僅沒有發怒，還十分

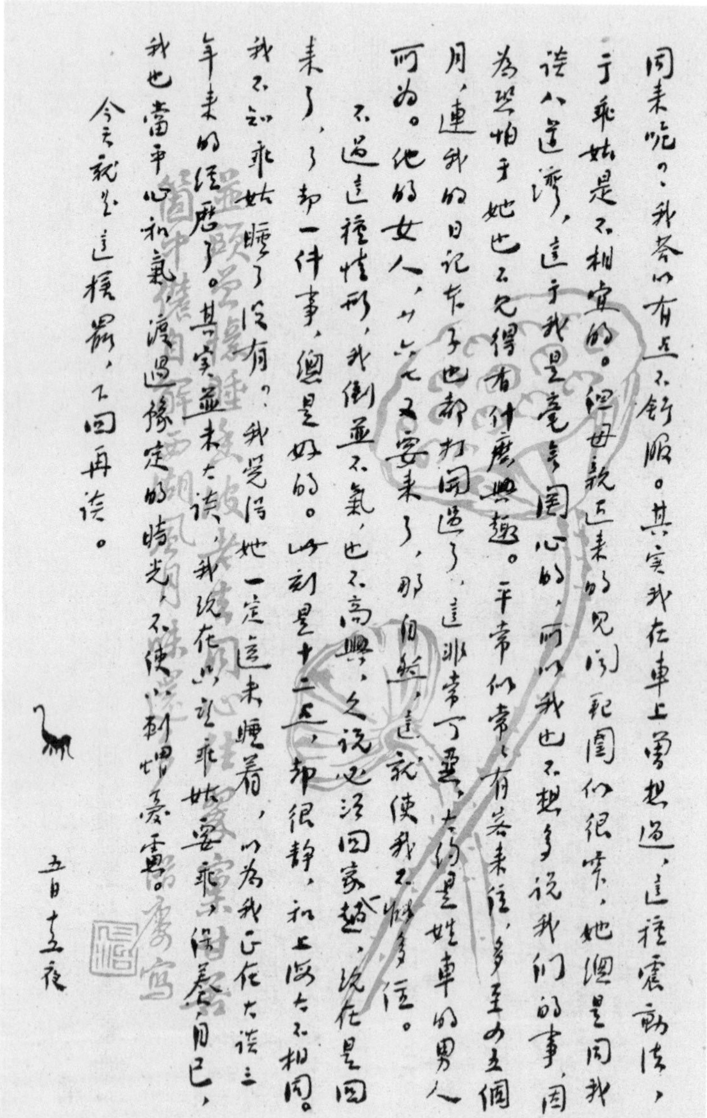

同來呢？我答以有些不舒服。其實我在車上曾想過，這種震動法，于乖姑是不相宜的。但母親近來的見聞範圍似很窄，她總是同我談八道灣，這于我是毫無關心的，所以我也不想多說我們的事，因為恐怕于她也不見得有什麼興趣。平常似常常有客來往，多至四五個月，連我的日記本子也都打開過了，這非常可惡，大約是姓車的男人所為。他的女人，則六七天要來了，那自然，這就使我不能多住。

不過這種情形，我倒並不氣，也不高興，久說必須回家趟，現在是回來了，了卻一件事，總是好的。此刻是十二點，卻很靜，和上海大不相同。我不知乖姑睡了沒有？我覺得她一定還未睡着，以為我正在大談三年來的經歷了。其實並未大談，我現在只記乖姑要乖，保養自己，我也當平心和氣，度過豫定的時光，不使小刺蝟憂慮。

今天就是這樣罷，下回再談。

五月十五夜

1929年5月，魯迅北上探親，在寫給許廣平的信末，隨手畫了一隻小象。那信紙上內含深意的蓮蓬圖案，顯然是魯迅特地選的。

感慨地說：以前看到許廣平孤身在外，甚覺淒涼掛心，但卻不敢開口勸，現在知道了情況原來如此，如釋重負。許廣平心裏似乎放下了一塊大石頭：如此一來，娘家方面的親屬自有姑母去通告，倒省得自己再多費口舌了。

這次返京探親，是魯迅與許廣平結合後的第一次離別，思念之心甚於初戀時分，遠隔千里，依然只能靠書信傳情。看他們相互間那無比親昵的稱呼，便可感受到如火般熾熱的柔情。許廣平稱魯迅爲「姑哥」、「小蓮蓬」、「小白象」——林語堂曾說，魯迅對於中國，猶如白象那樣的珍稀動物般可貴——她還在信紙上隨手畫了一隻精緻的小象；魯迅稱許廣平「乖姑」、「小刺蝟」、「小蓮蓬」——稱她爲「小蓮蓬」的確恰如其分，因爲她的腹中正藏著「小蓮子」呢！魯迅的箋紙都是特地從琉璃廠精選的，有一張上面印著兩隻雅致的蓮蓬。魯迅的落款往往也是一隻手繪的小象，只不過許廣平畫得接近寫實，而魯迅畫得趨於寫意。

魯迅歸心似箭，在家裏只待了不到二十天的時間，便匆匆南下返回上海了。

三年以後，也就是一九三二年十一月，因母親患病，魯迅再次北上。待母親痊癒後，他便返回上海，前後只有十六天。那是他與許廣平的第二次也是最後一次短暫別離。

「回眸時看小於菟」

最後的歲月——上海的魯迅故居

一九二九年九月二十六日，許廣平臨產。她屬於高齡產婦，產程極爲艱難，幾度出現危機。醫生甚至徵求魯迅的意見，要他決定留大人還是留孩子。魯迅毫不猶豫：「留大人！」

直至第二天早晨，孩子終於呱呱墜地，魯迅這才長長地出了口氣。他給兒子起的名字叫「海嬰」——他是個在上海出生的嬰兒嘛！如果大了不喜歡這名字，也可以自己改過。

如多年後海嬰所說：「我是意外降臨於人世的。原因是母親和父親避孕失敗。」魯迅自己也曾對朋友發過感慨：「我不信人死而魂存，亦無求於後嗣，雖無子女，素不介懷。後顧無憂，反以爲快。今則多此一累，與幾只書箱，同覺笨重，每當遷徙之際，大加擘畫之勞。但既已生之，必須育之，尚何言哉。」他還說：「生今之世，而多孩子，誠爲累墜之事，然生產之費，問題尚輕，大者乃在將來之教育，國無常經，個人更無所措手，我本以絕後顧之憂爲目的，而偶失注意，遂有嬰兒，念其將來，亦常惆悵，然而事已至此，亦無奈何，長吉詩云：己生須己養，荷擔出門去，只得加倍服勞，爲孺子牛耳，尚何言哉。」

魯迅說的是肺腑之言。生兒雖難養兒更難——經濟負擔是次要的，最大的問題是「將來之教育」。所以他與許廣平先前並沒打算要孩子，用當下一個時髦的詞兒來說，他們是想當「頂客族」的。但是，孩子還是出乎意料地來了，這時他們才突然發現前人說的話很有道理：一個家，需要有了孩子才算完整、才算幸福。當然，「幸福」包含著許多事先未曾料到的內容。幾年前，魯迅曾經寫過一篇小說，名字就叫《幸福的家庭》，如今，他才眞正體會到這家庭的「幸福」該有多麼複雜。

本來醫生勸過他們，最好找一位奶娘，可魯迅一定要自己料理，後來他發現這完全是自討苦吃。

魯迅是相信科學的，他的育兒知識自然也完全依照書本。書上說嬰兒應當按時餵奶，魯迅嚴格遵照執行：不到時間，即使海嬰餓得大哭，也堅持不餵；可到了該餵的鐘點，小傢伙偏偏又正在熟睡，想餵又餵不成了。如此折騰，母親奶水失常，孩子自然消瘦，他還認爲瘦些無妨，只要沒病就好。還是醫生發現他們的哺育有問題，趕緊採取措施、添加營養，孩子才漸漸胖了起來。

給嬰兒洗澡更是麻煩，兩個人忙得手忙腳亂，弄不好還是造成感冒。最後只好雇了一位護士幫忙。魯迅終於對自己失去了信心，對許廣平說：讓護士洗算了，否則把孩子搞病了，還要花更多的錢，我多寫兩篇文章就好了。

讓魯迅和許廣平沒想到的是，雇人不僅是多花錢的事兒，有時也會惹出意外的麻煩來。

海嬰出生後不久，魯迅託人找了一位保姆，名叫王阿花。阿花是浙江人，模樣周正，手腳勤快，幹活麻利，對孩子也十分用心。據她說，是因爲無法忍受丈夫的虐待毒打才逃出來做工

四川北路路口，對面中國工商銀行所在的小樓就是原先的內山書店，那假三層樓上，是魯迅多次避難的地方。

的，魯迅夫婦很是同情。阿花性格也挺好，一邊哼著山歌一邊就把活兒幹了，只是有時會顯得有些神經質，一有風吹草動——比如門外出現生人或是有客敲門，她就像見了鬼似地驚慌失措，拔腿就往樓上跑，似乎想找個什麼地方藏起來。這樣的情況越來越頻繁，很讓人感到詫異。不過，後來魯迅夫婦發現，阿花的異常反應確屬事出有因：對面一排房子的後門裏最近總有不少人，似乎要出什麼事情。果然，阿花臉色煞白地跑過來說：她的丈夫就在對家，似乎要來搶人——那男人也的確有些辦法，居然能查到阿花的下落，而且帶了不少人來。如果真的動起手來，難免驚動四鄰甚至警方，那問題就大了。魯迅挺身出面論理，對方有些畏懼，但又不肯甘休，竟找到所謂的「同鄉會」前來要人，也被魯迅斥退。如此阿花躲在家裏不敢出門，對方也不敢擅自闖入宅中，僵持數天，魯迅甚至請了律師，準備打官司了。終於有一位鄉紳出面調停，見面時才發現，他原來在北京大學讀過書，曾與魯迅多有來往。既然大家都是熟人，問題似乎就不難解決了。不料，對方所說的話，卻完全出人意料。據說，阿花的丈夫表態，原先是要把她搶回去的，現在既然東家喜歡而要留下，也不能勉強，只要可以補貼一些銀錢，他自己回去再另娶一房媳婦便是了。鬧了半天，還是對方誤解了，以爲魯迅要將阿花收爲小妾呢！在鄉下人看來，城裏的闊人有錢娶個小老婆，應當是很正常的事情。魯迅聽後不禁大笑。再徵求阿花的意見，她堅決不肯回去。經那鄉紳調解，議定贖身費爲一百五十元，由魯迅替她付出，以後再從她的工資裏陸續扣除。事情如此收場，應算十分圓滿。不久以後，阿花似乎有了自己的愛人，便自行離去了，但依然歸還了所欠的錢款。

這個插曲似乎是節外生枝的小故事，倒也從側面說明一個問題。此次魯迅明知會有「納妾」的流言，卻處理得大膽果斷，說明他所顧忌的不是憑空臆造的謊說，而是那些似是而非眞假參半的「事實」。

海嬰漸漸長大了，是在父母的百般撫愛下長大的——或者說，是在他們的溺愛下長大的。他是他們的第一個兒子，也是唯一的兒子，如何能夠不愛他？

爲了怕自己的香煙味道刺激孩子，魯迅索性把書房搬到一樓的會客室。夜裏，他和女傭及許廣平排好時間，輪流值班看護孩子。孩子在他的臂彎裏睡著了，他捨不得放下，依然抱著、搖著，嘴裏還哼著一些自編的奇怪歌謠。他把這孩子叫「小紅象」——因爲許廣平叫魯迅爲「小白象」。「小紅象」是「雅稱」，還有不太好聽的「愛稱」——「狗屁」，他們心愛的「小狗屁」……

海嬰「出生一百日」那天，一家三口興沖沖地去照相館留影紀念。那幅照片拍得很有意思：海嬰居中，許廣平一雙手把他摟得緊緊的，魯迅靠在旁邊，回首關注地看著兒子，一隻手還小心地搭在旁邊，似乎生怕有什麼閃失。這不能不讓人聯想到魯迅後來所寫的那首《答客

1930年1月4日，魯迅日記：“海嬰生一百日，午後同廣平挈之往陽春館照相。”這應當是他們全家的第一次合影，也是魯迅與許廣平第一次沒有“外人”參與的合影。（攝自北京魯迅博物館）

詣》——有人說魯迅過於溺愛孩子，他藉此一抒情懷：

無情未必真豪傑，
憐子如何不丈夫？
知否興風狂嘯者，
回眸時看小於菟。

——即使是「興風狂嘯」的老虎，也有憐子之心，何況魯迅乎？

魯迅在景雲里騰挪數次，幾處住室都處於同一排樓房，而環境始終沒有得到徹底改善。那裏位於外國租界與中國轄區交界處，社會秩序有些混亂。他們在二十三號居住的時候，附近曾經發生綁匪與員警激烈槍戰的事情，流彈甚至打穿了魯迅家的玻璃窗。後來兩名綁匪被當場擊斃，一名洋人巡警也不幸陣亡，由此可以想見當時驚心動魄的情形。在魯迅一家遷居十七號前的裝修期間，還發生一件意外：竟有竊賊破門進入十七號屋中，企圖尋機偷盜。當時十七號還沒有人住，小偷的目標自然是相通的十八號。不料魯迅習慣在夜間工作，時而下樓燒水沏茶，時而去茅廁小解，不僅書房裏的電燈徹夜未熄，其他房間也經常燈火通明。小偷苦苦藏了一夜而無法下手，心中不平，悻悻離去之前，居然在樓梯上拉了一大泡稀屎以示抗議，讓人氣不得惱不得。而他們剛搬進十七號不到兩個月，臨街突然發生火災，四鄰躁動，幸虧火頭很快就被撲滅了。最可氣的是，原先那個律師家的頑童，惡習不改，繼續搗亂，有一次，竟在夜裏把浸透煤油的引火紙頭從敞開的窗戶扔進魯迅家裏存放的木柴堆上，幸虧紙頭自己熄滅了，否則非引起火災不可。

如此下去，總不是長久之計，他們只有考慮再次搬家了。在日本友人內山完造的幫助下，魯迅一家於一九三〇年五月十二日遷至北四川路北端的一處公寓住下。

這裏要簡略地提一下內山完造。他是一個日本商人，在北四川路開了一家「內山書店」。一九二七年十月，魯迅剛到上海的第三天，去北四川路附近訪友未遇，偶然走進這家書店，一下子就買了二十五本書，並與內山完造初次相識。從此，他們便結下了深厚而長久的友誼。當時中日關係緊張複雜，而內山完造雖然是個日本人，卻爲人正派，對魯迅極爲敬佩。後來他說，能與魯迅相識，是他「一生的幸福」。魯迅對內山完造也相當信任，他臨終前的最後一封短箋，便是寫給內山完造的。

充滿“洋味兒”的多倫路。由其北口出去向東拐彎，走不多遠就是拉摩斯公寓。

拉摩斯公寓

最後的歲月——上海的魯迅故居

魯迅這次搬家，更主要的原因是出於對安全的考慮。

來到上海這幾年，目睹日益黑暗的社會，魯迅心中充滿憤怒。在唯物主義理論的影響下，他的思想發生了十分巨大的變化。最重要的表現，是他參加了更多的社會活動。一九三〇年二月，魯迅參加中國自由運動大同盟，並被列爲發起人之一；半個多月後，又當選爲剛剛成立的中國左翼作家聯盟（簡稱「左聯」）的執行委員。由於這些組織與中國共產黨有密切的聯繫，立刻引起當局的注意，並迅速予以鎮壓。

自由運動大同盟剛成立了幾天，國民黨上海市黨部執委、教育局長陳德徵曾公開宣稱：「反革命者是不許有自由的。一切反革命如果用他們的口或筆來宣傳破壞全體國民的自由的時候，我們爲民族和國家計，就應當斬釘截鐵地不許他們有個人的自由！」——在國民黨當權者眼裏，反抗他們的統治就是「反革命」；而「全體國民」、「民族和國家」則永遠是掩飾其罪惡的遮羞布！

隨即，國民黨中央執行委員會宣傳部「呈請常會函國府令飭上海及各省市查封其機關並通緝其主持人在案」。該部自三月二十四日至三月二十九日的工作小結中記有具體的工作內容：「令浙郵檢所密查中國自由運動大同盟宣言」並「通令查禁」該宣言。而國民黨浙江省黨部則以參加自由運動大同盟為由，「呈請通緝墮落文人魯迅等五十一人」。

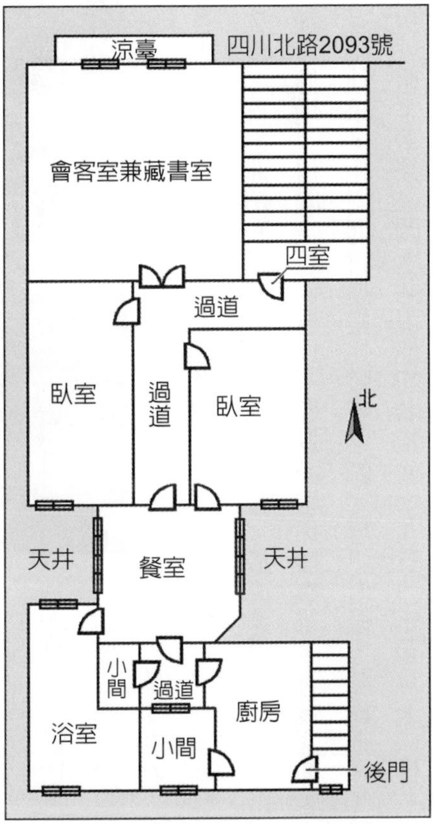

四川北路2093號拉摩斯公寓魯迅故居示意圖。魯迅於1930年5月12日至1933年4月11日在此居住。（根據《魯迅生平史料彙編》插圖重繪）

「左聯」成立後，也立刻被列入取締名單。國民黨中央執行委員會正式批准宣傳部的呈請，由秘書處下發一五八八九號「公函」實施執行。宣傳部的報告中聲稱，自由運動大同盟、「左聯」等「反動組織」均為「共黨在群眾中公開活動之機關」，「應一律取締……並抄送該項反動分子名單，呈請鈞會密核，轉函國民政府密令淞滬警備司令部及上海市政府會同該市黨部宣傳部嚴密偵查各該組織之機關，予以查封，並緝拿其主謀分子，歸案究辦」。

在那殺氣騰騰的「反動分子」名單中，魯迅的大名赫然在列。

四川北路2093號拉摩斯公寓舊址。魯迅在給許壽裳的信中曾寫道："弟寓為'北四川路'（電車終點）一九四A三樓四號。"

所幸，魯迅在此之前已經得知通緝的傳聞，他本人倒沒當回事兒，說：如果眞的要抓，就用不著下通緝令了。還是許廣平和朋友們擔心催促，他才躲到內山書店的假三層樓上住了一個來月，風頭剛過就回家了。那期間，正値海嬰六足月，魯迅竟冒著危險與許廣平帶孩子去福井寫眞館照相留念。由於海嬰還小，無法直立，魯迅蹲在桌子後面用手扶著，才拍了一張站著的照片。

景雲里已經不可久留，魯迅連續看了幾處房屋都不理想，最後還得求助於內山完造。恰好內山完造的一位朋友遷居外地，房間空著；居民不像景雲里那樣複雜，有幾家鄰居，除了日本人便是英國人，平時互不往來，相對而言還是比較安全的。魯迅看後，認爲很好。於是內山完造便以自己的名義把房子租了下來，門上貼著他的名片。一九三〇年五月十二日，魯迅一家冒雨遷入新居。

這是一座名爲「拉摩斯公寓」的四層樓房，魯迅一家住在三層。房間不少，有兩間臥室，獨立的會客室、餐室、浴室和廚房，北面還有一個涼臺。就居住條件而言，也許是魯迅所住過的最寬敞舒適的地方了。當然，其租金想必不菲。

當時，魯迅的經濟狀況還算寬裕。除了稿酬、版稅、編輯費等等，還有一筆穩定的收入——那是蔡元培努力的結果。一九二七年十月，即魯迅前來上海的當月，國民政府在南京設立大學院，蔡元培任院長，經他所邀，魯迅被聘爲大學院的特約著述員。這「特約著述員」是「聘國內在學術上有貢獻而不兼有給職家充之，聽其自由著作，每月酌送補助費」。也就是說，大學院對於特約著述員，不要求承擔任何義務，不僅「聽其自由著作」，還能月月領取補助，這對於那些特立獨行而又經濟窘迫的學者來說，眞是一大福音。

那「補助費」相當可觀，每月有整整三百元呢！

一九二七年十二月，魯迅收到了大學院的聘書及當月「薪水」三百元（後來他在日記中記爲「編輯費」）。從那時開始，數年之間——包括大學院改稱教育部之後——從未中斷。

有意思的是，即使魯迅以「反動分子」的身份被政府通緝期間，仍能按月收到該政府教育部寄來的這筆錢——那時候就會有如此奇怪的事情。直到一九三一年十二月，儘管早已卸任的蔡元培努力爭取，魯迅還是被裁撤。雖然如此，十二月三十一日，他仍收到了當月及補發的十一月「編輯費」共六百元。對於蔡元培的關照，他是十分感激的。

如今許多人對魯迅的收入情況很感興趣，認爲他是當時的「文壇富豪」。如此說法，實在片面。說來魯迅在上海初期的收入的確可觀。據他的日本友人增田涉說，魯迅當年的書籍版稅爲百分之二十五，是國內最高的版稅。但書店或出版商經常拖欠稿酬或版稅，就連合作多年的北新書局也時常賴賬，經年累計，竟達數萬元之多。魯迅忍無可忍，怒而聘請律師，意圖依靠法律手段解決此事。書局方面這才慌了手腳，連忙四方懇求朋友出面調解，最後達成分批償還的協議。

由此可知，魯迅的生活雖然不致拮据，但也難以達到「富豪」的程度。我們不妨舉幾個具體的例子。

一九二九年九月，由於海嬰出生，是魯迅經濟支出較多的一個月。根據魯迅日記，當月各種開支（不包括日常食宿費用）累計近一千四百元，所幸有幾項大的收入：一是教育部準時寄來的三百元，二是大江書店支付的三百元版稅，第三項也是最多的一筆收入，是北新書局根據協定首批支付的二千二百元版稅——幸虧有這筆補償款救急，才使得這個月不僅沒有虧空反倒有所結餘。

增田涉是一九三一年三月初抵上海，經內山完造介紹與魯迅相識。爲了將《中國小說史略》翻譯成日文，在接下來的幾個月裏，增田涉幾乎每天都要到魯迅家中聽其講讀該書，他們也由此成爲極好的朋友，增田涉對魯迅的生活狀況自然會有深入的瞭解。他說，魯迅平均每月的家庭開支大約是四百元，其中生活費二百元、給北京家中的生活費一百元、購書費一百元。其實，這只是正常的情況，並沒有計算許多意外的支出。就以一九三一年三月爲例——那時魯迅為躲避搜捕攜全家在外暫居，於二月底剛剛回到寓所——當月魯迅的全部收入只有教育部寄來的三百元（這還是前一年十一月的欠款），而兩天後他便全部寄往北京，作為母親及朱安四月至六月的生活費。魯迅在日記裏所列的其他支出有七四・五十五元，絕大多數是用於購書；但他沒有記述生活開銷的具體數目——人總是要吃飯喝水看病的，若是算上生活費用，這個月可是大大地超支了。

所以，熟識的人都知道，魯迅日常十分儉樸，抽最便宜的香煙，用最便宜的毛筆。從他留下的照片可以看到，他的衣著，常年都是一襲長衫。唯有兩張照片顯得少見的瀟灑：下身西褲、紮皮帶，上身是毛背心和開襟毛衣——那毛衣和毛背心都是許廣平手織的。不過，有幾件事情魯迅從不吝嗇錢財，第一是給兒子買東西，第二是購書，第三是救助朋友。當然，他也喜歡美食、喜歡看電影，這點奢侈，他還是能夠承受的。

從一九三〇年到一九三一年，隨著社會環境的惡化，魯迅的境況也日益艱難起來。一九三一年一月，國民黨政府公佈《危害民國緊急治罪法》。就在這個月的十七日，青年作家、中共地下黨員柔石被捕。他前一天晚上因為出版的事情剛到魯迅這裏來過，魯迅還抄了一份舊的合同給他參考，他被捕的時候，那合同放在衣服口袋裏而沒有來得及銷毀。三天後，魯迅得到消息，聽說官廳正在查找線索。情況緊急，他連夜燒掉朋友們的信件，和許廣平帶著海嬰悄悄躲進了附近一家不大的旅館，一直住了一個多月。

避難期間，魯迅見到了柔石在獄中寫給同鄉的信件，上面寫道：「我與三十五位同犯（七個女的）於昨日到龍華。並於昨夜上了鐐，開政治犯從未上鐐之紀錄。……此事可告周先生；

山陰路原大陸新村的弄堂。

望周先生勿念，我等未受刑。捕房和公安局，幾次問周先生地址，但我哪裏知道。諸望勿念。祝好！」

其實，柔石完全清楚魯迅的地址，他所說的「我哪裏知道」，是明確地向魯迅承諾：無論敵人如何逼問，他是絕不會說出去的！

魯迅和朋友們還沒來得及設法營救，二月七日深夜，柔石等五位左翼作家及其他「政治犯」共二十四人在上海龍華警備司令部被秘密殺害，柔石一人便身中十彈！

就在那個月，僅國民黨政府在各地集中捕殺的由蘇聯回國的學生就有五六十人；當局宣稱：「北平、天津共產黨員不多。此次幾已將其幹部一網打盡。」

柔石被害的消息傳來，魯迅無話！

深夜，魯迅還在旅店的小院裏徘徊。憤怒與悲傷，化爲一首小詩：

慣於長夜過春時，
挈婦將雛鬢有絲。
夢裏依稀慈母淚，
城頭變幻大王旗。
忍看朋輩成新鬼，
怒向刀叢覓小詩。
吟罷低眉無寫處，
月光如水照緇衣。

未經其事，難解其情。這首詩，我曾經讀過許多次，印象雖深，卻並沒有眞正理解。唯有今天寫至此處，讀到「忍看朋輩成新鬼，怒向刀叢覓小詩」這句，突覺戰慄。當年魯迅那種欲言無聲、欲哭無淚的痛苦心情，浸透了這筆筆見血的十四個字，沉重如同千鈞巨石啊！

柔石等人被害的龍華刑場。“天氣愈冷了，我不知道柔石在那裏有被褥不？我們是有的。洋鐵碗可曾收到了沒有？……但忽然得到一個可靠的消息，說柔石和其他二十三人，已於二月七日夜或八日晨，在龍華警備司令部被槍斃了，他的身上中了十彈。……這是怎樣的世界呢。夜正長，路也正長，我不如忘卻，不說的好罷。但我知道，即使不是我，將來總會有記起他們，再說他們的時候的。”——魯迅：《為了忘卻的紀念》

刀叢下

最後的歲月——上海的魯迅故居

柔石並不是魯迅所認識的第一位共產黨人，早在廣州的時候，他就和許多共產黨員有過接觸，不過，那時還並沒有深入的瞭解。如他自己所說：「我在廈門，還只知道一個共產黨的總名，到此以後，才知道其中有CP和CY之分。」

到上海以後，他接觸了更多的共產黨人，深爲他們堅韌頑強的精神所折服。比如，紅軍將領陳賡在上海療傷期間，就曾秘密到拉摩斯公寓魯迅家中拜訪，並介紹了蘇區革命根據地的情況。著名共產黨人瞿秋白與魯迅更是結下很深的友誼，由於黨的地下機關常被破壞，他曾兩次到拉摩斯公寓魯迅家避難。在那期間，瞿秋白寫了好幾篇雜文，都是以魯迅常用的筆名發表，後來被魯迅收入自己的雜文集。魯迅當時還書贈瞿秋白一副對聯，寫的是清代文人的詞：「人生得一知己足矣，斯世當以同懷視之。」

一九三三年七月，魯迅遷到大陸新村後不久，瞿秋白第三次到魯迅家避難。第二年，瞿秋白自上海前去中央根據地；一九三五年二月在福建上杭被捕，六月十八日於長汀被害。

魯迅得知消息，極爲悲憤。他用了很長的時間，將亡友的譯文匯輯成集，編爲《海上述林》上、下兩卷，由於不能直署瞿秋白的名字，出版時書脊上寫的是「STR」三個拉丁字母，出版者爲「諸夏懷霜社校印」。魯迅的這種設計自有其意：「STR」是「史鐵兒」三字拉丁字母注音的第一個字母，而「史鐵兒」是瞿秋白用過的筆名。「諸夏」出自《論語》，意爲「中國」；「霜」是瞿秋白的原名（他後來曾改爲「爽」）；「諸夏懷霜」，意思就是「中國懷念瞿秋白」啊！

2009年清明節前夕，有人在龍華烈士陵園的柔石等烈士墓前獻上鮮花。

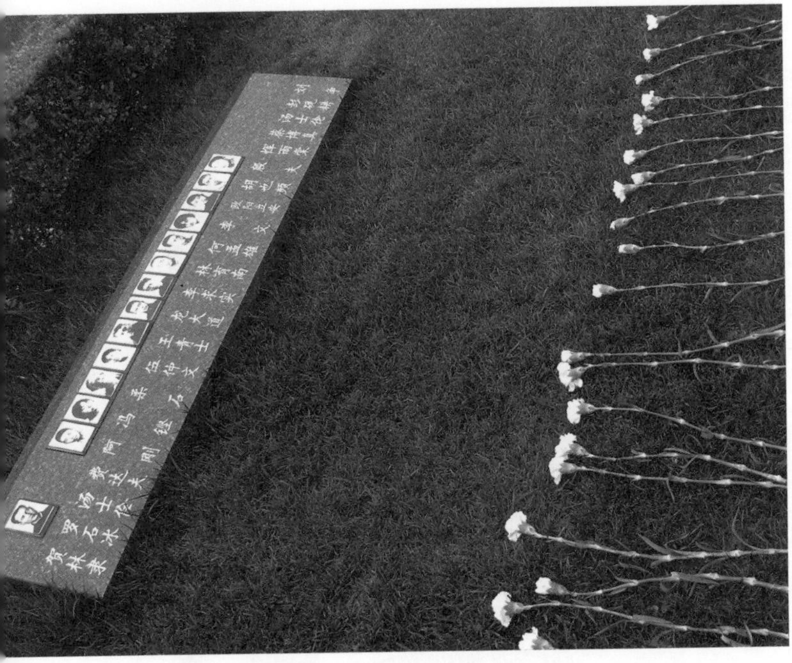

瞿秋白遇害的前一年，魯迅曾經寫過這樣一段話：

> 我們從古以來，就有埋頭苦幹的人，有拼命硬幹的人，有為民請命的人，有捨身求法的人，……雖是等於為帝王將相作家譜的所謂「正史」，也往往掩不住他們的光耀，這就是中國的脊樑。
>
> 這一類的人們，就是現在也何嘗少呢？他們有確信，不自欺；他們在前仆後繼的戰鬥，不過一面總在被摧殘，被抹殺，消滅於黑暗中，不能為大家所知道罷了。

陰路132弄9號的魯迅故居。魯迅在給友人的信中寫為“施高塔路大陸新邨第一弄第九號”，並詳細說明“大陸新邨去書店不遠，一進施高塔路，即見新造樓房數排，是為‘留青小築’，此‘小築’一完，即新邨第一弄矣。”魯迅於1933年4月11日遷來，1936年10月19日在此逝世。

這一段話，簡直就是爲瞿秋白預備的！

魯迅自己，也正是這樣的人。

不過，即便有「埋頭苦幹、拼命硬幹、爲民請命、捨身求法」的勇氣，有前仆後繼戰鬥的意志，但想要做到眞正的戰鬥，卻並非易事。因爲有時候那「戰鬥」完全是一場敵友難辨的混戰。

魯迅的「罵人」是有名的，但人們應當知道，他的被罵遠超出他的「罵人」。生前被罵：一人幾人罵不過，就聯手群罵，在混亂中總能設法占些便宜；死後更是被罵：罵死人最安全，還能藉此顯示自己的高明！但是，魯迅被罵了這麼久，從八十多年前一直被罵到現在，卻從來沒有被罵倒過。那原因的所在，一方面是罵人者手段太拙劣無損對方卻暴露了自己的品格低下，另一方面則是空槍虛彈妄造聲勢其實自己完全不堪一擊。在我看來，如今許多自詡爲專家學者的「罵魯派」，甚至沒有讀過幾本魯迅的書，更不瞭解早年「罵魯派」們的種種表現——比起他們的陰毒與瘋狂，如今的「罵魯派」連「小兒科」都算不上。

耐人尋味的是，魯迅當年不僅面臨反動當局的通緝追捕、流氓文人的造謠污蔑，還要應付來自所謂「自己陣營」裏的明槍暗箭。他初到上海的第一場「戰鬥」，對手竟是一批「革命文學家」——他們的辭彙，遠比如今的「罵魯派」豐富多了：「紹興師爺」、「封建餘孽」、

山陰路132弄9號的門牌，原門牌為施高塔路130弄9號。蕭紅曾寫道：“在鐵門外邊，魯迅先生說，並且指著隔壁那家寫著有茶字的大牌子：‘下次來記住這個茶，就是這個茶的隔壁’，而且伸出手去，幾乎是觸到了釘在鐵門旁邊的那個九號的‘九’字，‘下次來記住茶的旁邊九號’。”

山陰路魯迅故居的庭院。蕭紅曾寫道：“前門一打開有一個一方丈大小的花園，花園裏沒有什麼花看，只有一棵很高的七八尺高的小樹……沿著牆根，種了一排玉米……有一次我和許先生在小花園裏一道拍一張照片，許先生說她的紐扣掉了，還拉著我站在她前邊遮著她。”

「陰陽臉的老人」、「老頭子的確不行」、「老態龍鍾的亂舞」、「暴露了自己的朦朧與無知，暴露了知識階級的厚顏，暴露了人道主義的醜惡」、「資產階級最良的代理人」、「二重的反革命的人物」、「不得志的法西斯蒂」……魯迅不甘示弱，自然要出手反擊，他曾對友人說：「冠名文學家的言論行動，我近來覺得不足道了。一切伎倆，都已用出，不過是政客和商人的雜種法術，將『口號』『標語』之類，貼上了雜誌而已。近半年來，大家都講魯迅，無論怎樣罵，足見中國倘無魯迅，就有些不大熱鬧了。」後來，儘管這場「戰鬥」由於中共黨內領導的干預而告終止，但卻對魯迅造成了很大的傷害。

由於「左」傾路線的影響，當時中共黨內文藝工作存在許多問題。有人回憶，曾聽魯迅說過，時任中共領導的李立三與他談話，說黨要在上海搞一次大規模的示威遊行，要搞武裝鬥爭，而魯迅是有名的人，所以要請他帶隊，還要發給他一支槍；魯迅答道：我沒打過槍，要我打槍打不倒敵人，肯定會打了自己人。這件事情的回憶者說：「這是魯迅把當時談話內容漫畫化了。」據說，實際的談話內容，是李立三要求魯迅公開發表一個宣言支持他的路線，而被魯迅婉言謝絕了。魯迅說：發表宣言不難，但是那樣一來自己就難以在國內待下去，只好到外國去當寓公；在中國還能打一兩槍，繼續戰鬥。魯迅雖然把這件事「漫畫化了」，倒很準確地反映了當時那種荒唐的認識，似乎「戰鬥者」手裏必須要持有一支子彈上膛的真槍！

其實，魯迅從來都是不贊成「赤膊上陣」的。當年許廣平作爲一個熱血青年寫信向魯迅求教，魯迅在第一次回信中便明確說過：「對於社會的戰鬥，我是並不挺身而出的，我不勸別人犧牲什麼之類者就爲此。歐戰的時候，最重『壕塹戰』，戰士伏在壕中，有時吸煙，也唱歌，打紙牌，喝酒，也在壕內開美術展覽會，但有時忽向敵人開他幾槍。中國多暗箭，挺身而出的勇士容易喪命，這種戰法是必要的罷。但恐怕也有時會迫到非短兵相接不可的，這時候，沒有法子，就短兵相接。」

因此，與其把魯迅推爲「偉大的旗手」，不如說他更像（或他本人更願意成爲）一個槍法高明的狙擊兵。他從不赤膊上陣，從不打無準備之仗，他只是伏在壕塹中觀察，看準目標，一槍命中。

魯迅並不是怕死鬼。需要短兵相接的時候，「沒有法子，就短兵相接！」

一九三二年十二月，宋慶齡、蔡元培、楊杏佛、黎照寰、林語堂等人發起組織「中國民權保障同盟」，以爭取民主權利、反對政治迫害爲宗旨。魯迅也積極參加，並被選爲上海分會的執行委員。民權保障同盟開展了大量工作，大大激怒了統治者，反動當局突下毒手，於一九三三年六月十八日將同盟的總幹事楊杏佛暗殺。魯迅得知消息，大爲震驚，他聽說楊杏佛被害之際用身子掩護車中同座的兒子而使其倖免遇難，更是敬佩。兩天後，楊杏佛的遺體在萬國殯儀館入殮。當局曾經放出風聲，要藉此時機繼續暗殺同盟的其他領導人，魯迅也在名單之內。但他毫不猶豫，按時前往，臨行前，特地把隨身的鑰匙交給家人，做好了一死的準備。

不過，他自己儘管不懼危險，卻常爲家人擔心。許廣平曾說，和魯迅一起上街很讓人苦惱不安，因爲他常常要許廣平到馬路對面走，而不肯並肩而行，爲的是一旦出事家人可以逃脫。許廣平無法執拗不從，卻不免更爲他的安全揪心。在她心裏，兩個人自然是應當共同面對風險的，眞有意外，也寧可一起赴難。

山陰路魯迅故居三樓陽臺。蕭紅曾寫道：“三樓則特別靜了，向著太陽開著兩扇玻璃門，門外有一個水門汀的突出的小廊子，春天很溫暖的撫摸著門口長垂著的簾子，有時候簾子被風打得很高，飄揚的飽滿的和大魚池似的，那時候隔院的綠樹照進玻璃門扇裏來了。……樓上樓下都是靜的了，只有海嬰快活的和小朋友們的吵嚷在太陽裏跳盪。”

魯迅的行蹤也的確需要特別小心。稍有風吹草動，必然謠言四起，要麼說他逃了，要麼說他病了，要麼說他終於被捕下獄了。以致魯迅經常要四處發信，向親友說明自己依然健在，以免他們擔心。對於那些走狗文人，魯迅深惡痛絕：「此輩心凶筆弱，不能戰，便大肆誣陷與中傷，又無效，於是就詛咒。眞如三姑六婆，可鄙亦可惡也。」

隨著文化圍剿的日益加重，魯迅的處境愈加惡化。爲了控制輿論，國民黨政府先後頒佈了《宣傳品審查條例》、《查禁反動刊物令》、《新聞法》、《出版法》等法令，還成立了專門的「圖書雜誌審查委員會」，一切圖書雜誌必須由其審查批准之後方可付印。魯迅的作品不斷被查禁，他的名字基本不能在報刊上出現。比如，一九三五年二月，國民黨中央黨部一次就查禁了一百四十九種書籍，其中魯迅的著作便有十二種。面對壓力，魯迅自有對策，其中一個辦法就是不斷變換筆名。不過，那些文化獵犬的鼻子異常靈敏，一個筆名用過幾次，往往就會有所察覺，魯迅只有及時更換。他在上海最後的幾年，使用過的筆名竟有一百多個。雙方似乎在進行一場激烈的智力遊戲。

查禁僅是方式之一，更可惡的是胡亂刪改，要麼掐頭去尾，要麼掏空中腹，要麼胡亂拼接，讓讀者看得莫名其妙，以爲作者是在頭腦發昏說胡話。魯迅自有對策，他在每年收文成集的時候，依據所存的底稿補齊內容，並在被刪過的文字下方加上黑點或橫槓註明。他的許多文集——如《僞自由書》、《准風月談》等等，都有長長的後記，用以說明文章的背景或是橫遭荼毒的情況。

他把這稱作「上了鐐銬的跳舞」。

大陸新村

最後的歲月——上海的魯迅故居

在拉摩斯公寓居住的那幾年，魯迅始終處於極不安定的狀態之中。一九三二年日寇發動「一・二八」戰爭，中方十九路軍奮起反擊，雙方激戰，流彈竟打穿了魯迅書房的玻璃。由於日本海軍陸戰隊司令部就在拉摩斯公寓對面，一月三十日凌晨，大批日軍闖入公寓搜查，說是有人在公寓裏放槍射擊，雖無所獲，卻搞得人心惶惶。當天下午，內山完造及時派店員來，將魯迅一家接到書店暫住。

一個多月以前，魯迅曾寫過一篇著名的文章《「友邦驚詫」論》，以辛辣的筆調，抨擊「國府」無恥鎮壓愛國民眾的行爲。正如他所說：「『友邦人士』，從此可以不必『驚詫莫名』，只請放心來瓜分就是了。」如今戰火已經燃到了家門口，魯迅憤慨萬分，幾天後，他與數十位中國文化界人士聯名發表「告世界書」，抗議日本發動的侵略戰爭。

內山書店位於北四川路口，同樣處在危險地區。魯迅一家在這裏住了一個星期之後，又與周建人全家一起遷到英租界內的書店支店。不料海嬰突發疹子，他們只得再找了一家比較暖和的旅館住下。

山陰路魯迅書房寫字臺。蕭紅曾寫道：“魯迅先生的寫字桌，鋪了一張藍格子的油漆布，四角都用圖釘按著。桌子上有小硯臺一方，墨一塊，毛筆站在筆架上，筆架是燒瓷的，在我看來不很精緻，是一個龜，龜背上帶著好幾個洞，筆就插在那洞裏。魯迅先生多半是用毛筆，鋼筆也不是沒有，是放在抽屜裏。桌上有一個方大的白瓷的煙灰盒，還有一個茶杯，杯子上戴著蓋。……左手邊的桌角上有一個帶綠燈罩的檯燈，那燈泡是橫著裝的，在上海那是極普通的檯燈。”　（攝於廣州魯迅紀念館）

這次避難的時間長達一個多月，直至三月十九日才返回寓中。只見門牆多有彈孔，窗戶竟有四處被彈片穿破，十一塊玻璃被震碎，還有竊賊趁火打劫，偷去不少衣物。不過，比起周建人家裏來說，總要好得多了，周建人在景雲里的住房竟被炸毀了一小半，已經無法居住，只能去法租界另尋住處。

拉摩斯公寓地處險境，不可久居，魯迅曾打算去北平住一段時間，因旅費不菲，只能作罷；又想去英法租界租屋，也沒有辦成。對他來說，一九三二年可謂事事不順：由於教育部的三百元「編輯費」已經停發，收入銳減，而支出陡增，魯迅的經濟狀況日顯窘迫。他在給朋友的信中寫道：「至於生活，則因書店銷路日減，故版稅亦隨之而減，此後如何，殊不可知……」

他曾寫過一首著名的《自嘲》：

運交華蓋欲何求？
未敢翻身已碰頭。

破帽遮顏過鬧市，
漏船載酒泛中流。
橫眉冷對千夫指，
俯首甘為孺子牛。
躲進小樓成一統，
管他冬夏與春秋。

後人把詩中的「孺子」解釋爲「無產階級和人民大衆」，這是昇華到政治的高度了，自有其道理。不過，這詩作於一九三二年十月十二日，也有些特殊的背景。那天中午，郁達夫、王映霞夫婦設宴款待魯迅夫婦及柳亞子夫婦等人，魯迅書贈柳亞子此詩。長期以來，魯迅處境十分險惡，既遭反動當局通緝，還被各方文豪「圍剿」；他和海嬰又相繼得病，連續一兩個月的時間，一家人幾乎天天要往醫院跑；更不必說此後不久又傳來老母親得病的消息，魯迅只能拋下病兒由許廣平照看，自己匆匆北上探視。眞是「華蓋」當頭！艱難時節，好友相聚，魯迅是有感而發——世道險惡，災禍難避，唯有與朋友在一起的時候才最爲舒心，唯有自己的這個家，才是最安全、最溫暖的屏障，是他得以躲進去「自成一統」的小樓；那詩中的「孺子」，也未嘗不可理解爲直言自己「同病相憐」的「兒子」嘛！

經歷了一年的動盪，一九三三年的農曆除夕，總算過了一個平安的大年夜。晚餐過後，魯迅帶著兒子海嬰攀上樓頂，大放爆竹煙花。想到前一年的除夕，適逢戰亂，全家正在內山書店避難，連日記也被迫中斷；第二天大年初一，他們與周建人全家逃往英租界的內山書店支店，「十人一室，席地而臥」，何等驚惶狼狽！今昔相比，魯迅頗爲感慨。聽著四外此起彼伏的爆竹聲，他在日記中寫道：「蓋如此度歲，不能得者已二年矣！」

第二天是農曆癸酉年元旦，他還戲賦一詩，本是書贈內山完造的，因爲寫得不滿意，「已而毀之」，又改了幾個字寄給別的朋友了。詩爲：

雲封高岫護將軍，
霆擊寒村滅下民。
到底不如租界好，
打牌聲裏又新春。

由於海嬰體弱，經常患病，而拉摩斯公寓的住宅採光不好，必須儘早換一個環境。這次依然是由內山完造幫忙，找到了一處比較理想的房子。

一九三三年四月十一日，魯迅一家搬到施高塔路的大陸新村一弄九號居住。由於始終有「通緝令」的陰影籠罩，魯迅一直需要隱瞞自己的眞實身份，所以，他是以內山書店職員的身份住進來的，連戶口都沒報。至於交房租、付水電煤氣費、收發信件等日常事務，都由內山書店代辦。後來海嬰到了讀書的年齡，入學時需要登記家長的姓名，魯迅不得已而給自己取了個名字叫「周裕齋」。

山陰路魯迅故居一樓客廳。蕭紅曾寫道：“魯迅先生的客廳裏擺著長桌，長桌是黑色的，油漆不十分新鮮，但也並不破舊，桌上沒有鋪什麼桌布，只在長桌的當心擺著一個綠豆青色的花瓶，花瓶裏長著幾株大葉子的萬年青，圍著長桌有七八張木椅子。”（攝於廣州魯迅紀念館）

上海的租界基本分為兩大部分，一個是由英、美兩國租界聯合而成的公共租界，一個是屬法國控制的法租界。外國勢力在他們所控制的租界區內，掌握著全部行政權力，儼然是「國中之國」。由於租界地的特殊性質，使其基本不受中國當局的影響和干涉，倒給一些政治避難者提供了較好的庇護。

在上海的租界中，虹口地區有些特殊。由於日本駐上海領事館設在該地，日本僑民不斷湧入，至二十世紀初，日僑已在當地佔有絕對優勢。二十世紀二〇年代中期，日本派遣海軍陸戰隊進入，基本控制了當地的管轄權力，因此被稱為公共租界中的「日本區」。

大陸新村地處日本區內居中位置，相對安全一些。嚴格說來，這一帶是當初外國勢力越出規定範圍修築馬路時佔用的地域（即所謂的「越界築路」），被稱為「半租界」，因此魯迅後來給自己的文集取名「且介亭」，即將「租界」二字各取了一半。

新居的環境不錯，起碼要安靜得多。這裏共有六排紅磚牆體的三層樓房，每戶前面都有一個小小的院子，各家單獨出入。從外觀看，很像如今的連體別墅，只是規模要小得多。魯迅所住的那排房子本來位於最南面，前面還有一塊曠地，夏日雨後蛙聲四起，倒也有趣。不過，在他們入住後的第二年，那曠地上又蓋了新屋，場地自然有些狹窄了。

遷入大陸新村之後，稍顯安定，魯迅更加忙碌起來。

如今許多人只知魯迅是位作家，還不知他是位翻譯家、編輯家、出版家，同時兼有校對、編務、美編、裝幀設計等等不少「職務」——許多書刊的封面圖案，都是他親筆手繪的。他已經是一位在國內外享有盛譽的名人，必然還要參加許多社會活動，這對他來說很危險，因為他畢竟還是一個正被通緝的「墮落文人」，隨時都有被捕的可能。

儘管忙碌，有一件事情是魯迅從不鬆懈的，那就是對青年的提攜——尤其是那些初出茅廬而又確有才華的青年，只要他們求助，魯迅從不拒絕。既要出錢，還要出力，審閱稿件、作序、寫跋、聯繫出版、協助校對……這些繁雜的工作，占了魯迅很多時間。

說來感人，雖然常有吃虧上當的事情發生，魯迅對青年的呵護卻始終熱情不減。像蕭軍與蕭紅的故事，就是一個典型的例子。

「二蕭」是東北人，一九三三年，他倆出版了小說散文合集《跋涉》。後因東北形勢日益惡化，他們於一九三四年六月離開哈爾濱前往青島，在那裏，蕭軍繼續寫他在哈爾濱時就已經開始動筆的著名長篇《八月的鄉村》，蕭紅也寫出了她的中篇小說《生死場》。不過，蕭紅當時還沒有想好書名，《生死場》這個名字是後來由胡風起的。

在一位朋友的鼓勵下，蕭軍大膽地給他一向敬仰的魯迅先生寫信，希望得到指導與幫助。魯迅的地址也是這位朋友提供的，是上海北四川路的「內山書店轉交」。

魯迅與蕭軍素不相識，也無人事先介紹。出乎蕭軍意料的是，魯迅在接信後的當晚，就馬上寫了回信，答覆了他所提出的一些問題。

一九三四年十一月，「二蕭」抵達上海。不久後，他們在內山書店見到了仰慕已久的魯迅。在魯迅的支持與幫助下，蕭軍的《八月的鄉村》署名「田軍」，於一九三五年七月出版；五個月後，由蕭紅自己設計封面的《生死場》出版。

在《生死場》的背後，還有一點很有趣的故事。《八月的鄉村》出版在前，魯迅親筆爲其作序，蕭紅很是羨慕，因此，當《生死場》即將出版的時候，她忍不住給魯迅寫信，央求他也給自己寫一篇序，魯迅很爽快地答應了。但是，蕭紅看到蕭軍書上的「序言」兩個字是用魯迅的筆跡製版做成的，而自己的「序言」是許廣平謄寫的，不是魯迅的親筆字跡，於是猶如小孩子分糖總覺得自己吃虧了似的，又寫信向魯迅提出親筆題詞的要求。儘管魯迅覺得「這有些孩子氣」，頗爲好笑，但還是滿足了她。

魯迅的體貼入微，實在令人感動。比如，「二蕭」初到上海，境況窘迫，硬著頭皮開口向魯迅借錢，魯迅與他們第一次見面，就「贊助」了二十元錢。當得知他們窮到連回去的車錢也沒有的時候，又把自己衣袋裏所有的零錢都掏了出來。後來大家關係熟了些，有時餓了饞了，淘氣的蕭紅竟寫信要魯迅請客，魯迅自是當仁不讓。從這些事也可以看出，「二蕭」與魯迅的關係，不僅是親密的師生，而且幾乎形同家人。

儘管後來「二蕭」因性情不合而分手，但他們對魯迅的感情至死不渝。

蕭軍是一個典型的東北漢子：倔強直率、疾惡如仇，一言不合便要拔拳相向。當年他的《八月的鄉村》問世後，張春橋化名「狄克」，寫了一篇題為《我們要執行自我批判》的文章，不僅對《八月的鄉村》妄加攻擊，還含沙射影地把矛頭指向魯迅；魯迅專門寫了《三月的租界》，予以有力還擊。魯迅逝世時，蕭軍是萬人送葬隊伍的總指揮；其後不久，蕭軍把一些載有紀念魯迅文章的刊物在墓前焚化，以示哀悼。不料張春橋一夥借機挑釁，在小報上發表文章說蕭軍是「魯迅門將」、「孝子賢孫」，燒刊物祭奠的舉動純屬迷信愚蠢。蕭軍大怒，直接找到那筆名「馬蜂」的作者，說：「我也沒工夫寫文章來回答你們。我們打架去罷！如果我打敗了，你們此後可以隨便侮辱我，我不再找你們；如果你們敗了，要是再寫這類文章，我就來揍你們！」

於是，在二十世紀三〇年代的上海，就演出了一幕「決鬥」的喜劇。

「決鬥」的程序很標準：雙方都有自己的「見證人」。馬蜂一方是張春橋，蕭軍一方是蕭紅和聶紺弩。馬蜂豈能抗衡行伍出身的蕭軍，剛剛交手，就被打倒在地。如果不是恰好有一個路過的法國巡警干涉，只怕蕭軍還不肯罷手。

蕭軍稱魯迅為「先師」。

蕭紅雖不幸早逝，卻以她女性特有的細膩，寫下許多回憶魯迅的文字。魯迅和魯迅的家，在她筆下是這樣子的：

——魯迅先生走路很輕捷，尤其使人記得清楚的，是他剛抓起帽子來往頭上一扣，同時左腳就伸出去了，彷彿不顧一切的走去。

——魯迅先生不戴手套，不戴圍巾，冬天穿著黑土藍的棉布袍子，頭上戴著灰色氊帽，腳穿黑帆布膠皮底鞋。

膠皮底鞋夏天特別熱，冬天又涼又濕，魯迅先生的身體不算好，大家都提議把這鞋子換掉，魯迅先生不肯，他說膠皮底鞋子走路方便。

——魯迅先生一推開門從家裏出來時，兩隻手露在外邊，很寬的袖口衝著風就向前

山陰路口。

走，腋下挾著個黑綢子印花的包袱，裏邊包著書或者是信，到老靶子路書店去了。

那包袱每天出去必帶出去，回來必帶回來，出去時帶著回給青年們的信，回來又從書店帶來新的信和青年請魯迅先生看的稿子。

——魯迅先生住的是大陸新村九號。

一進弄堂口，滿地鋪著大方塊的水門汀，院子裏不怎樣嘈雜，從這院子出入的有時候是外國人，也能夠看到外國小孩子在院子裏零星地玩著。魯迅先生隔壁掛著一塊大的牌子，上面寫著一個「茶」字。

魯迅畫像。
根據1930年9月17日魯迅照片而繪。按照中國傳統的計歲方式，1930年為魯迅的“五十大壽”，9月17日，朋友們租用了法租界呂班路（今重慶南路）50號的荷蘭菜室，為魯迅舉行五十歲的紀念會，並攝影留念。魯迅的形象久為世人所熟悉，但是，唯有這幅照片中的魯迅給我留下的印象最深。

——魯迅先生家裏，從樓上到樓下，沒有一個沙發，魯迅先生工作時坐的椅子是硬的，休息時的籐椅是硬的，到樓下陪客人坐的椅子又是硬的。

魯迅先生的寫字檯面向著窗子，上海弄堂的窗子差不多滿一面牆那麼大，魯迅先生把它關起來，因為魯迅先生工作起來有一個習慣，怕吹風，他說，風一吹，紙就動，時時防備著紙跑，文章就寫不好。所以屋子熱得和蒸籠似的，請魯迅先生到樓下去，他又不肯，魯迅先生的習慣是不換地方，有時太陽照進來，許先生勸他把書桌移開一點都不肯。只有滿身流汗。

——魯迅先生的休息，不聽留聲機，不出去散步，也不倒在床上睡覺，魯迅先生自己說：「坐在椅子上翻一翻書就是休息了。」

——魯迅先生從下午兩三點鐘起就陪客人，陪到五點鐘，陪到六點鐘，客人若在家吃飯，吃過飯又必要在一起喝茶，或者剛剛喝完茶走了，或者還沒走就又來了客人，於是又陪下去，陪到八點鐘，十點鐘，常常陪到十二點鐘，從下午兩三點鐘起，陪到夜裏十二點，這麼長的時間，魯迅先生都是坐在藤躺椅上，不斷地吸著煙。

客人一走，已經是下半夜了，本來已經是睡覺的時候了，可是魯迅先生正要開始工作。在工作之前，他稍微闔一闔眼睛，燃起一支煙來，這一支煙還沒有吸完，許先生差不多就在床裏邊睡著了……

全樓都寂靜下去，窗外也是一點聲音沒有了，魯迅站起來，坐到書桌邊，在那綠色的檯燈下開始寫文章了……

人家都起來了。魯迅先生才睡下……

魯迅先生的書桌整整齊齊的，寫好的文章壓在書下邊，毛筆在燒瓷的小龜背上站著。

一雙拖鞋停在床下，魯迅先生在枕頭上邊睡著了。

——許先生從早上忙到晚上，在樓下陪客人，一邊還手裏打著毛線。不然就是一邊談著話一邊站起來用手摘掉花盆裏花上已乾枯了的葉子。許先生每送一個客人，都要送到樓下的大門口，替客人把門開開，客人走出而後輕輕的關了門再上樓來。

來了客人還要到街上去買魚或雞，買回來還要到廚房裏去工作。

魯迅先生臨時要寄一封信，就得許先生換起皮鞋子來到郵局或者大陸新村旁邊的信筒那裏去。落著雨天，許先生就打起傘來。

許先生是忙的，許先生的笑是愉快的，但是頭髮有一些是白了的。

——一九三六年三月裏，魯迅先生病了……

人生終點

最後的歲月——上海的魯迅故居

魯迅病了。

因爲他太累了。

三月初的一天，他到一處書室查書，屋裏太冷，居然中寒，氣喘至「幾乎卒倒」。經日本醫生須藤五百三診治，有所恢復，他便又開始工作了。

他沒有在意。這次生病，其實是一個危險的信號。

他感到很累。他在給友人的信中說：「年年想休息一下，而公事，私事，閒氣之類，有增無減，不遑安息，不遑看書，弄得信也沒工夫寫，病總算是好了，但總是沒力氣，或者氣力不夠應付雜事。記性也壞起來。」

五月十五日，他感到不舒服，再請須藤醫生診斷，須藤說是「胃病」。胃病不算什麼。他依然沒有在意。他說：「大約服藥七八天，就要好起來了。」

三天後，突發高燒。再請須藤醫生診斷。

須藤沒說是什麼病，只是打針、吃藥。

體溫有所下降。但須藤醫生依然查不出是什麼病。

五月二十三日，他給友人寫信說：「今日醫生始調查熱型，那麼，可見連什麼病也還未能斷定。何時能好，此刻更無從說起了。」

但他還要鼓勵自己：「醫生還沒有查出發熱的原因，但我看總不是重病。不過這回醫好以後，我可眞要玩玩了。」

直到五月二十九日，病情嚴重，竟然需要打強心針。

六月一日。許廣平終於耐不住，與朋友們商議，不待魯迅同意，便請了一位美國醫生直接到家裏來診察——據說那是上海最好的兩個治肺病的醫生之一。

美國醫生說，魯迅是肺病，而且病情甚危——此後拍攝的X光片表明，他的診斷正確。美國醫生還說，若是歐洲人得了這樣的病，早在五年前就死了。

儘管親友們苦勸，但魯迅不想換醫生，他覺得那樣會顯得對原先的醫生不信任似的，不太好。他還半帶調侃地說：「我也沒有請他開方，因爲我想，他的醫學從歐洲學來，一定沒有學過給死了五年的病人開方的法子。」所以，他決定繼續由須藤治療。

六月三日，他已經無力給友人寫信，只能由許廣平代筆：「我病加重，連字也不會寫了，但也許就會好起來。」

他的病情非常嚴重。許廣平和許多朋友苦苦勸他住院。但他不肯。

六月五日，剛剛做完盲腸手術正在養病的宋慶齡特地寫信來：

周同志：

……我懇求你立即進醫院去醫治！因為你遲延一天，你的生命便增加一天的危險！你的生命，並不是你個人的，而是屬於中國和中國革命的！！為著中國和中國革命的前途，你有保存、珍重你身體的必要，因為中國需要你，革命需要你！！

……我希望你不會漠視愛你的朋友們的憂慮而拒絕我們的懇求！！

可是魯迅沒有住院。

後來許廣平寫道：「一提起醫院的靜靜躺倒，不言不動，不看書，不思想，不寫作，凡這些，他都是不願意的。……此外較小的原因，自然也在打算養病費的巨大而遲疑……」

實在可歎！魯迅知道，住院費將是一筆巨大的開支，他不願意影響家人的生活。

魯迅一生的大部分時間，都曾爲錢所困。在他的日記中，對錢鈔的出入記載十分詳細，幾乎毫釐必記。有錢

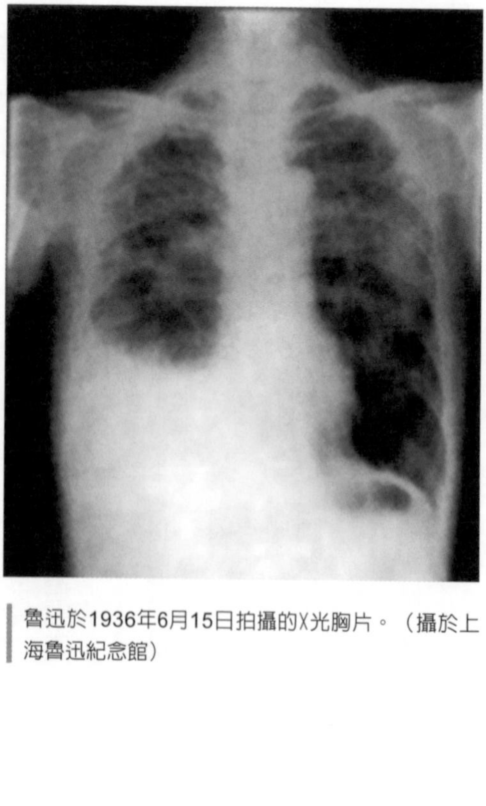

魯迅於1936年6月15日拍攝的X光胸片。（攝於上海魯迅紀念館）

的快樂與無錢的煩惱，他都體會頗深。但是，當有人送錢上門的時候，他卻毫不猶豫地拒絕了。那是病重期間，捷克漢學家普實克來函談到《吶喊》捷克譯本稿酬的事情，魯迅回信寫道：

我同意於將我的作品譯成捷克文，這事情，已經是給我的很大的光榮，所以我不要報酬，雖然外國作家是接受的，但我並不願意同他們一樣。先前，我的作品曾經譯成法、英、俄、日本文，我都不收稿酬，現在也不應該對於捷克特別收受。況且，將來要給我書籍或圖畫，我的所得已經夠多了……

應當說，無論錢多錢少，在這樣的時候，都屬雪中送炭。

但魯迅不收。

他說：「歷來如此。」

所以他堅持不住院，因爲他不願意爲自己多花錢。

結果就是如許廣平所說：「雖然我再三解說了，有生命才能發展生活，然而他的意思也是那麼堅定，許多朋友都覺得想盡辦法，終於沒奈何，仍由他在寓所養病。」

六月六日，魯迅中斷了持續二十二年的日記——這是他第二次中斷日記，上一次是由於四年前「一．二八」戰亂的干擾，而這一次，是因爲他已經無法執筆了。

直到月底，病情居然有所好轉，他掙扎著補寫了七十多個字：「……期間一時頗虞奄忽，但竟漸癒，稍能坐立誦讀，至今則可略作數十字矣……」

在持續兩個多月的重病期間，魯迅連寫信也需許廣平代筆。而「稍能坐立誦讀」，他便親自執筆給母親寫了這樣一封信：

母親大人膝下敬稟者，不寄信件，已將兩月了，其間曾托老三代陳大略，聞早已達覽。男自五月十六日起，突然發熱，加以氣喘，從此日見沉重，至月底，頗近危險，幸一二日後，即見轉機，而發熱終不退。到七月初，乃用透物電光照視肺部，始知男蓋從少年時即有肺病，至少曾發病兩次，又曾生重症肋膜炎一次，現肋膜變厚，至於不通電光，但當時竟並不醫治，且不自知其重病而自然痊癒者，蓋身體底子極好之故也。現今年老，體力已衰，故舊病一發，遂竟纏綿至此，近日病狀，幾乎退盡，胃口早已復原，臉色亦早恢復，唯每日仍發微熱，但不高，則凡生肺病的人，無不如此，醫生每日來注射，據云數日後即可不發，而且再過兩星期，也可以停止吃藥了。所以病已向癒，萬請勿念為要。

海嬰已以第一名在幼稚園畢業，其實亦不過「山中無好漢猢猻稱霸王」而已。

專此布達，恭請

金安。

男樹叩上

廣平海嬰同叩

七月六日

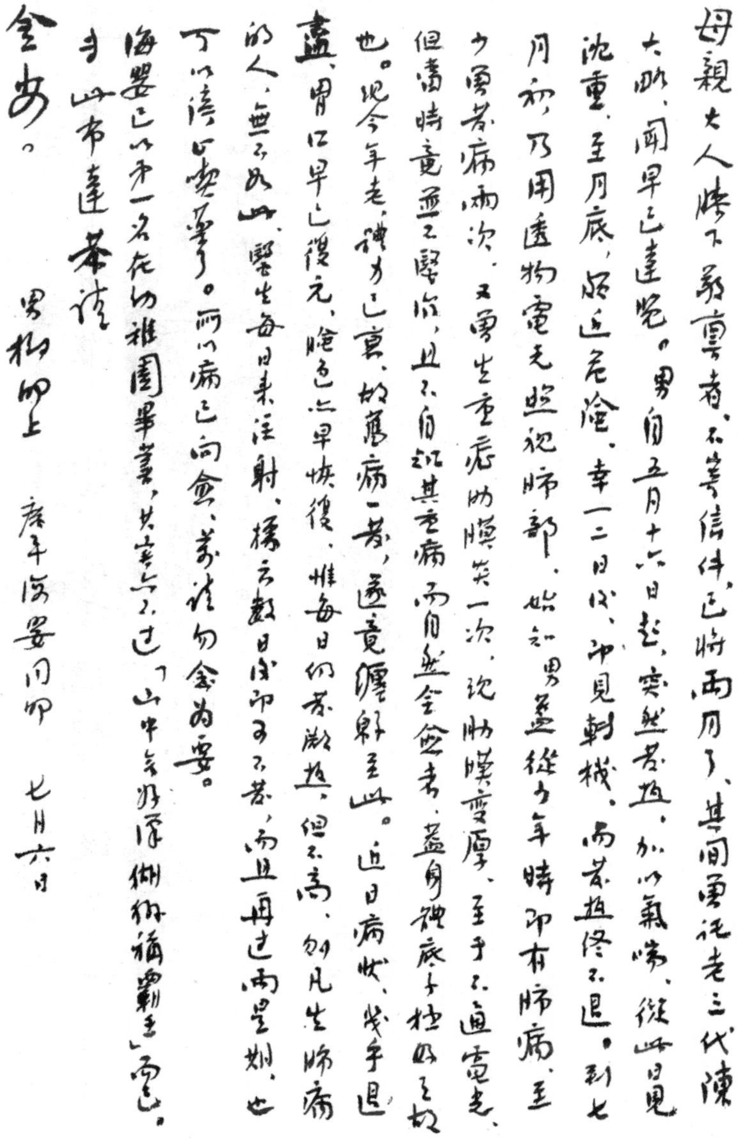
母親大人膝下，敬稟者，不寫信件已將兩月了，其間曾託老三代陳大略，聞早已達覽。男自五月十六日起，突然發熱，加以氣喘，從此日見沉重，至月底，頗近危險，幸一二日後，即見轉機，而發熱終不退。到七月初，乃用透物電光照視肺部，始知男蓋從少年時即有肺病，至少曾發病兩次，又曾生重症肋膜炎一次，現肋膜變厚，至于不通電光，但當時竟並不醫治，且不自知其重病而自然全愈者，蓋身體底子極好之故也。現今年老，體力已衰，故舊病一發，遂竟纏綿至此。近日病狀，幾乎退盡，胃口早已復元，臉色亦早恢復，惟每日仍發微熱，但不高，則凡生肺病的人，無不如此，醫生每日來注射，據云數日後即可不發，而且再過兩星期，也可以停止吃藥了。所以病已向愈，萬請勿念為要。

海嬰已以第一名在幼稚園畢業，其實亦不過「山中無好漢，猢猻稱霸王」而已。

專此布達，恭請

金安。

男樹叩上　廣平海嬰同叩　七月六日

1936年7月6日魯迅寫給母親的信。

讀罷此信，讓人萬分感慨。爲免於母親掛念，魯迅眞是煞費苦心！重病之況已經無法隱瞞，只有想方設法說得不那麼嚴重，而且很快便可恢復。說病情的時候盡可能輕描淡寫，還要自誇「身體底子極好」；說病程的時候則虛虛實實：「病狀幾乎退盡」、「胃口早已復原」、「病已向癒」……最後還不忘說個有關海嬰的「優秀業績」並順便開開玩笑，以轉移老人的視線。孝子之心可憫可敬！

在這封信中，魯迅還有意「歪曲」了一個事實：明明拍攝X光片的實際時間是六月十五日，他卻寫成了「七月初」。此處並非筆誤，應是有意爲之。因爲七月六日的同一天，他在給友人的信中便明確寫道：「我生的其實是肺病，而且是可怕的肺結核，此係在六月初用X光照後查出。」此前的六月二十五日，由魯迅親自擬稿、許廣平抄寄友人的信中，也曾寫道：「大約十天以前，去用X光照了一個肺部的相，才知道他從青年至現在，至少生過兩次危險的肺病，一次肋膜炎。」他之所以不對母親說實話，完全是爲了不讓老人家擔心而已。遺憾的是，魯迅這一刻意造成的「錯誤」，卻使許多後人據以爲證，以致有權威性的書籍將魯迅拍攝X光片的時間定爲「七月初」呢！

這張X光片非常重要。一九八四年，上海魯迅紀念館邀請了二十三位著名專家對X光片進行研究分析，根據病史記錄及一九三六年六月十五日後前位X光胸片，一致診斷爲：一、慢性支氣管炎，嚴重肺氣腫，肺大皰；二、二肺上中部慢性肺結核病；三、右側結核性滲出性胸膜炎。「根據逝世前二十六小時的病情記錄，大家一致認爲魯迅先生死於上述疾病基礎上發生的左側自發性氣胸。」

由此可知，肺結核並非魯迅的直接死因。他的病情所以在一夜之間突然急轉直下竟致不治，是基於未能得到及時救治的「自發性氣胸」。

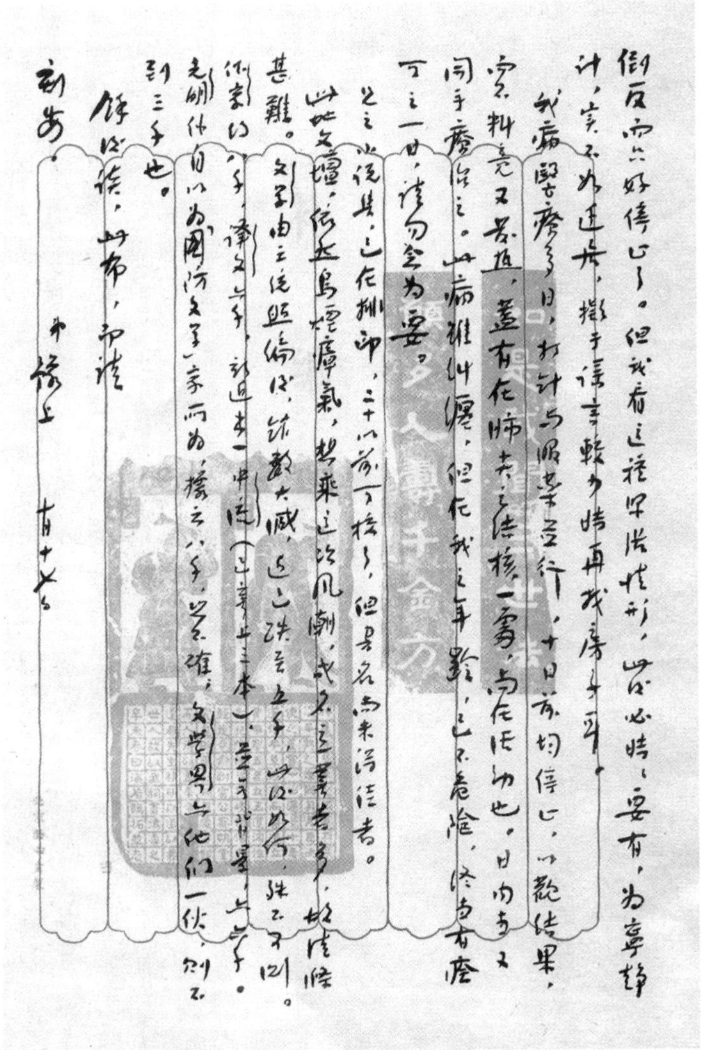

魯迅1936年10月17日寫給曹靖華的信，筆跡流暢有力。這是他所寫的最後一封信，儘管他對自己的病況很樂觀：“此病雖糾纏，但在我之年齡，終當有痊可之一日……”

可惜，這一診斷晚了四十八年。

當然，四十八年前的魯迅並不知道這些，他的家人和友人也並不知道這些。當時大家都很高興，因爲魯迅終於又可以坐起，又可以寫字，又可以抽煙了。

他的煙癮實在大——儘管他明知抽煙對肺部極不好——平常每天至少要抽五十支；稍有克制，能減到三十支的時候，他就很高興；即使重病期間，略微緩解，每天大約還要抽十五支。

這是他第四次發病了：前兩次是在北京，第三次是剛到上海的第二年，他習慣了。

他認爲自己得的是肺結核。他很樂觀：「肺結核對於青年是險症，但對於老人卻是並不致命的。」

他終於可以出去走走了。給他看病的須藤醫生自己病了，魯迅居然能和許廣平帶著海嬰一起前去探望。須藤順便爲他檢查了一下，說肺的問題不大了，但肋膜間還有積水。這次須藤又沒說對，因爲八月十三日至十四日兩天中魯迅突然「吐血數十口」，原因是肺支氣管血管破裂。他的體重也降到三十八點七公斤了。

他依然很樂觀，給母親寫信報平安：「肺病是不會斷根的病，痊癒是不可能的，但四十以上的人，卻無生命危險，況且一發即醫，不要緊的，請放心爲要。」

他覺得自己似乎在慢慢恢復。

他在考慮是否應當接受家人和朋友們的建議，去合適的地方療養一段時間。

九月五日，他寫了《死》。那是他前一階段病重時的一些感想。

直到今年的大病，這才分明的引起關於死的豫想來。……日夜躺著，無力談話，無力看書。連報紙也拿不動，又未曾煉到「心如古井」，就只好想，而從此竟有時要想到「死」了。不過所想的也並非「二十年後又是一條好漢」，或者怎樣久住在楠木棺材裏之類，而是臨終之前的瑣事。在這時候，我才確信，我是到底相信人死無鬼的。我只想到過寫遺囑，以為我倘曾貴為宮保，富有千萬，兒子和女婿及其他一定早已逼我寫好遺囑了，現在卻誰也不提起。但是，我也留下一張罷。當時好像很想定了一些，都是寫給親屬的，其中有的是：

一，不得因為喪事，收受任何人的一文錢。——但老朋友的，不在此例。

二，趕快收斂，埋掉，拉倒。

三，不要做任何關於紀念的事情。

四，忘記我，管自己生活。——倘不，那就真是糊塗蟲。

五，孩子長大，倘無才能，可尋點小事情過活，萬不可去做空頭文學家或美術家。

六，別人應許給你的事物，不可當真。

七，損著別人的牙眼，卻反對報復，主張寬容的人，萬勿和他接近。

此外自然還有，現在忘記了。只還記得在發熱時，又曾想到歐洲人臨死時，往往有一種儀式，是請別人寬恕，自己也寬恕了別人。我的怨敵可謂多矣，倘有新式的人問起我來，怎麼回答呢？我想了一想，決定的是：讓他們怨恨去，我也一個都不寬恕。

「一個都不寬恕」，也決不要別人寬恕自己，這就是魯迅的性格！

曾經有人借此攻擊魯迅：至死都如此刻毒，可見其心胸狹窄！

這能說魯迅心胸狹窄嗎？看他對親屬的囑咐：「損著別人的牙眼，卻反對報復，主張寬容的人，萬勿和他接近。」——他說的是「萬勿和他接近」，而絕非以牙還牙的報復！

進入十月，魯迅病況似有緩和。他自以為好起來了：不但可以看報、寫信、寫文章，還能夠出去參加一些活動了。

十月四日、六日，他與家人及朋友去戲院看電影。

十月八日，他去八仙橋青年會參觀第二回全國木刻展覽會，並與一些青年木刻家座談——他的手裏，依然夾著香煙。

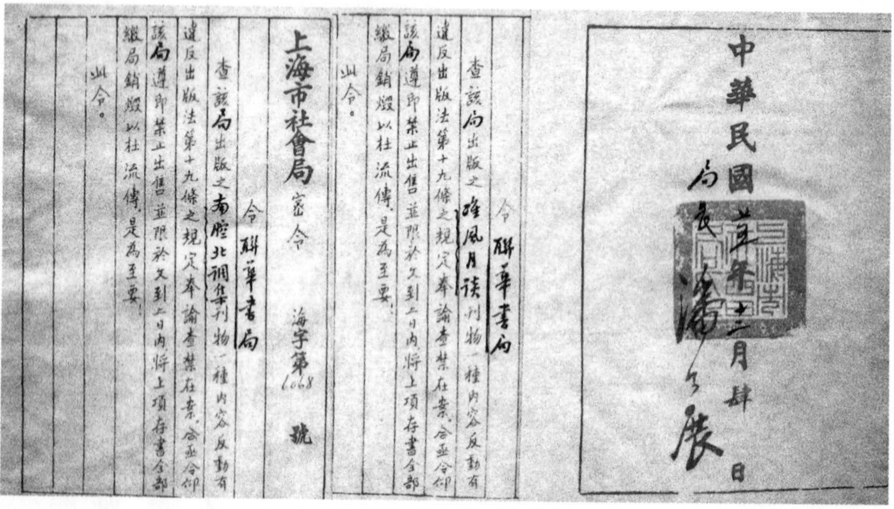
中華民國廿五年十二月肆日
局長潘公展

令 聯華書局
查該局出版之准風月談刊物一種內容反動有違反出版法第十九條之規定奉諭查禁在案合亟令仰該局遵即禁止出售並限於文到三日內將上項存書全部繳局銷燬以杜流傳是為至要
此令。

上海市社會局 密令 海字第6068號
令 聯華書局
查該局出版之南腔北調集刊物一種內容反動有違反出版法第十九條之規定奉諭查禁在案合亟令仰該局遵即禁止出售並限於文到三日內將上項存書全部繳局銷燬以杜流傳是為至要
此令。

上海市社會局局長潘公展於1936年12月4日簽發的“海字第6068號”密令。（攝自北京魯迅博物館）

十月十日，下午與許廣平帶孩子去看了一場電影。夜裏，還寫了一篇一千五百字的文章，結果又發高燒，體溫將近38℃。但第二天他還與許廣平帶著海嬰去法租界看房子——他打算等身體好些了便搬出由日本人控制的虹口地區。下午，他找內山完造聊了一會兒，然後接受須藤醫生的診治。

十月十二日，去內山書店買了一本書。

十月十六日，寫了幾封信，並給朋友的譯文集寫了一篇「序」。

十月十七日，上午在家裏等須藤醫生來檢查病情，下午出去看朋友，順便到內山書店去轉了轉。晚上周建人來探望，魯迅催他儘快找房子，哪怕條件差些沒電燈也不要緊，可以暫時用煤油燈，等搬進去再聯繫接電線。魯迅還寫了「周裕齋印」四個字，讓周建人去刻個圖章，以備租房子簽約的時候使用。

他又給友人寫了一封信，依然談到打算遷居的事情：「我本想搬一空氣較好之地，冀於病體有益，而近來離閘北稍遠之處，房價皆大漲，倒反而只好停止了。但我看這種緊張情形，此後必時時要有，爲寧靜計，實不如遷居，擬於謠言少時再找房子耳。」

對於自己的病情，他仍抱樂觀的態度：「此病雖糾纏，但在我之年齡，終當有痊可之一日……」

那天，魯迅還寫了一篇文章——《因太炎先生而想起的二三事》，這是他所寫的最後一篇文章，但沒有寫完。

十月十八日的日記只有兩個字：「星期。」

午夜。

許廣平收拾好臥具，催促魯迅休息。他要求再抽一支香煙。等到上床，已經是凌晨一點了。兩點的時候，魯迅還起來小解了一次。

凌晨三時，許廣平發現他坐了起來，呼吸困難。

服藥無效。

他十分痛苦，抱腿而坐。許廣平無奈，只能陪著。

終於挨到天色微明，許廣平準備去找內山完造請醫生。魯迅執意要自己寫個條子，但氣喘得厲害，幾番放筆歇息，好不容易才寫完了。許廣平趕緊出門。

那紙條，是魯迅最後寫下的文字：

老闆几下：

沒想到半夜又氣喘起來。因此，十點鐘的約會去不成了，很抱歉。

拜託你給須藤先生掛個電話，請他速來看一下。草草頓首

L拜

十月十八日

內山完造來了；醫生也來了……

一切都沒有用了！

度過了極其漫長也是極其短促的最後一天。一九三六年十月十九日凌晨五時二十五分，魯迅逝世。

許廣平無比痛苦地寫道：「醫生說，過了這一天，再過了明天，沒有危險了。他就來不及等待到明天，那光明的白晝呀。而黑夜，那可詛咒的黑夜，我現在天天睜著眼睛瞪它，我將詛咒它直至我的末日來臨！」

魯迅死了。

有人高興，有人痛心。不同的人用不同的方式紀念他、評價他。

國民黨當局的「紀念」來得最兇狠。魯迅的文字依然是圍剿的重點。零散的查封不計，以「批量處理」的爲例：魯迅逝世僅一個多月，上海市的所謂「書業同業公會」便依據市社會局的「海字第六〇六八號」密令，一舉查禁了二十九種「反動刊物」，其中魯迅的著作爲八種，占四分之一強！該密令強調：「將上項存書全部繳局銷毀，以杜流傳。是爲至要！」

中國共產黨的評價最輝煌：思想界的權威、最偉大的文學家、熱忱追求光明的導師、獻身於抗日戰爭的非凡領袖、共產主義蘇維埃運動之親密的戰友、中華民族最前進最無畏的戰士……。中國共產黨中央委員會與中華蘇維埃人民共和國中央政府聯名發出「告全國同胞和全世界人士書」，並向中國國民黨中央委員會和南京國民黨政府提出八項建議：一、魯迅遺體舉行國葬並付國史館立傳；二、改浙江省紹興縣爲魯迅縣；三、改北京大學爲魯迅大學；四、設立魯迅文學獎金，獎勵革命文學；五、設立魯迅研究院，收集魯迅遺著，出版魯迅全集；六、在上海、北平、南京、廣州、杭州建立魯迅銅像；七、魯迅家屬與先烈家屬同樣待遇；八、廢止魯迅生前由當局所頒佈的一切禁止言論出版自由的法令……

百姓的感情最眞摯。十月二十二日，魯迅下葬於萬國公墓，送葬隊伍長達一公里還多，主要是學生、工人與普通市民。棺木入土時，上面覆蓋著一面由民衆代表敬獻的白色大旗，旗上是沈鈞儒手書的三個大字——「民族魂」。

這是民衆對魯迅的評價。

如果魯迅有靈，將會如何評價自己呢？

也許，他在一九三三年贈送友人的書籍上寫的兩首短詩，可以作爲對自己的評價與總結。

一首是《題〈吶喊〉》：

弄文罹文網，
抗世違世情。
積毀可銷骨，
空留紙上聲。

另一首是《題〈彷徨〉》：

寂寞新文苑，
平安舊戰場。
兩間餘一卒，
荷戟獨彷徨。

第二首末句中原爲「尚彷徨」，一九三四年收入《集外集》時改「尚」爲「獨」。

荷戟獨彷徨……

探訪上海魯迅故居

最後的歲月——上海的魯迅故居

魯迅在上海住過的三處地方，距離都不太遠。

景雲里不僅名字如舊，連門牌號都沒改，不過要找到地方並不容易。它的入口在橫濱路，標牌是「橫濱路三十五弄」；那條路很擁擠，顯得挺雜亂。原先它還有一個入口，至今仍存，在多倫路上，立著一堵門牆，橫額上有「景雲里」三個字。前面的甬道上嵌有許多散置的大塊方磚，每一塊方磚上面都鐫刻著一位名人的鞋底印跡，比如茅盾、葉聖陶等等；當然也有魯迅的，是甬道入口的第一塊。所以很多人會以爲這就是景雲里的入口，進去後才發現，裏面已經被後來新建的房屋堵死了，現在是一個什麼「活動中心」之類的地方。如問看門人，他會乾脆地告訴你：「景雲里？早沒有了！」

其實，景雲里就在那建築的背後，多走些路從東橫濱路繞過去就是了。

多倫路洋味兒很濃，與東橫濱路相比，可以明顯看出舊時租界區內外的明顯差別。出多倫路北口，東面路邊不遠就是拉摩斯公寓，現在的門牌是四川北路二〇九三號，掛著一個律師事務所的牌子。它本來只有四層，二十世紀七〇年代又加高了一層。從這裏往東不遠，有條山陰路，便是從前的施高塔路，魯迅在上海住過的最後一處寓所所在的大陸新村，目標很明顯，因爲弄堂口外有很大的標示牌。那排紅磚樓房共有十個門牌，魯迅寓所在最裏面第二戶，門牌是山陰路一三二弄九號，隔壁的八號則是工作人員售票的地方。

在我所參觀過的各地魯迅紀念場所中，唯有上海山陰路的魯迅故居是嚴禁拍照的——我不明白爲什麼。我這書裏所用的該處故居室內有關照片，是在廣州魯迅紀念館拍的複製品。

這座三層小樓的一層，被一道玻璃屏門隔爲兩部分。前面是會客室，進門左首，是許廣平常用的縫紉機；西牆下除了書櫥，還有一張寫字檯，它和它上面放著的留聲機，是當年瞿秋白去江西時留贈的物品；東牆邊的小桌椅等等，應是海嬰的東西；室內中間，是一張長桌、四把椅子，當時爲了安全起見，魯迅不常在這裏會客，即使偶爾一坐，他用的也是靠

1936年10月22日，魯迅被安葬於上海萬國公墓。幾天後家人為之樹碑，碑上嵌有魯迅的遺像，並由7歲的海嬰題寫了“魯迅先生之墓”6個字。1956年，魯迅墓被遷至虹口公園（即如今的魯迅公園），毛澤東親筆題字“魯迅先生之墓”。

多倫路通往景雲里的甬道上嵌著的魯迅鞋底印跡。只是許多私家轎車把這裏當成了停車場，經常視而不見地從上面輾過，讓人看了甚覺不忍。

窗的那把椅子，這樣可以背朝外，外人看不到他的臉。屏門另一面是餐室，有一張八仙桌和坐椅、圓凳、碗櫥、衣架等等。再後面就是廚房了，那是許廣平經常忙碌的地方。

三樓南面是最好的房間，寬敞明亮，陽光充足，還有一個小陽臺。這裏自然是海嬰的房間。而北面的小間最爲隱蔽，瞿秋白等人在魯迅家避難的時候，就是住在這裏。

二樓北側是一個小儲藏室；南側的房間是我最想看的地方，那是魯迅的書房兼臥室。

房間正面，就是如蕭紅所說的「差不多滿一面牆那麼大」的窗戶了，窗下是魯迅的書桌。右邊一張藤躺椅，是供他「坐在椅子上翻一翻書就是休息」的；左面一張鐵床，是魯迅度過人生最後一夜的地方……

陪我參觀的是位身著制服的保安人員，很是盡責，儘管只有我一個參觀者，仍是寸步不離地跟著。我曾想悄悄求他讓我拍張照片，他很嚴肅地用「滬式普通話」回答：「不可以的。有規定的！」

墓前的魯迅像。

不過他很耐心，不僅從不催促，還主動擔任講解，順便也聊聊別的內容。原來他是位退休工人。由於從事特殊工種，退休的時間相對要早，身體尚好，所以還要出來做做事情。上海有許多這樣的老工人，退休了還要「出來做做事情」——或是在街頭維持交通秩序、或是在商場維護治安，都是滿負責、滿認眞、也滿熱情的，很讓人覺得可愛呢。

他聽說我是專門從北京來的，頗爲感動：「那麼遠！你也不容易。不要急，好好看，沒關係的。」

臨出來的時候，他又說：「看好了嗎？不要急，沒關係的。」停了一下，他又說：「魯迅，了不起，很了不起的呀！」

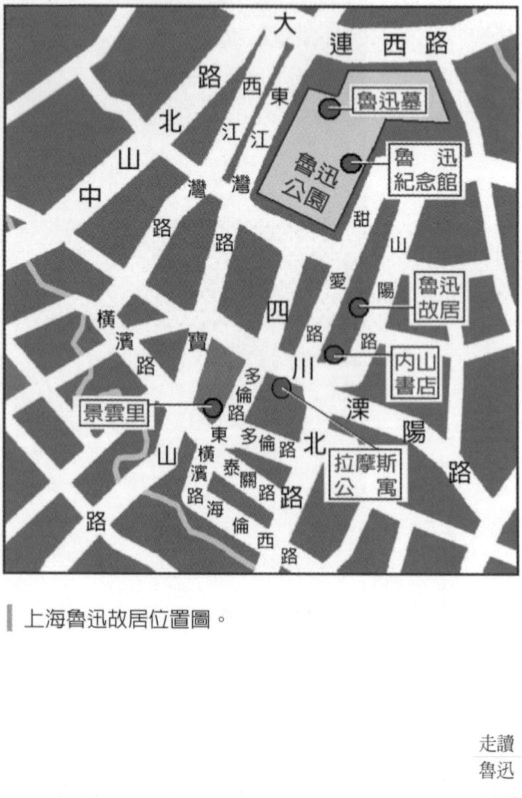

上海魯迅故居位置圖。

附錄

各地魯迅紀念館(室)簡介

各地魯迅紀念館（室）簡介

魯迅在國內生活、學習和工作過的地方，主要涉及紹興、南京、杭州、北京、廈門、廣州、上海七座城市。在那些魯迅曾經留下足跡的地方，如今都有不同形式的魯迅紀念館、紀念室等場所。具體說來，有一個博物館、五個紀念館、二個紀念室和一個展室，共計九處。在這裏，我們仍然基本沿循魯迅的人生軌跡逐一進行簡略的介紹。

一，紹興魯迅紀念館

紹興魯迅紀念館始建於一九五三年一月。一九七三年，在魯迅故居的基址上修建了陳列廳。二〇〇三年初，爲恢復魯迅故里的傳統風貌，陳列廳被拆除，重建爲周家新臺門。實際上，紹興魯迅故居所在的東昌坊口一帶都應當屬於紀念館的範疇，而新建的紀念館展廳位於魯迅故里東側，在魯迅祖居（周家老臺門）和周家新臺門之間。

作爲魯迅故里，紀念館自然有包括魯迅手跡在內的許多珍貴文物。不過，給我留下印象最深的，是兩份複製的文件。

一份是宣統三年正月（一九一一年二月）的「公同議單」，實際就是周家分割地產的契約。其中寫道：「我周『致、中、和』三房，自乾隆迄今，歷百餘年，各房均有薄產。近來家道漸落，子孫無業居多，式微景象觸目皆是……所有餘產彼此分潤，以濟困乏……」議單結尾的署名，「致房派下智字興房」有「豫才（即魯迅）」、「喬峰（即周建人）」的「花押」；周作人當時應在日本，因此「起孟」名下空缺。魯迅是家中老大，特地註明議單「分後致派興房豫才收執，起孟、喬峰在內」。魯迅的「花押」很有些特殊，不像漢字而像外文字

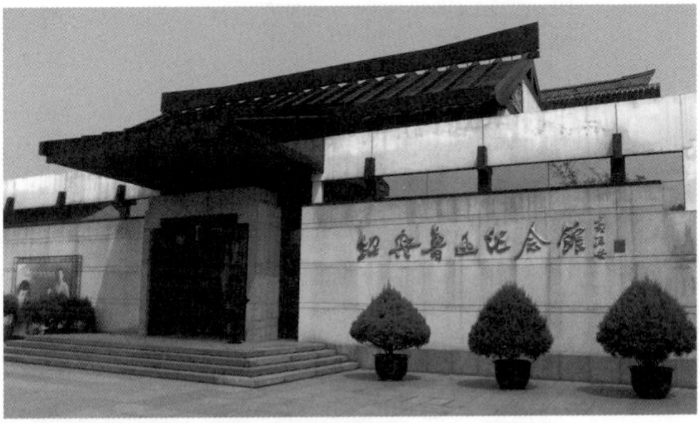

紹興魯迅紀念館。

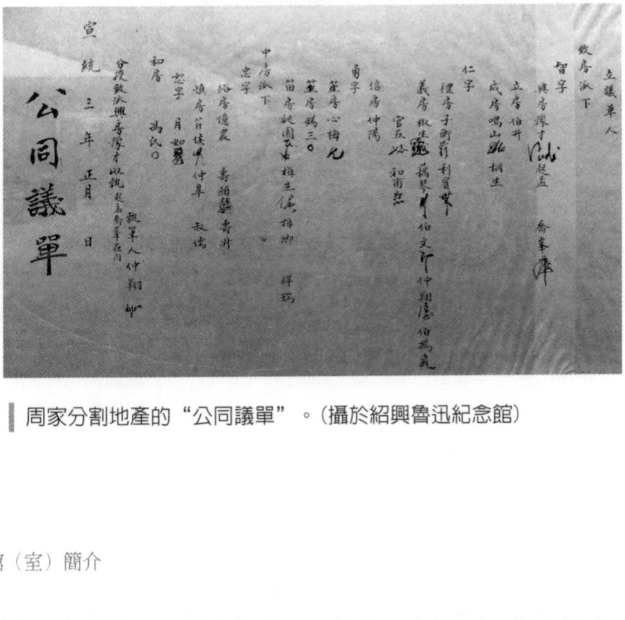

周家分割地產的“公同議單”。（攝於紹興魯迅紀念館）

母。

另一份文件是「中華民國七年陰曆九月（一九一八年十月）」周家出賣老宅的「絕賣屋契」，契後附有周家老宅的平面圖。「豫才」名下僅有一個規規矩矩的「押」字，「起孟」、「喬峰」則是「花押」。簽過這份賣契，周家三兄弟就與他們的祖屋永遠告別了。

二，紹興市第一中學魯迅紀念室

位於紹興勝利路二一三號的紹興市第一中學初中部，前身是始創於一八九七年的紹郡中西學堂，後爲紹興府中學堂。一九一〇年九月，魯迅自杭州回紹興，擔任紹興府中學堂的博物教員及監學。

紹興市第一中學作爲具有百年歷史的江

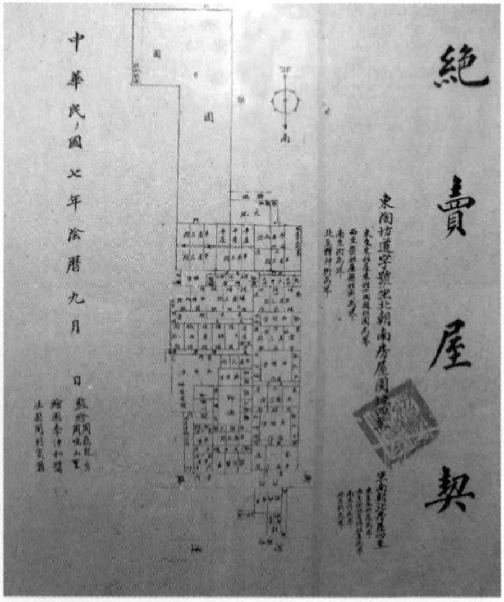

紹興魯迅紀念館展出的周家“絕賣屋契”所附的房產平面圖。

紹興市第一中學魯迅紀念室的樓門。

南名校，出過許多著名人物，如蔡元培、蔣夢麟、徐錫麟等等。其規模宏大的「初中部」新樓仍位於舊址，校園內還保存了兩棟老樓，其中一座便是魯迅紀念室的所在。那是一個五開間的二層樓房，魯迅當年的房間在一樓東側第二間。室中以木板一隔為二，半間為辦公室，半間為臥室；一九九〇年整修後作為「魯迅紀念室」，門額上的題字出自周建人筆下。我去的那天適逢週末休息日，紀念室不開放，只能在窗外隔著塵灰朦朧的玻璃勉強拍了幾張照片。

南京魯迅紀念館。

南京水師學堂遺存的大門。

紹興市第一中學魯迅紀念館的匾額由周建人所題寫。

紹興市第一中學魯迅紀念室外景。

三，南京魯迅紀念館

一八九八年，十七歲的魯迅先在江南水師學堂管輪班學習，後到隸屬於陸師學堂的南京礦路學堂，在南京生活了四年。

江南水師學堂遺跡在中山北路三四六號，如今大門猶存；而南京礦路學堂原址距其不遠，在南京三牌樓一帶，原本占地面積很大。經百年變遷，已是舊顏難覓。

南京察哈爾路三十七號南京師範大學附屬中學校園內，有一座歐式風格的小樓，是當年礦路學堂遺留的建築。一九七八年學校在此創立「魯迅紀念室」，二〇〇六年四月正式改爲南京魯迅紀念館，是國內唯一設在中學的魯迅紀念館，匾額「南京魯迅紀念館」由周建人所題。

南京師範大學附屬中學也是一座百年老校，曾十易校名、六遷校址。儘管它並非魯迅眞正意義上的母校，但歷史上卻有許多師生與魯迅有緣。比如與魯迅同爲「中國民權保障同盟」成員、後被國民黨暗殺的楊銓（即楊杏佛），曾是該校教師；而在魯迅下葬時扶靈的巴金、胡

南京魯迅紀念館所在的歐式洋樓，是當年礦路學堂遺留的建築。

南京魯迅紀念館的展室。

風，則是該校的校友。

在距該校不遠處的中山北路二八三號，還有一座「魯迅樓」，被列爲「魯迅先生讀書舊址」；當地的社區也因此而得名「魯迅園社區」。

四，浙江省杭州高級中學魯迅紀念室

浙江省杭州高級中學現址在杭州市下城區鳳起路二三八號。該校起源於一八九九年始創的養正書塾，後爲浙江兩級師範學堂。一九〇九年魯迅自日本回國後來此任教，前後僅十個月的時間。但是，該校卻難得地保留了當年的一棟舊校舍，稱爲「一進」；並將

浙江省杭州高級中學魯迅紀念室的展室。

南京“魯迅先生讀書舊址”的文物保護標牌。

南京魯迅園社區内的“魯迅先生讀書舊址”。

「一進」西首二樓魯迅當年的起居室改建爲魯迅紀念室。

儘管紀念室不大，卻很有特色。其間的展板、模型等等，都是歷屆校友和教師們親手製作的。其中一件文物堪稱「鎮室之寶」，那是一位名叫「金聲」的校友捐贈的畢業文憑，畢業時間是宣統二年（一九一〇年）五月，上面有各科的畢業考試分數及有關教員的簽名，其中有周樹人（即魯迅）的署名和印章。

紀念室窗外的一株櫻樹據說是魯迅親手所植，已有百年樹齡，滿樹櫻花，極爲繁茂。我去的前一天，該校的「魯

浙江省杭州高級中學魯迅紀念室所在的老樓。

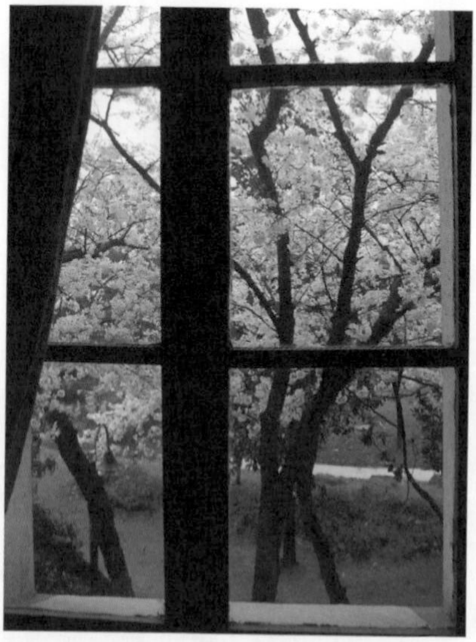

浙江省杭州高級中學魯迅紀念室窗外盛開的櫻花。

浙江省杭州高級中學魯迅紀念室的“鎮室之寶”——宣統二年（1910年）浙江兩級師範學堂畢業生金聲教的畢業證書。

迅文學社」恰與其他學校的學生社團聯合組織了第四屆「櫻花文會」，儘管我未曾有幸親臨現場，但從比比皆是的彩旗和標語可以想見，那場面一定是十分熱鬧的。我去的時候，校園裏已復歸寧靜，繽紛的櫻花如霧似雲，飄浮在淅淅瀝瀝的春雨中。

五，北京魯迅博物館

一九五〇年三月，許廣平將位於北京阜成門內西三條二十一號的魯迅故居及故居內的文物全部捐獻給人民政府。一九五六年十月，在魯迅故居東側的魯迅博物館建成並正式對外開放。現址爲阜成門內大街宮門口二條十九號；原先的魯迅故居爲博物館的組成部分，故居門側的「魯迅故居」四字，爲郭沫若所題。

一九七八年博物館進行了第二次擴建，一九八一年八月竣工；一九八〇年，葉劍英爲北京魯迅博物館題寫館名。

一九九三年魯迅博物館新展廳破土動工，一九九四年竣工，並於一九九六年九月布陳完畢。

北京魯迅博物館外景。

魯迅博物館藏有與魯迅有關的數萬件文物，不僅保存完好，還建立了相應的電腦資料庫。

展廳中一件特殊的展品給我留下深刻的印象，那是魯迅逝世當天由日本友人奧田杏花製作的一個石膏面膜，據說，上面還留有魯迅的幾根鬍鬚呢！

六，北京魯迅中學魯迅生平展室

北京魯迅中學所在地——西城區新文化街四十五號，原是京師女子學堂，辛亥革命以後改名爲國立北平女子師範學校、國立北京女子師範大學；魯迅在此任教期間結識了許廣平。如今校舍保存完好，仍在繼續使用。當年魯迅發表過演講的禮堂被闢爲「魯迅生平展室」。

展室門前，矗立著「三一八遇難烈士劉和珍、楊德群紀念碑」。此碑立於一九三一年，落款是「國立北平大學女子師範學院」——那是該校當時的名稱。

北京魯迅中學的前身是始建於一九〇一年的篤志學堂，後屢經更名變遷，移入現址；一九九六年由「北京一五八中學」更名爲「北京市魯迅中學」。

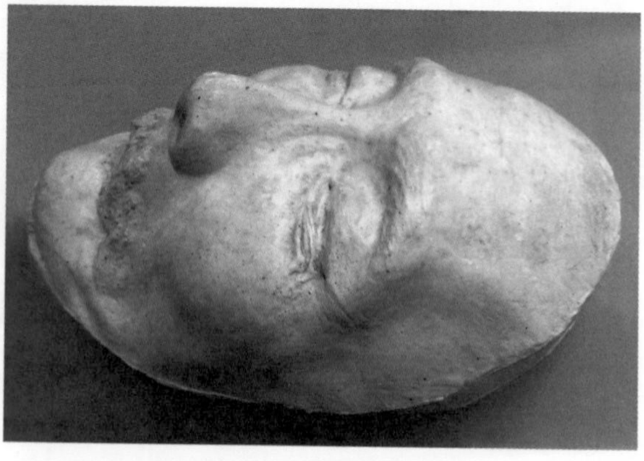

北京魯迅博物館展出的魯迅面膜。

七，廈門大學魯迅紀念館

廈門大學本部在廈門市思明區思明南路四百二十二號。魯迅在廈門大學任教期間曾在校內的集美樓二樓居住。一九五二年，在此設立了魯迅紀念室；一九五六年宋慶齡、郭沫若先後爲紀念室題詞。一九七六年十月，爲紀念魯迅誕辰九十五周年、逝世四十周年和到廈門大學任教五十周年，校方將二樓的其他房間擴

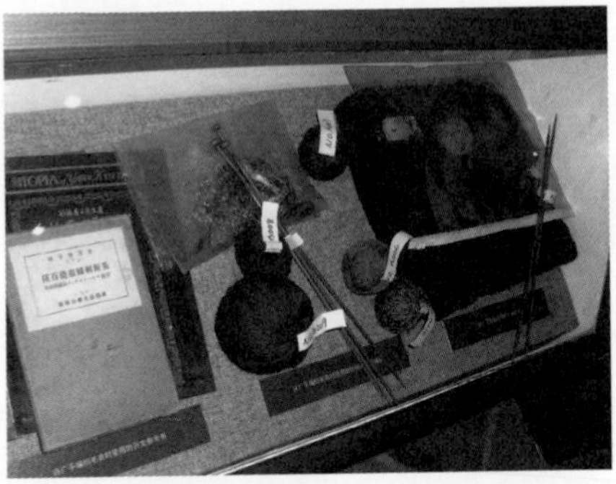

廈門大學魯迅紀念館展出的許廣平遺物。

廈門大學魯迅紀念館的展室。

廈門大學西門。

北京魯迅中學的“魯迅生平展室”。

展爲展室，並命名爲「廈門大學魯迅紀念館」。

紀念館中的「魯迅與許廣平」專題展室，是全國魯迅紀念場館中唯一的一處專題展室。周海嬰向紀念館贈送了很多實物，如許廣平替魯迅編織毛衣的毛線和衣針，魯迅的煙斗、煙盒等，其中最珍貴的應是魯迅在廈門大學時寄給許廣平的一張明信片。

我在正文中介紹過，與其他的魯迅紀念場館不同的是，廈門大學魯迅紀念館主要由該校中文系教師管理，日常開放、講解及接待工作全部由學生負責。

廣州魯迅紀念館的大門。

八，廣州魯迅紀念館

廣州魯迅紀念館位於文明路二一五號、廣東省博物館院內西側，即原先的中山大學主樓「大鐘樓」內。紀念館的展廳在二樓東側。二樓中間的禮堂，便是國民黨第一次全國代表大會的會場。廣州魯迅紀念館始建於一九五七年，一九五九年正式開館。遺憾的是，由於該建築年代久遠，如今已屬危樓，我去參觀的時候，二樓魯迅當年的臥室兼工作室已停止對外開放。

出廣東省博物館東門，沿越秀中路、越秀南路南行至珠江北岸後東拐，可至魯迅與許廣平、許壽裳後來所住的白雲樓，與「魯迅故居」有關的說明標牌在白雲樓七號門側。

九，上海魯迅紀念館

一九五〇年春，華東軍政委員會文化部開始籌建上海魯迅紀念館；一九五一年一月在山陰路大陸新村魯迅故居一側建成並正式開放，是新中國的第一個人物性紀念館。一九五六年九月，紀念館遷入虹口公園；同年十月，魯迅墓也自上海虹橋路萬國公墓遷至虹口公園內，並由毛澤東題寫碑文。一九八八年虹口公園更名爲「魯迅公園」。一九八八年，魯迅紀念館進行擴建，於一九九九年九月建成開放；魯迅墓及魯迅故居（現址爲山陰路一百三十二弄九號）均隸屬於魯迅紀念館。

上海是魯迅生活過的最後一個城市，上海魯迅紀念館的許多藏品十分珍貴，比如魯迅當年所拍的X光胸片，常人便難得一見。但是，與山陰路的魯迅故居一樣，紀念館內也是禁止拍照的，這不能不讓人感到無比遺憾。

上海魯迅紀念館內的魯迅像。

上海魯迅紀念館外景。

後記

書寫完了，了卻一樁心事。

當初，沒有想到寫這本書會耗費這麼長的時間，會遇到那麼多的波折。

那年第一次去紹興考察，在回程途中接到家裏電話：臥床多日的老父病危。幸而我及時趕到醫院，總算與彌留之際的父親見了最後一面。

喪父之痛，沒有經歷過的人是無法體會的；經歷過的人，則是難以用語言述說的。但是，也正是那鏤骨銘心的一刻，使我對一百多年前十五歲的魯迅在經歷同樣痛苦時的心情有了極深的理解。

我想，緩解悲傷的最好方法，也許只有全心投入工作。未曾料到，由於持續閱讀大量的資料，竟會造成無法彌補的損害——右眼視網膜脫離。這打擊幾乎讓我失去堅持的信心。

然而，事情既然已經開始，就不能半途而輟。好在上天賜予每人兩隻眼睛，即便失去一隻，尚無大礙。

接下來，「走讀」與寫作的過程還算順利，初稿也得以如期完成，卻又在出版環節發生了問題。每個作者可能都會有過這樣的體會：書籍出版猶如人間姻緣，想要遇到志趣相投的「意中人」，往往需要「緣分」。緣分可遇而不可求，所以我並不急。

但我的確沒有想到，這過程比預料的要漫長，從第一稿寫就至今，不知不覺，已經跨越了四個年頭。好在時間並未因等待機緣而荒廢，通過對一些城市和地方的多次重走與重讀，我的許多認識也在不斷深化，經常有新的感悟產生，案頭的文稿不斷需要修改。等待也是一種磨煉，不僅磨煉作者，也在磨煉作品。

機會終於有了。簡體版感謝中國文史出版社以及王文運先生，將《走讀魯迅》與《走讀周有光》連袂出版。這不僅形成一個小小的「走讀系列」，還有一些特殊的意義。

說來也巧，魯迅與周有光的人生軌跡至少曾經有過兩個交會節點。

其一，是杭州。

據《魯迅年譜》所載，一九〇九年十二月底，浙江兩級師範學堂發生反對學堂監督夏震武的鬥爭，包括魯迅在內的全體教員辭職離校，住到大方伯附近的湖州會館，後來思想封建頑固的夏震武終被撤職。當時教員們戲稱其爲「夏木瓜」，所以這次風潮也叫「木瓜之役」。

二十年後的一九三〇年，周有光隨同孟憲承自無錫來杭州，籌辦浙江省立民衆教育實驗學校，那學校的地址，恰在大方伯。

其二，是上海。

一九三三年四月十一日，魯迅一家搬到山陰路大陸新村居住。有趣的是，二十天後周有光與張允和在上海八仙橋青年會結婚。而魯迅參加的最後一次社會活動，是在一九三六年十月八日到八仙橋青年會參觀木刻展覽，並留下了人生的最後幾張照片；十一天後，他在自己的寓所中逝世。再隔了十幾年，周有光一家住進魯迅舊寓對面的日照里，可謂近在咫尺。

巧則巧矣，其實，由於時間上的陰差陽錯，他們在現實中未曾相遇。

他們二人生辰相差二十五年，生活道路各不相同，這種所謂的「交會」僅具有象徵性的意義。若是憑藉這些便要說明二人之間有些什麼必然的聯繫，實在牽強。但是，在他們身上確有一些相似的地方，其中最重要的一點，就是他們都繼承了中國知識份子傳統的責任感，都有特立獨行的個性與人格，都有足夠的膽量敢說實話、敢說真話。我想，這也許與他們都曾有過「從小康人家而墮入困頓」的經歷有關，從而使他們對世人和世事能有更爲深刻的認識。

當然，這只是我本身的感覺。作爲讀者，不妨在自己的閱讀中進行獨立的分析和思考。

寫畢文稿，只是完成了一本書的前期任務，要想讓它眞正與讀者見面，還有一系列工作需要進行。二〇一一年四月七日，我與責任編輯王文運在楊飛羊的工作室裏一起調整修改版面，連續忙了十四個小時，直到半夜十一時才回家。第二天打開報紙，突然看到周海嬰於七日凌晨在北京逝世的消息，不禁大驚。

二〇一一年是魯迅誕辰一百三十周年、逝世七十五周年，沒想到周海嬰卻在這樣的時候突然辭世。四月十一日，我去八寶山參加了他的遺體告別儀式，回來的路上，始終難以擺脫心中那種悵然若失的感覺。

讀者也許會注意到，這本書裏僅僅使用了很少幾幅與魯迅有關的照片。因爲，我所寫的，本不是一部傳統形式的傳記，沒有必要沿襲一般「傳記」的套路。但周海嬰的逝世，使我稍許改變了主意。所以，藉這次校對的機會，插入兩幅圖片。一幅，是魯迅的畫像，臨摹自魯迅「五十歲紀念」時的留影，那是我心目中的魯迅形象。另一幅，是一九三〇年一月四日海嬰的「百日照」，那應當是他們全家的第一次合影。如今，照片中的人都已經離我們而去了。我想以此作爲對他們的一種紀念。

收筆之前，還要感謝那些給予過我關心和幫助的人們。首先想到的是蔣一談先生，當初正

在上海

在紹興

在杭州

在廈門

在廣州

是由於他的促動，才使我下決心寫這本書；雖然後來未能按計劃進行合作，但這份謝意還是長存於心的。在我持續數年的走讀過程中，遇到過許多素昧平生的好人，其中既有八道灣已經故去的老張大媽，也有北京紹興會館熱心的街坊們；還有北京西城區政協的金誠先生，由於他的多方聯繫，我才得以登上八道灣胡同旁邊一處樓房的制高點，拍下一系列有關魯迅舊宅的珍貴俯瞰照片；還有廈門大學那兩位年輕的研究生，由於她們的幫助，我幸運地進入魯迅曾經住過的房間，細細觀察品味；還有南京師大附中的龔修森老師以及杭州高級中學的陳卓宏老師，既引領參觀校園，又贈予珍貴資料；此外，還有許多許多人……儘管也許難有再見的機會，但我會記住你們的。

當然，我不會忘記感謝妻子小敏。沒有她的支持，我無法完成這一儘管給我帶來極大樂趣但卻耗時長久以致筋疲力盡的工作。

二〇一一年四月十四日

參考文獻

《魯迅全集》，人民文學出版社，一九八一年第一版。
《魯迅雜文書信選》，陝西人民出版社，一九七二年五月，內部發行。
《魯迅手稿全集（書信）》，文物出版社，一九七八年十月第一版。
《魯迅致許廣平書簡》，河北人民出版社，一九八〇年一月第一版。
《兩地書・原信》，中國青年出版社，二〇〇五年一月第一版。

《魯迅年譜》，人民文學出版社，一九八一年九月第一版。
《魯迅生平史料彙編》，天津人民出版社，一九八六年五月第一版。
《魯迅研究資料（一至三）》，文物出版社，一九七七至一九七九年。
《魯迅回憶錄》，北京出版社，一九九九年一月第一版。
《魯迅》，文物出版社，一九七六年八月第一版。

《魯迅與我七十年》周海嬰，南海出版公司，二〇〇一年九月第一版。
《魯迅的故家》，周作人，河北教育出版社，二〇〇二年一月第一版。
《魯迅的青年時代》，周作人，河北教育出版社，二〇〇二年一月第一版。
《魯迅小說裏的人物》，周作人，河北教育出版社，二〇〇二年一月第一版。

《知堂回想錄》，周作人，群衆出版社，一九九九年一月第一版。
《周作人文選》，周作人，廣州出版社，一九九五年十二月第一版。
《和魯迅相處的日子》，川島，四川人民出版社，一九七九年九月第一版。
《魯迅的故事》，上海人民出版社，一九七三年二月第一版。
《魯迅傳》，林志浩，北京十月文藝出版社，一九九一年七月第二版。
《魯迅畫傳》，林賢治，團結出版社，二〇〇四年十月第一版。
《魯迅故里》，宣傳中主編，浙江文藝出版社，二〇〇五年四月第一版。
《魯迅在北京》，劉麗華、鄭智，北京工業大學出版社，一九九六年八月第一版。
《魯迅在廣州》，中山大學中文系編，廣東人民出版社，一九七六年十月內部資料。
《魯迅回憶錄正誤（增訂本）》，朱正，人民文學出版社，二〇〇六年十月第一版。
《一個都不寬恕——魯迅和他的政敵》，陳漱瑜主編，中國文聯出版公司，一九九六年十一月第一版。
《大先生魯迅》，顏汀編，四川文藝出版社，一九九七年一月第一版。
《魯迅的五大未解之謎》，葛濤編，東方出版社，二〇〇三年十月第一版。
《從魯迅遺物認識魯迅》，葉淑穗、楊燕麗，中國人民大學出版社，一九九九年五月第一版。
《三人行——魯迅與許廣平、朱安》，曾智中，中國青年出版社，一九九〇年九月第一版。
《周作人生平疑案》，王錫榮，廣西師範大學出版社，二〇〇五年七月第一版。

《魯迅寓仙臺》，日本東北大學留學百周年史編輯委員會編，解澤春譯，中國大百科全書出版社，二〇〇五年九月第一版。
《追尋魯迅在南京》，徐紹武主編，中國畫報出版社，二〇〇七年九月第一版。
《顧頡剛自述》，河南人民出版社，二〇〇五年一月第一版。
《顧頡剛日記》（第二卷、一九二七至一九三二），臺北、聯經出版事業有限公司，二〇〇七。
《我與〈古史辨〉》，顧頡剛，上海文藝出版社，二〇〇一年一月第一版。
《歷劫終教志不灰——我的父親顧頡剛》，顧潮，華東師範大學，一九九七年十二月第一版。
《高長虹文集》，中國社會科學出版社，一九八九年十二月第一版。
《孤雲野鶴之戀——高長虹愛情詩集〈給——〉欣賞》，董大中，北岳文藝出版社，一九九三年三月第一版。
《我走過的道路》，茅盾，人民文學出版社，一九九七年第二版。
《蔡元培傳》，周天度，人民出版社，一九八四年九月第一版。
《蕭軍與蕭紅》，蕭耘、建中，團結出版社，二〇〇三年七月第一版。
《林語堂傳》，林太乙，中國戲劇出版社，一九九四年一月第一版。

國家圖書館出版品預行編目資料

走讀魯迅：一代文學巨擘的十一個生命印記/
陳光中著. -- 初版. -- 臺北市：華品文創,
2012.07
面；　公分
ISBN 978-986-87808-5-9(平裝)
1.周樹人 2.傳記
782.884　　　101012990

華品文創出版股份有限公司
Chinese Creation Publishing Co.,Ltd.

《走讀魯迅》
一代文學巨擘的十一個生命印記

作　　者：陳光中
總 經 理：王承惠
總 編 輯：陳秋玲
財 務 長：江美慧
印務統籌：張傳財
美術設計：vision 視覺藝術工作室
出 版 者：華品文創出版股份有限公司
地址：100台北市中正區重慶南路一段57號13樓之1
讀者服務專線：(02)2331-7103　(02)2331-8030
讀者服務傳真：(02)2331-6735
E-mail：service.ccpc@msa.hinet.net
部落格：http://blog.udn.com/CCPC

總 經 銷：大和書報圖書股份有限公司
地址：台北縣新莊市五工五路2號
電話：(02)8990-2588
傳真：(02)2299-7900
網址：http://wwww.dai-ho.com.tw/

印　刷：卡樂彩色製版印刷有限公司

初版一刷：2012年7月
定價：380元

ISBN：978-986-87808-5-9

中國文化的“十萬個爲什麼？”
可以帶在身邊的“國學老師”

中國人應知的國學常識

ISBN 978-986-85927-73
定價380元

“員外”一詞是怎麼來的？
“走後門”是怎麼來的？
成語“十惡不赦”是怎麼來的？
為何要在午時三刻行刑？
古人所說的“三姑六婆”是指哪些人？

ISBN
978-986-86929-0-9
定價380元

中國人應知的國學常識 2

為什麼說“色即是空”？
為何說觀世音菩薩“大慈大悲”？
漢字是誰造的？
“走馬觀花”的“走”是什麼意思？
“衣冠禽獸”之說從何而來？

ISBN
978-986-86929-4-7
定價380元

中國人應知的國學常識 3

什麼是“逃之夭夭”？
皇帝死亡為什麼說成“駕崩”？
“推敲”為什麼常用來比喻反覆斟酌？
“五音不全”中的“五音”指什麼？
客家土樓有什麼特色？